coleção
VERSÕES
TRANS

Estudos em
FILOSOFIA POP

O DESAFIO DA HOSPITALIDADE

Arte e resistência em subúrbios de Paris e do Rio de Janeiro

Marcia de Noronha Santos Ferran

COLEÇÃO
TRANSVERSÕES

A coleção Transversões pretende reunir e trazer a público obras de jovens acadêmicos que se destacam ao mesmo tempo pelo rigor conceitual e pelo desrespeito à excessiva pureza disciplinar das nossas instituições de pesquisa e ensino. "Transversão" é um neologismo inspirado na ambiguidade do prefixo "trans", que indica tanto um movimento de "ir além" como de "ser atravessado por". A cultura, tal qual a conhecemos no Ocidente, tem se pautado por diversas dicotomias hierárquicas de valores, tais como ser x devir, mente x corpo, sujeito x objeto, mesmo x outro, indivíduo x sociedade, homem x animal, masculino x feminino etc. Essas dicotomias costumam se apresentar na forma de "versões" ou de "inversões". Chamamos de "versões" as hierarquias mais tradicionais, aquelas que costumam privilegiar o idêntico em detrimento do diferente. "Inversões", por outro lado, representam as diversas tentativas históricas de superar essas hierarquias tradicionais pela reação ou reversão dos polos, frequentemente sem questionar a dicotomia ou a hierarquia inerentes a elas mesmas. Inversões carregam consigo o potencial de desestabilização das hierarquias, mas comportam também o risco de prolongá-las e até mesmo de aprofundá-las. A nosso ver, o movimento pendular de versões e inversões, que caracteriza uma tendência do pensamento moderno e vanguardista, determina previamente o horizonte da cultura, criando muitas vezes dilemas existenciais, estéticos e políticos impossíveis de serem resolvidos. A filosofia pop, alinhada às pesquisas contemporâneas, evita solucionar as tensões e impasses da atualidade através de meras inversões ou de sínteses reconciliadoras. A filosofia pop tem como projeto propor *transversões* das dicotomias e das hierarquias, ou seja, estratégias de pensar/agir/sentir/imaginar capazes de desconstruir, tanto na vida acadêmica quanto na cotidiana, o caráter essencializante da noção de "disciplina", que continua a nortear, ainda que implicitamente, nossos discursos, nossas práticas e, principalmente, nossas instituições.

Nesse contexto, a coleção Transversões oferece um espaço de liberdade para o pensamento que não apenas respeita a complexidade, a diversidade e a pluralidade dos saberes, como também se deixa atravessar ou hibridizar por essas diferenças, explorando as fronteiras do popular e do erudito, do artístico e do científico, do político e do tecnológico.

Charles Feitosa e Renato Rezende

PREFÁCIO

Certa acusação da qual a filosofia e o pensamento filosófico acadêmico universitário sofrem de seus mais contumazes críticos sempre se pautou por aquela ser desprovida de pesquisas empíricas, de mostrar evidências referidas ao trabalho teórico e, principalmente, de verificar se, de fato, suas hipóteses especulativas teriam correspondência no real. Esse debate/embate, que na própria filosofia ganharia um estatuto epistemológico, nos parece inteiramente enganoso. Contudo, ele aqui é meu ponto de partida para conversar com uma obra de pesquisa filosófica acadêmica universitária que desdiz, ou contradiz, com maestria esses mesmos contumazes críticos, isso porque: 1) está pautada por rigorosa e vasta pesquisa empírica, pesquisa esta realizada sob apuro metodológico ímpar; 2) está pautada sob evidências que são vigorosamente checadas com precisão historiográfica no método e leveza jornalística na escrita narrativa, mostrando justamente estas evidências do real em suas correspondências com a teoria que a sustenta e que defende, pois se trata de tese de doutorado em Filosofia (defendida em França), aqui tornada livro; 3) está pautada em hipóteses especulativas, tais quais são exigidas ao trabalho do pensamento, mas estas mesmas hipóteses encontram morada e chancela no real. Estamos diante do livro *O desafio da hospitalidade: arte e resistência em subúrbios de Paris e do Rio de Janeiro*, da professora e pesquisadora Marcia de Noronha Santos Ferran, minha colega no Dept° de Artes e Estudos Culturais da UFF e parceira no pensamento e nas pesquisas que articulam arte, cidade e práticas estético-políticas em nossa atualidade... Que são, a um só tempo, coletivas, comunitárias, colaborativas.

A pesquisa de doutorado da professora Marcia Ferran, como muitas deveriam ser realizadas, conecta os dois momentos da pesquisa acadêmica universitária entre nós, articula o mestrado e o doutorado, não no sentido de acréscimo ou mesmo aprofundamento, mas isto sim, amplificando em chave justa um itinerário de investigação. Como bem frisou a autora em sua apresentação a este livro, a investigação que o/a leitor/a tem em mãos se inicia com seu mestrado em Urbanismo na UFRJ, no qual sua dissertação examinou um dos experimentos culturais dos mais bem-sucedidos de política pública à cultura no Brasil nos subúrbios, particularmente no Rio de Janeiro, as chamadas *lonas culturais*. Por sua vez, seu doutorado, do qual este livro é uma versão ligeiramente modificada, amplificará esta pesquisa em chave interdisciplinar, tendo a filosofia como modo de pensamento muito mais do que propriamente como método. Tratar-se-ia, então, de articular estas cuidadosas análises de investigação de políticas de cultura na urbanidade carioca comparativamente às políticas culturais na França. Em especial com as iniciativas de agentes culturais franceses, particularmente em Paris, em certo subúrbio (Aubervilliers), no qual as *friches* (terrenos baldios) serviram de mote às comparações com as lonas culturais do Rio de Janeiro.

E se é de filosofia que aqui se trata, um conceito-matricial emerge para conectar estas duas experiências sócio-culturais em países tão distintos (Brasil/França) e em cidades tão diferentes (Rio/Paris)... A ideia de *hospitalidade*. A concepção de hospitalidade do filósofo franco-lituano Emmanuel Lévinas acerca do acolhimento a um *outrem* e radical enfrentamento amistoso à alteridade é a chave conceitual da pesquisa, mas não só. Guy Debord e sua noção de "cidade-espetáculo" é utilizada com o que, "paroxisticamente", chamaremos de generosa parcimônia pela autora. Assim como algumas ideias do crítico e teórico de arte estadunidense Hal Foster, ao propor o artista como etnógrafo, além urdir a este trabalho conceitual algumas noções de seu diretor/orientador de tese, Henri-Pierre Jeudy. Entretanto, o que faz o escrito de filosofia que os/as leitoras têm em mãos ser, de fato, um singular trabalho no horizonte dos textos acadêmicos universitários é, justamente, esses autores e seus conceitos estarem articulados em uma poderosa e rigorosa pesquisa empírica que, na verdade, potencializa estes próprios conceitos e autores em uma perspectiva radicalmente contemporânea.

Dividida, não fracionada que aqui se diga, a pesquisa que o/a leitor/leitora tem em mãos constrói um itinerário investigativo que à vista mais apressada pode parecer excessivamente conservadora, qual seja: 1) parte-se, como já foi dito, de um capítulo inicial no qual o conceito de "hospitalidade" de Lévinas é desenvolvido; 2) apresenta-se em seguida o projeto/ação das *lonas culturais* no Brasil; 3) constitui-se este terceiro texto em estrita consonância com o capítulo anterior para análise comparativa com este, onde nos são mostradas as *friches culturais* em França; 4.5) para, aí sim, em dois capítulos contínuos e contíguos, se partir para um estudo de caso – *Aubervilliers*, como espaço de hospitalidade, retornando ao marco teórico-conceitual que foi disparador da pesquisa e do texto.

Talvez o que justamente seja um ponto de aparente reverência excessiva a um modelo clássico/acadêmico de investigação – que poderia, como o dissemos acima, levar este o/a leitor/a mais apressado/a a pensar se tratar de tese embolorada – na verdade seja aquilo que faz a grandeza do texto e sagacidade da autora, pois a solidez da pesquisa potencializa as hipóteses do trabalho. E se é de hipótese especulativa que se faz um trabalho de pesquisa filosófica, em contiguidade a esta, trata-se de hipótese experimental com o qual se faz trabalho de pesquisa científica. Temos com o texto de Marcia Ferran ambas as hipóteses articuladas: da filosofia e do urbanismo.

Como leitor, chamou-me à atenção particularmente o quinto e derradeiro capítulo: "O espaço da hospitalidade: duas *friches* em Aubervilliers". Isso porque é neste momento de seus escritos que a verve criativa conceitual e analítica de Marcia se torna ainda mais arguta, pois aquilo que se costuma denominar na teoria da arte contemporânea de *site specific* no campo das práticas artísticas públicas, nossa autora aponta para uma articulação entre uma "postura antropológica" e uma "irrupção de hospitalidade", partindo dos trabalhos/ações de Esther Shalev-Gerz, Majida Khattari e Thomas Hirschhorn.

Nossa atenção especial ao capítulo final do livro de Marcia se explica não só por este estabelecer diálogo com temática que nos é extremante cara: a relação tensa entre práticas artísticas e lutas políticas contemporâneas, mas principalmente neste ponto de seu escrito, onde a autora propõe uma posição, que acreditamos singular, em relação à teoria da arte e à estética filosófica, qual seja: talvez não seja mais possível pensar as imbricações entre arte e política apenas pelos projetos, pelas proposições, ou mesmo pela política da arte engendrada por seus autores/autoras. Mas, isto sim, pelo modo como as práticas artísticas desses/dessas artistas se conectam com sua presença em um dado "lugar", com sua condição "étnico-racial-de-gênero", com a situação de "classe e habitat" daqueles que experimentarão para si os desdobramentos das ações e práticas desses/dessas artistas.

Exemplificando, como elemento disparador a uma perspectiva outra à temática da "arte política" em relação ao próprio sistema da arte contemporânea, Marcia aponta a Documenta de Kassel de 2002 e a Bienal de São Paulo de 2006 como acontecimentos marcantes ao deslocamento das formas já ossificadas as quais entendemos o que seria propriamente uma *arte política*. São inseridos no debate ao campo da arte:

elementos étnico-raciais e gênero, propostas multiculturais que invertem os valores dominantes do mercado de arte em relação ao eixo norte-sul, para um eixo sul-sul, entre outros deslocamentos. Estes elementos estariam no bojo do que chamo de giro minoritário da arte contemporânea.

O desafio à hospitalidade e as resistências insurgentes nos subúrbios entre Rio-Paris (mesmo que seja para além do Rio de Janeiro e de Paris) é leitura alvissareira entre nós. Livro de filosofia. Livro de teoria da arte e de prática da cultura urbana. Um livro singular!

***

Este prefácio foi escrito quase que inteiramente antes de sermos tomando por uma pandemia em escala mundial, a Covid-19. Este professor, e aqui prefaciador, calou-se quase que completamente por meses, como que impossibilitado de dizer algo diante do horror que sobre nós se abate a este momento do ano-2020: a peste, o fascismo. Entretanto, as amizades no pensamento e na vida nos fazem ver que precisamos resistir e agir, projetar e planejar, criar condições táticas de luta e de via para vencermos a peste e o fascismo. Cheguei a me perguntar, em dado momento, se não seria demasiado penoso escrever sobre hospitalidade neste momento em que vivemos. Como praticar o exercício da hospitalidade em uma pandemia de uma doença à qual todo e qualquer outro é alguém que, ao fim e ao cabo, pode ser o instrumento vetorial de um vírus que pode lhe causar a morte?

A arte é uma forma poderosa de resistência à morte (pela peste) e à estupidez (do fascismo). Posso ainda dizer que a *filia* pode, quem sabe, nos redimir a este *páthos* que nos enlaça e nos retirar de um torpor que lentamente se instalara. Assim, com arte e amizade, talvez seja possível enfrentarmos o *desafio da hospitalidade*.

Jorge Vasconcellos
Professor UFF

Rio, abril-agosto/2020.

SUMÁRIO

APRESENTAÇÃO	19
INTRODUÇÃO	24
Subúrbios daqui e de lá	28
Políticas culturais e políticas urbanas	36
Abordagem espacial, antropológica e estética	48

CAPÍTULO 1 - O CAMINHO DA HOSPITALIDADE UMA GRADE TEÓRICA

Lévinas – introduzindo o respeito à alteridade	53
O espetáculo: entendendo o conceito de Debord	63
Por um urbanismo participativo contra o espetáculo	67
A reflexividade na cidade contemporânea	73
A postura etnográfica do artista	77

CAPÍTULO 2 - LONAS CULTURAIS SUBÚRBIO, PARTICIPAÇÃO E HOSPITALIDADE

Pontos de interseção entre França e Brasil	89
As lonas culturais	96
Lona cultural: um novo equipamento, seus agentes, sua história	102
A visão do poder público	105
Organizações não governamentais (ONGs)	108

Vista Alegre	108
Campo Grande	111
Anchieta	112
Movimento social pela cultura	117
Lona cultural e revitalização urbana	123
Subúrbios cariocas e as lonas culturais	123
Lona cultural: mistura de circo e centro cultural nos subúrbios cariocas	128
Lonas culturais, espaço público e revitalização urbana	131
Lonas culturais, revitalização urbana e "contaminação" centro-periferia	137
Artistas locais de Vista Alegre	139
Lona Cultural como campo do social e da participação	143
Lonas e *friches*	146

CAPÍTULO 3 FRICHES CULTURAIS EM FACE DOS TENTÁCULOS INSTITUCIONAIS

Confluências favorecendo a função social	162
Emergência das especificidades das políticas culturais dos subúrbios	166
Subúrbio, política cultural e hospitalidade	175
Friches industriais: espaços específicos, trunfos para os subúrbios?	179
O Relatório Lextrait	180
As bases comuns	183
Fundamentos históricos	185
Fundamentos institucionais – a relação com a instituição	186
Fundamentos sociais	187
Fundamentos estruturais: quem está na origem destas iniciativas?	188
Fundamentos artísticos	189
Os espaços de trabalho e de divulgação	191
Os modos relacionais com as populações	192
Obras e processos em questão	196

A questão da divulgação	199
A residência artística	201
A visão de Claude Renard	203
A capacidade organizacional dos artistas e a tendência institucional	205
Conclusão do capítulo	207

CAPÍTULO 4 ESTUDO DE CASO: AUBERVILLIERS

Contexto histórico: da definição de uma política à sua inserção na cidade	212
Aubervilliers, a mítica cidade vermelha	213
Jack Ralite e a "invenção" da política cultural em Aubervilliers	216
O Teatro da Comuna de Aubervilliers	219
Culturas imigrantes em Aubervilliers	222
Os artistas em Aubervilliers	225
A Cidade das Artes	227
Anos 2000: a herança de Ralite e as implicações territoriais	231
Casa de Projetos	232
A visão do contexto pela diretora de assuntos culturais de Aubervilliers em 2004	234
A herança de Jack Ralite: uma política paradoxal	236
A política cultural entre os muitos perigos de instrumentalização: o planejamento urbano e a intermunicipalidade	238
Uma ideia de hospitalidade no âmbito da política	240
Acesso à biblioteca para as diferentes culturas presentes	241

CAPÍTULO 5 O ESPAÇO DA HOSPITALIDADE: DUAS FRICHES EM AUBERVILLIERS

Espaço público, postura etnográfica e hospitalidade na arte contemporânea	245
Villa Mais d'Ici – uma *friche* cultural de proximidade	250
Motivações e dinâmicas: alguns depoimentos	253

Potencializar a diversidade cultural 255
Um expediente singular – a visão do coordenador da *friche* 257
Uma *friche* em busca de prestígio: Os Laboratórios de Aubervilliers 260
Segunda fase dos *Labos* 262
Esther Shalev-Gerz e "Os retratos das histórias" 264
Majida Khattari: "Em família" 269
O Museu Precário de Thomas Hirschhorn em Aubervilliers 271
O projeto-manifesto tal qual inicialmente proposto pelo artista 274
Os artistas e a hospitalidade 288
Conclusão do capítulo 292

CAPÍTULO 6 CONCLUSÃO
Formação e evolução institucional das políticas culturais 318
Tensões entre institucionalização e autonomia, entre reflexividade
e hospitalidade 325
Arquitetura, subúrbios e participação 329
Cidades-exílio e cidades-refúgios 331

BIBLIOGRAFIA 344
Periódicos e documentos consultados sobre Aubervilliers 356
Bibliografia complementar 357

APRESENTAÇÃO

Este livro resulta de pesquisas acadêmicas desenvolvidas em dois momentos, de 1999 a 2000 e de 2001 a 2005, e dois espaços diferentes – no Brasil e na França, mais especificamente em subúrbios cariocas e no bairro de Aubervilliers, no norte de Paris, ambas as regiões imersas em crises urbanas e marcadas pela presença de diferentes culturas, seja como resultado de migrações internas (Brasil) ou do afluxo de imigrantes estrangeiros (França). Nos dois locais, escolhi me debruçar sobre projetos culturais singulares, as Lonas Culturais, no caso do Rio de Janeiro, e as *friches* (terrenos baldios) culturais, no caso francês, desenvolvidos por agentes da sociedade civil e que se mostraram um campo complexo de consonâncias ou resistências às políticas culturais oficiais.

No primeiro momento, no âmbito de meu mestrado em Urbanismo na Universidade Federal do Rio de Janeiro (UFRJ), desenvolvi estudos que culminaram na dissertação intitulada *"Política cultural, revitalização urbana e participação nos subúrbios: o caso das Lonas Culturais"*. No momento seguinte, em continuação ao trabalho de mestrado, me propus a alargar o horizonte de estudo em subúrbios da França, que, ao contrário do Brasil, possui forte tradição estatal na área cultural. Graças a uma bolsa de doutorado concedida pelo CNPq, fiquei quatro anos estudando na França e desenvolvi a tese "O lugar da política cultural na gestão urbana: o desafio da hospitalidade", sob orientação dos professores Henri-Pierre Jeudy (École Doctorale de Philosophie - Université de Paris 1) e Paola Berenstein Jacques (PPGAU/UFBA).

A primeira condição de aproximação com o estudo anterior estava preenchida em Aubervilliers: havia ali, como no Rio de Janeiro, participação social mobilizada para transformação e conquista de espaços voltados à cultura num subúrbio também pobre, à margem da cidade-espetáculo, um conceito do filósofo Guy Debord que fornece um dos meus eixos teóricos neste livro. Debord, autor de *A sociedade do espetáculo*, escrito no contexto de movimentos revolucionários na década de 1960, se insurgia contra a sociedade do espetáculo e o consumismo capitalista. Para ele, apenas com o engajamento e a participação nos processos de decisão e produção da cidade o homem poderia escapar à condição de estar sempre contemplando um espetáculo, submetido à parafernália midiática "anestesiante". Na dissertação de mestrado, eu já havia concluído assinalando a forte incompatibilidade entre cidade-espetáculo e práticas participativas encontradas nos subúrbios observados.

Mas, diante do multiculturalismo presente, especialmente, no subúrbio francês, território de imigrantes de várias procedências, com seus diferentes idiomas, me vi diante da necessidade de privilegiar também como abordagem teórica a questão da aceitação da alteridade, do acolhimento do outro. Esse prisma da alteridade me levou a reavaliar a equação teórica a que havia chegado sobre o caso das lonas culturais e adotar o conceito de *hospitalidade*, recorrendo ao filósofo Emmanuel Lévinas naquilo que ele descreve como o encontro com o rosto do "outro", a proximidade física corporal com o "outro", diverso, representante de uma alteridade absoluta. Alteridade que poderia estar simbolizada tanto no imigrante como no pobre dos subúrbios brasileiros. A *hospitalidade* – abordagem cada vez mais presente em obras acadêmicas a partir da intensificação das imigrações com o fenômeno dos refugiados, principalmente em decorrência da guerra da Síria, desde 2011 – é da ordem das interações sociais e humanas. Estas são do âmbito da participação e se opõem à lógica do espetáculo.

Nos projetos socioculturais que analisei está presente essa temática essencialmente ética e política e a irrupção da *hospitalidade*, como uma esfera intrínseca e não controlável, mostra-se um ato em si mesmo de resistência à instrumentalização política e à pausterização na gestão urbana contemporânea. O que busco investigar neste livro é, fundamentalmente, em que medida são engendradas novas respostas e resistências aos desafios gerados pela presença da alteridade, desafios tão ou mais perversos no espaço urbano do espetáculo.

Partindo de um contexto contemporâneo em que a cultura e a arte são cada vez mais solicitadas, de acordo com inúmeras finalidades e em combinações insondáveis, numa permanente busca pela democratização e contra a exclusão nas cidades, a minha motivação foi interrogar a autonomia e os argumentos dos atores sociais que trabalham numa esfera imputada "instrumentalizada", pelo fato de suas ações se darem em subúrbios, locais de graves tensões sociais[1].

Para o percurso, passarei do contexto geral em que se delineiam os contornos institucionais do quadro cultural para chegar à escala do detalhe; em outras palavras, começarei tecendo a tela de fundo tanto teórica como empírica para conduzir ao primeiro plano que dali emerge. No capítulo 1, irei expor o quadro teórico que nos guiará com noções tomadas emprestadas a Emmanuel Lévinas, Guy Debord, Henri-Pierre Jeudy e Hal Foster. Neste quadro lançarei as bases da abordagem crítica num amplo espectro, bases que serão retomadas em *zoom* num capítulo ulterior quando da análise de intervenções artísticas concretas. Será questão de expor as premissas globais que atravessarão os capítulos. De Lévinas, como já mencionado, destacarei as noções de respeito do outro, o acolhimento do estrangeiro, com o objetivo de fazer um tipo de guia ético para a análise aqui dedicada à singularidade da arte, quando afirma uma abertura ao outro, estrangeiro ou pobre, num espaço (o do subúrbio) ele mesmo singular, devido a não estar em conformidade com a cidade-espetáculo.

No capítulo 2, passarei à experiência brasileira em torno das Lonas Culturais, com uma análise que resulta do estudo anterior atualizado com o objetivo de pôr em perspectiva com o caso francês. No capítulo 3, abordo os momentos-chave de certa confluência entre política urbana e política cultural na França desde o início dos anos 1980, sob a égide da gestão reflexiva. Esta confluência configura o "pano de fundo" institucional das ações

---

1. Uma vez que essa instrumentalização tornou-se o principal eixo crítico em defesa de uma cultura "pura" e reivindicativa, cujas fontes datam principalmente dos anos 1960, poucos estudos se debruçaram sobre esses aspectos particulares ou mesmo minoritários que poderiam matizar esta cristalização interpretativa.

culturais no subúrbio e mais especificamente da "culturalização" das *friches* industriais nos anos 1990 cujo resultado localizei em 2001 com o lançamento do relatório sobre os Espaços Intermediários. Mostrarei que é numa relação ambivalente com as políticas culturais formais que se moldam os discursos legitimadores dos atores do "mundo" das *friches*. Veremos também a dificuldade de reconhecimento de autonomia das políticas culturais municipais, dificuldade ainda mais complexa em face das cidades de subúrbio com uma miríade de origens culturais.

INTRODUÇÃO

Em começo de 2002, cheguei a Aubervilliers, subúrbio limítrofe de Paris, ao norte, abatido pela crise de desindustrialização. Seus edifícios obsoletos, resquícios da fase industrial, estavam sendo alvo de investidas de grupos locais, produtores culturais, artistas e moradores. A impressão mais forte foi causada pela vivaz presença de pessoas de culturas diversas no espaço público. Reparei em suas vestimentas peculiares e captei pequenos trechos de conversas em línguas outras que não o francês. As cores das peles, as roupas, os diálogos e gestuais me surpreenderam, e esta paisagem humana testemunhava uma convivência de culturas diferentes que me era totalmente nova e pela qual logo me apaixonei. Somado a isto, a paisagem urbana era flagrantemente marcada por conjuntos habitacionais das mais variadas tipologias, interrompida aqui e ali por algumas altas chaminés que teimavam em exibir *flashes* de outros tempos daquele lugar.

A presença de grupos sociais de diversos países era uma particularidade que, de imediato, não lembrava em nada a realidade dos subúrbios do Rio de Janeiro, cenário inicial de minhas investigações, uma região de pobreza e exclusão que viu surgirem modelos alternativos de equipamentos culturais cujas especificidades me instigaram a ponto de se tornarem meu objeto de pesquisa. A minha intenção era estabelecer um paralelo entre modos de realização de produtores culturais e artistas em novos tipos de espaços culturais em regiões urbanas degradadas ou com carências importantes, nos dois países.

Ao contrário do clima de tensão que cada incursão a um subúrbio brasileiro desencadeia, em Aubervilliers, porém, o que havia era receptividade. Mesmo sendo estrangeira, com o meu sotaque "esquisito", não tive dificuldade maior em explorar o lugar e ser recebida na antiga fábrica que procurava, agora uma *friche*[2] cultural, sede de atividades culturais. Ao buscar as primeiras referências sobre história dos subúrbios franceses, logo ficou explícito que eles constituíam um objeto privilegiado de pesquisa cuja tônica centrava-se quase hegemonicamente na associação problema urbanístico-problema social, em que os "vilões" eram, via de regra, os pobres e/ou imigrantes.

Nas minhas pesquisas para o mestrado, eu havia procurado entender de que maneira subúrbios pobres do Rio de Janeiro estavam logrando inverter uma lógica estigmatizante ao proporem e implementarem as chamadas Lonas Culturais, espaços para um público de 400 pessoas, construídos em estrutura metálica e lonas tensionadas resinadas, que asseguravam a participação social e revitalizavam os espaços públicos. Percebi o papel inequívoco da participação social naquela rede de espaços culturais polivalentes, geridos por uma parceria entre poder público municipal e ONGs (Organizações não-governamentais) culturais dos bairros, como motor da sua apropriação cotidiana e de seu sucesso. Ao chegar em Aubervilliers, logo percebi que a tensão entre participação e espetáculo (numa análise baseada em Guy Debord), que havia explorado no caso dos subúrbios do Rio de Janeiro, não daria conta do fenômeno ali encontrado e que precisaria buscar outras chaves conceituais. Além disto, a abordagem participativa que havia empreendido tornava-se bem mais complexa no contexto de Aubervilliers, onde os grupos sociais que me interessavam falavam diversos idiomas e nem sempre entendiam o francês, a língua intermediadora.

---

2. Diante da impossibilidade de estabelecer uma tradução fiel do termo *friche* para o português, optei por mantê-lo no original, cuja tradução literal significa "terreno não cultivado e abandonado", ou, em *friche industrielle*, "zona industrial momentaneamente inutilizada aguardando reconversão" (*Le Petit Larousse Illustré*, p. 452). Em português, podemos estabelecer como termo mais próximo o vocábulo "baldio", que, segundo o *Dicionário Aurélio*, indica: a) baldio – adjetivo: 1 – sem proveito, inútil. 2 – inculto, agreste; b) substantivo masculino: terreno por cultivar; terréu. O dicionário ensina que "baldio" vem da palavra de origem árabe *baldo*, que significa falto, falho, carecido, carente (Dicionário Aurélio, p. 224).

Partindo da constatação de que os subúrbios observados no Rio de Janeiro aglutinavam um potencial de resistência aos processos excludentes e hegemônicos próprios dos fenômenos de espetacularização nos quais as áreas centrais urbanas eram paradigmáticas, a opção foi examinar possíveis pontos comuns entre aqueles subúrbios no Brasil e outros na França por meio da exploração dos "microcosmos" de projetos culturais.

O primeiro desafio foi delimitar as balizas de perspectiva entre estas periferias, pois, embora exista já o que poderíamos chamar de um "estoque" de comparações no que concerne aos modelos e processos hoje considerados "globalizados", em diversas cidades-capitais e em áreas centrais, ainda é raro o interesse atribuído aos paralelismos entre aqueles que escapam à luz do espetacular.

Observei, também, e isso seria importante à minha análise, que em comum entre os dois tipos de projetos escolhidos, as lonas culturais e as *friches* culturais, havia a ideia do acolhimento do outro. Nos dois panoramas se destacava o problema ético da aceitação de uma alteridade simbolizada tanto pelo habitante imigrado quanto pelo habitante pobre, o que me levou a buscar um novo eixo teórico e a trabalhar com a noção de *hospitalidade*, nos termos propostos pelo filósofo Emmanuel Lévinas, e que desenvolverei mais adiante.

SUBÚRBIOS DAQUI E DE LÁ

Qual é o contexto dos subúrbios onde estão situados os projetos que me interessam colocar em perspectiva, quais as linhas de força que podem, num primeiro momento, justificar tal aproximação? Parti de três aspectos principais para estabelecer estas bases preliminares similares entre o panorama brasileiro e o panorama francês. O primeiro diz respeito à crise urbana vivenciada em ambos. O segundo concerne à presença de variadas culturas no mesmo espaço, resultado de processos históricos de migrações: no Brasil migrações internas, e na França uma conjunção entre migrações internas e chegada de operários estrangeiros. O terceiro ponto detecta a presença de projetos culturais iniciados por agentes da sociedade civil, estabelecendo um campo complexo de consonâncias ou resistências às políticas culturais oficiais.

Em relação à crise urbana, nos subúrbios franceses e brasileiros, a ação do artista e do produtor cultural vem interferir num espaço marcado pelo fracasso arquitetural e urbanístico. Este fracasso é percebido na paisagem urbana pela presença de diferentes tipos de conjuntos habitacionais, testemunhos de um leque de ideias, de modelos e de leis para a vida no subúrbio, desenvolvidos, sobretudo, na segunda metade do século XX.

Se é verdade que há uma diversidade de paisagens suburbanas, um traço marcante daqueles subúrbios mais "difíceis", neste início de novo milênio, atesta os ecos ainda presentes de uma cessação de atividade produtora, principalmente industrial, atividade que foi estruturante igualmente em termos de uma identidade simbólica para os subúrbios. Desprovidos das suas fábricas, com terrenos vazios, abandonados, estes subúrbios, contudo, não são desertos, e os desafios de qualquer tentativa de revitalização ou de redinamização urbana repousam precisamente na possibilidade de atrair os habitantes para uma "prática do espaço", conforme já pregado por De Certeau (De Certeau, Michel. *Artes de fazer: a invenção do cotidiano*. Petrópolis: Vozes, 1994).

Na França, a emergência de um debate sobre o potencial da política cultural enquanto instrumento de gestão urbana do subúrbio e melhoria da qualidade da sociabilidade, no qual a revitalização é uma das palavras de ordem, advém de certos elementos dos quais o primeiro é relativo ao fracasso das sucessivas operações de planejamento urbano de acordo com diferentes ideologias urbanísticas[3].

Outra análise importante é a que relaciona o subúrbio francês à "invenção" de uma panóplia de dispositivos regulamentadores de "exceção", focando a pobreza atreladamente à presença de imigrantes, justificando inclusive a implementação de um organismo federal específico – "Política da Cidade" – que agiria focando a "discriminação positiva".

A expressão "discriminação positiva" foi empregada inicialmente no início dos anos 1980 para indicar um tratamento específico necessário para preencher o vazio de opções profissionais para os jovens em dificuldade[4].

Mas, a partir de 1991, "discriminação positiva" encontra-se progressivamente aplicada ao território, assinalando certa maneira de levar uma ajuda específica às pessoas que habitam territórios em crise. Mas, de acordo com Donzelot, este voluntarismo orienta-se primeiramente aos lugares, posto que se trata

---

3. Como é flagrante no caso do subúrbio Mantes-la-Jolie, conforme analisado no número 68-69 da revista *Les Annales de la Recherche Urbaine*, p. 106.
4. SCHWARTZ, Bertrand. *L'insertion professionelle et sociale des jeunes, rapport au Premier ministre*. Paris: La Documentation Française, 1981.

com efeito de um argumento, justificável frente aos deveres governamentais, "de compensar a má qualidade dos serviços públicos e a insuficiência em ofertas de emprego que caracterizam estes lugares"[5]. E é necessário ajudar estes lugares porque eles "sofrem de uma depreciação decorrente da concentração de pobres e de imigrantes que provoca uma perda de eficácia dos serviços e uma fuga dos raros empregos lá existentes"[6].

O seu livro é o resultado de uma investigação comparativa entre as políticas de cidades na França e nos Estados Unidos; consequentemente, Donzelot questiona a relação que pode haver entre a noção francesa de *discrimination positive* e a americana de *affirmative action*. Assim, ele sublinha que, a partir de uma preocupação semelhante, a de trazer meios suplementares com vistas a reestabelecer certa igualdade, os dois procedimentos acabam por ser opostos. Enquanto a *affirmative action* visa às pessoas, mais especificamente às minorias étnicas, de modo que sejam capazes de superar os obstáculos que lhes impedem de ter chances no mercado de trabalho, a discriminação positiva territorial francesa visa, antes, reter os funcionários de serviço nos limites destes territórios:

O que conta é a disponibilização, em todos os lugares, de uma capacidade de educação e de serviços mais igualitária possível, de modo que ninguém possa dizer que sofreu uma injustiça no âmbito da República e não obter resultados calculados de promoção de categorias étnicas, aliás ignorados no cálculo dos destinatários de serviços. (Idem, p.128)

    Baseando-se no contraste entre a opção "place" e a opção "people", que guiaram alternativamente tanto nos Estados Uni-

---

5. DONZELOT, Jacques; MEVEL, Catherine; WYVEKENS, Anne, *Faire société: la politique de la Ville aux Etats-Unis et en France*. Paris: Editions du Seuil, 2003.
6. Idem, p. 127.

dos como na França as políticas da cidade, aqui entendidas como políticas para cidades ou bairros pobres (conforme veremos no capítulo sobre França), Donzelot vê na "discriminação positiva territorial" uma versão da opção "lugar" que trata os espaços e não as pessoas. Assim, nos seus expedientes, institui um regime de exceção nas cidades que, por critérios e cálculos econômicos, têm necessidade de investimentos especiais. O problema vem, no entanto, a partir do momento em que não se estipulam prazos e objetivos e estas cidades ficam quase sempre acostumadas a receber estas ajudas, e são em seguida estigmatizadas por esta "etiqueta" estampada. De acordo com este raciocínio, esta política francesa trata os sintomas, mas não a causa dos problemas destes lugares, a pobreza, e, portanto, convencionou-se que tratar a causa correspondia a promover *mixité (mistura) social*, tornada por conseguinte outra palavra de ordem.

Três leis seguiram-se a partir dos anos 1990, baseadas nas ideias de *mixité social*: em 1991, a lei de orientação para a cidade; em 1996, o pacto de reativação da política da cidade e, em 2000, a lei sobre a solidariedade e renovação urbana. Havia um medo mais ou menos declarado de uma "deriva à americana", que queria evitar em qualquer estado de causa a possibilidade de formação de guetos, como consequência de uma política voltada para ação "people". Motins do início dos anos 1990 tinham marcado a ligação entre população imigrante e violências urbanas. Assim, no fundo da política de *mixité*, de acordo com Donzelot, subjaz sempre uma opção de valorizar o espaço mais do que de investir nas pessoas que o habitam; o princípio é o de manter estas pessoas lá, simultaneamente atraindo classes médias para habitar, tudo isto em nome também da qualidade de encontro, confraternização social indispensável para uma verdadeira cidade.

Donzelot explica um traço fundamental para compreender a insistência de fazer *mixité* preservando a paisagem destas cidades, aí se entendendo os blocos e as torres de moradia popular que têm como razão de existência um forte lugar no imaginário construtor francês[7]. Assim, ele observa que os HLM – habitação a aluguel moderado –, ao contrário do *public housing* nos Estados Unidos, não são considerados um fracasso que justificaria operações de implosão. Antes, encarnam o grande sonho modernista, herdeiro dos "Gloriosos Anos Trinta" (de 1945 a 1975, anos de grande desenvolvimento), de oferecer alojamentos confortáveis à maioria dos cidadãos, dado que diferente do HBM – habitação "barata" do começo do século XX –, os HLM oferecem apartamentos mediante "aluguel moderado" e podiam assim atingir um vasto leque de famílias. A partir de então, as leis que prognosticaram a *mixité social* fizeram-no a partir "da introdução de um princípio jurídico das tendências sociológicas em matéria de habitat social tanto nas moradias antigas quanto nas construções novas"[8].

Na França, o aumento da presença de imigrantes nos subúrbios, ou ainda, o aumento das taxas de desemprego a partir dos anos 1980, devido à obsolescência dos parques industriais e de todo um modo de vida, concorreu também para alterar a valorização das políticas públicas locais que passam cada vez mais a acoplar política cultural e política urbana. Outro elemento importante para a enfatização da política cultural enquanto

7. Idem, p. 132.
8. Idem, p. 133.

indutora de laços sociais benéficos é a valorização mundial do registro "cultural" a despeito do social.

O "estouro" da crise urbana na França é marcado por violências em 1981 que deram origem à chamada "Política da Cidade", que congrega alguns organismos sintomáticos do tom que se dará à busca de soluções pelos diferentes governos. Neste contexto, a chegada da esquerda política ao poder em 1981 deslocou a ênfase dada até então às melhorias do quadro físico dos conjuntos habitacionais, em direção a uma reabilitação socioeconômica[9], mas também respaldou a associação entre insegurança e subúrbios pobres. Desta feita, Donzelot relembra que, se logo no início foi criada uma Comissão Nacional para o Desenvolvimento dos Bairros (em francês CNDQ) que chegava a mencionar a necessidade de democratizar a gestão da cidade, logo em seguida foram incorporadas: uma missão claramente preocupada com o tempo ocioso dos jovens[10], uma comissão sobre a segurança composta de prefeitos que "propunha associar prevenção, repressão e solidariedade" e que suscitou a criação do Conselho Nacional de Prevenção da Delinquência (CNPD na sigla em francês).

Uma vez que esta confluência entre políticas públicas assume no subúrbio um viés nitidamente voltado à prevenção de crimes e ao resgate dos elos sociais, e que tanto nos projetos culturais do Rio quanto naqueles de Aubervilliers que abordarei aqui estão presentes menções às "redes" (de lonas ou de *friches*) como exercendo papel fundamental perante aqueles elos sociais, me deterei um pouco nas ideias urbanísticas sobre redes e subúrbios.

Recentes abordagens urbanísticas atualizam o tema das periferias e subúrbios, assim como inserem o tema das *redes* no con-

---

9. MERLIN, Pierre; *Les banlieues des villes françaises*. Paris: La Documentation Française, 1998, p. 141.
10. Dirigido por Bernard Schwartz, conforme citação anterior.
11. SANTOS, Milton. *A natureza do espaço: técnica e tempo, razão e emoção*. São Paulo: Hucitec, 1999.

texto urbano contemporâneo. De acordo com Milton Santos[11], todo um leque de análises vem sendo incorporado através da aplicação indiscriminada de uma noção de *rede* cuja origem, no campo da química, no início do século XIX, desvendava uma *"verdadeira ciência da ligação e comunicação das substâncias"*[12].

No contexto específico das lonas culturais, a rede supõe uma nova comunicação entre bairros carentes de equipamentos culturais e entre estes e a cidade como um todo; enfim, entre a "periferia" e "centro". Já no contexto das *friches* culturais, a rede é criada entre *friches*, e se utiliza sobremaneira de recursos de internet, propondo parcerias e troca de experiências.

A posição periférica (física, social, morfológica etc.) se define tradicionalmente por uma dependência e subalternidade às áreas centrais e aos locais de destino dos habitantes-pendulares. Ela se agudiza à proporção da maior visibilidade e poder da condição central, cristalizando sua representação como agregado social. Fica pontuado, desde o início, o eixo de abordagem: o antagonismo centro *versus* periferia.

Para tratar desta oposição cabe recorrer a uma "desmistificação" dos conceitos sobre *"(Sub)úrbios e (sub)urbanos: o mal estar da periferia"*, elaborada por Domingues[13]. Para este geógrafo, *subúrbio* é uma das variantes da condição periférica, normalmente contextualizada num padrão de urbanização que atingiu uma escala dimensional alargada, sendo por isso associada apenas a cidades grandes. Isto implica uma ideia de fragmentação do espaço urbano, de cidade "estilhaçada" onde o subúrbio é sua margem e funciona como uma reserva fundiária para combinação de dois tipos de urbanização com diferentes agentes

---

12. D. PARROCHIA apud SANTOS, 1999, p. 208.
13. DOMINGUES, Álvaro. *(Sub)úrbios e (sub)urbanos: o mal estar da periferia ou a mistificação dos conceitos?* In: III Congresso Português de Sociologia, 1996, Lisboa: 1996.

sociais. O primeiro é o do planejamento extremamente regulado que pode ser ilustrado pelos *grands ensembles* pós-guerra ou *cidades novas* na França, sob o Estado-providência. O outro tipo corresponde aos processos espontâneos (sucessivas adições, sem plano) guiados pelo investimento privado e quase sempre caracterizados por baixos níveis de infraestrutura básica.

A conjugação destas duas características - presença de redes de consumo e carência de redes de serviços básicos da cidadania - delineia um quadro bastante crítico nos subúrbios cariocas, que ainda encontram-se sob a égide da exclusão. O pertencimento a redes, via de regra, está limitado a aspectos de consumo, processo este que pode ser compreendido pela adoção da visão de uma "modernidade excludente"[14].

Em que pese as diferenças entre França e Brasil, poderíamos considerar a gestão dos subúrbios que abordarei, ambos expostos a esta modernidade excludente, como uma gestão específica e também como uma gestão "de exceção" ou uma gestão diferenciada[15], englobando tanto a política urbana quanto a política cultural.

---

14. Analisando especificamente as redes de comunicação do Rio de Janeiro nas escalas metropolitana e nacional, esta autora desvenda mecanismos de aparente descentralização e posterior concentração, decorrentes da articulação da ação do Estado em consonância com determinações mercadológicas que se configuraram entre a década de 1960 e 1980. Estes processos, conforme Ribeiro analisa, vieram se sobrepor a desigualdades sociais, culturais e espaciais, reforçando "acessibilidades restringidas" a equipamentos culturais. Cf. RIBEIRO, Ana Clara Torres. "Rio-metrópole: a produção social da imagem urbana". Tese (Doutorado em Sociologia) - Faculdade de Filosofia, Letras e Ciências Humanas, Universidade de São Paulo, São Paulo. 1988.
15. HATZFELD, Marc, numa das interpretações possíveis enfatiza o aspecto contratual desta

POLÍTICAS CULTURAIS E POLÍTICAS URBANAS

Antes de desenvolver a análise, esclareço os usos que farei das expressões "política cultural" e "política urbana", referindo-me a alguns autores.

Num livro sobre a gênese da gestão pública no âmbito da cultura, Vincent Dubois apressa-se em sublinhar os obstáculos mais frequentes com que se deparam os candidatos a qualquer emprego da expressão "política cultural", pois

a análise desta gênese revela, com efeito, que é ao preço de uma "grande transformação[16]" – tomando de empréstimo a expressão de Karl Polanyi – que a cultura se constituiu enquanto uma categoria de intervenção pública, e é precisamente destas condições particulares de sua emergência que se originam as definições desta categoria (DUBOIS, Vincent. *La politique culturelle: genèse d'une catégorie d'intervention publique*. Paris: Belin, 1999; p. 10).

O traço de objeto heteróclito que se impõe aos investigadores é enfatizado por Dubois, quando ele se dedica nesta obra a traçar uma conjuntura histórica que emana, ao mesmo tempo, da política central e dos interesses de agentes sociais extremamente comprometidos que são os artistas. Vejamos a seguir de que maneira ele coloca esta "marca de nascença":

O fato de a política cultural se estabilizar de uma forma fluida, sempre em busca de definição, encontra assim uma primeira explicação: os problemas culturais foram construídos, historicamente, por artistas e intelectuais contra o Estado sobre um modo globalizante, e a instituição da cultura como catego-

---
gestão. In: *Traité de la banlieue*. Paris: Dunod, 2004.
16. Optei por traduzir o termo "*évolution*"como transformação, pois é deste modo que é empregada na tradução brasileira do livro aludido de Karl Polanyi, *A Grande Transformação – as origens de nossa época*. Rio de Janeiro: Editora Campus, 1980.

ria de Estado operou-se reproduzindo o caráter abundante e flutuante destas construções preexistentes (idem, p.13.).

Uma segunda explicação para a difícil definição de política cultural pública seria a de que as condições da tal transformação presidindo a constituição da cultura como categoria, levam a:

eufemismos e esquivas que esmaecem as fronteiras desta categoria: dar forma a uma tal política supõe dar corpo, neste caso pôr as formas, inscrever nas suas formas mesmas a ausência de uma definição vinculativa do campo cultural, e as garantias de flexibilidade e adaptação à inovação nas relações com este espaço social que se dá como lugar de um movimento perpétuo (ibid, p. 15).

Philippe Urfalino, retraçando o que considera "a invenção da política cultural" no livro de título homônimo na França, alerta primeiro que uma emergente análise das políticas públicas em ciência política fala antes das "políticas culturais" colocando a tônica sobre programas setoriais[17]. Ponto de vista semelhante no Brasil já era sustentado por Machado que considerava inadequado pressupor uma política cultural única tal como é o caso para uma política econômica de comando centralizado; ao invés disto ele sustentava a existência de várias políticas culturais.[18]

Afirmando que foi com Malraux em 1959 e a sua política das Casas de Cultura que nasceu uma política cultural, tal como é conhecida e historiografada hoje, Urfalino explica que:

Neste livro, a noção de política cultural tem por referente um momento de convergência e de coerência entre, por um lado, representações do papel que o

---

17. URFALINO, P. L'invention de la politique culturelle. Paris: La Documentation Française, 1996, p. 13.
18. MACHADO, Mario Brockmann. Notas sobre a política cultural no Brasil. In: MICELI, Sérgio (Org). Estado e cultura no Brasil. São Paulo: Difel, 1984, p. 55.

Estado pode fazer desempenhar à arte e a cultura em relação à sociedade e, por outro lado, a organização de uma ação pública (URFALINO, P., op. cit, p. 13).

Admitindo que esta coerência dependa de outra coerência sempre temporal entre ação e ideias na ação pública, Urfalino situa o movimento de apreensão e rearranjo intelectual e prático deste equilíbrio como a própria problematização de cada período de "política cultural". Nestes termos, a política cultural seria, por conseguinte, "objeto compósito oriundo tanto da história das ideias e das representações sociais quanto de uma história do Estado"[19].

De acordo com a mesma lógica, Urfalino situa também o esgotamento desta coerência na França, ou seja, o fim da possibilidade desta compreensão de política cultural no início dos anos 1990. Este final seria consequência do esgotamento de um dos pilares fundadores desta política, aquele relativo à ideia central de oposição entre, por um lado, a política cultural como um projeto social, estético e reformador e, por outro lado, a ideia de instituição.

No Brasil, a formatação institucional federal da área cultural teve seus grandes momentos vinculados a governos totalitários e, no seu conteúdo, esteve muito atrelada à visão do Brasil enquanto país em fase de desenvolvimento, de frágil identidade nacional e, consequentemente, num estado de coisas em que a política cultural encontrava sua maior legitimação enquanto asseguradora do patrimônio legitimamente brasileiro em detrimento da produção mais especificamente artística, temida pelo seu potencial contestador.

19. URFALINO, P., op. cit, p. 14.

No Brasil da década de 1950, década que viu a criação do Ministério dos Assuntos Culturais na França, alguns direcionamentos influiriam no perfil específico da política cultural brasileira. Assim Botelho cita que:

> No Iseb – Instituto de Estudos Brasileiros – (1955) formulou-se a ideologia do nacional-desenvolvimentismo, proposta nacionalista que vê como saída para os impasses do desenvolvimento nacional a participação do Estado na economia. A industrialização seria a possibilidade de superação do subdesenvolvimento. Nesses casos, geralmente, a política para o setor cultural é definida a partir de um conceito antropológico de cultura, diretamente ligada à noção de desenvolvimento global do país, diferente de uma "política para as artes", tal como se vê nos Estados Unidos ou na Grã-Bretanha, por exemplo (BOTELHO, Isaura. *Romance de formação: FUNARTE e política cultural*, 1976-1990. Rio de Janeiro: Edições Casa de Rui Barbosa, 2000, nota 15, p. 55).

Em 1982, Mário Machado, então dirigente cultural do MEC – Ministério da Educação e da Cultura –, expõe os limites do emprego da expressão "política cultural" segundo os parâmetros de toda política pública: comando centralizado, metas definidas e aferição de resultados. A respeito das dificuldades brasileiras inerentes ao campo da política cultural, temos uma explicação por ocasião do seminário "Estado e Cultura" em 1982:

> o fato de inexistirem diretrizes claras sobre os limites da intervenção do Estado na área cultural, o fato de inexistir uma ideologia, democraticamente aceitável, que possa legitimar e orientar essas ações, o que provoca, em muitos casos, ou um confronto aberto de posições radicalmente antagônicas levando

à paralisia decisória, ou a uma certa tendência a evitar projetos mais ousados e a privilegiar um grande número de pequenas ações, que se não ajudam muito o desenvolvimento cultural, também não prejudicam demais... (Citado por Durand, José Carlos. *Política e gestão cultural: Brasil, USA e Europa*. São Paulo: EAESP-FGV, 2000. Relatório de pesquisa n° 13/2000, p.15)

Ciente de todas as precauções para as quais aqueles autores alertam e cujos assuntos (polissemia e caráter compósito da palavra "cultura", as sutilezas das ideologias) merecem estudos inteiros, decidi empregar aqui uma definição antes operacional de política cultural, convencida de que é desta maneira que é invocada pelos atores com quem entrei em contato. Com efeito, não foi meu objetivo durante as visitas e entrevistas privilegiar indagação histórica e ainda menos filosófica de uma noção de política cultural. Tratava-se muito mais de fazer emergir, como uma palavra-chave deflagradora, as atitudes, as relações daquilo que era compreendido, num sentido largo, como política cultural. Revelou-se uma compreensão muito pragmática das medidas e das prioridades, em relação às quais, por conseguinte, desenham-se margens de manobra complexas.

Portanto, julguei manter uma coerência escolhendo uma definição operacional que dá, além disso, a possibilidade exata de passar mais diretamente à análise desta complexidade de posturas pessoais, éticas e estéticas, diante das quais as políticas culturais são apenas um ponto de partida.

Assim, antes de entrar nos projetos culturais específicos, esclareço esta noção antes operacional de "política cultural" que empregarei:

A política cultural pode definir-se como uma visão estratégica do papel do Estado no campo do cultural de uma sociedade inserida no mundo globalizado, traduzida em planos de ações gerais e específicas para os diversos segmentos culturais, das populações, geográficos.

Isto dito, uma discussão sobre esta temática *stricto sensu* deveria levar em conta o fenômeno específico pelo qual a política apropria-se do "cultural" simultaneamente cobrindo-o de novos sentidos. Este fenômeno está ligado aos aspectos ideológicos intensificados no caso da cultura, mas também presentes em outras políticas públicas. Com efeito, a noção de cultura, por demasiado flexível, torna-se facilmente instrumentalizável conforme Hannah Arendt já sublinhou, a propósito da aproximação entre o político e o artista, no ensaio "A crise da cultura".[20]

Ao empregar o termo "política urbana", me baseei em algumas premissas. Primeiramente, pareceu-me pertinente falar de política para estabelecer um "arco" de medidas semelhantes àquelas da "política cultural". Em segundo lugar, ela é menos técnica que a expressão "ordenamento do território"; em terceiro lugar, tem a vantagem de estar menos sujeita às variações ou continuidades da política que emana do poder central que a expressão "planificação urbana".

Não menos importante é o fato de que a política urbana ganha toda uma autonomia no nível da escala municipal, ou seja, na competência assumida pelos prefeitos.

Diante da preocupação com o olhar histórico institucional que há na França, não deixa de ser surpreendente que uma

---

20. ARENDT, Hannah. *La crise de la culture*. Paris: Gallimard, 1972.

envergadura política para com o domínio urbanístico só tenha nascido a partir da segunda metade do século XX, e que o órgão do poder central que a representa exclusivamente só tenha sido criado após "a invenção da política cultural" em 1959 com o Ministério dos *"affaires culturelles"*.

Considerando as "pontes" que me propus a desenvolver, ou seja, subúrbio-arte-aceitação da alteridade, não é redundante recordar que é por meio dos temas cotidianos da cidade que se gerou a filosofia. Tanto em Aristóteles como em Platão, o sujeito transforma-se em cidadão devido às discussões que tece sobre temas urbanos.

O objeto do estudo consiste nos modos de realização de produtores culturais e artistas especificamente nas *friches* culturais no subúrbio parisiense e nas lonas culturais no subúrbio de Rio de Janeiro, cujas justificativas invocam, repetidamente, certas posturas políticas e convicções artísticas. Dentre essas posturas, se fazem importantes a escuta e a participação cidadã dos habitantes. Estas mesmas posturas e convicções são frequentemente "suspeitas" de serem instrumentalizáveis pelo fato de se tratar de subúrbios pobres.

Os dois universos que detalho – um, em Aubervilliers, a *friche* Laboratórios de Aubervilliers, e a *friche* cultural Villa Mais d'Ici; outro, no Rio de Janeiro: as Lonas Culturais – foram postos em perspectiva em função da conjunção de dois fatores em comum. O primeiro, de ordem socioespacial: por estarem localizados em subúrbios estigmatizados, ambos engendram uma reapropriação dos espaços e constituem tipos de equipamentos culturais polivalentes; o segundo fator, decorrente do primeiro, está ligado ao conteúdo das ideias propostas nos seus objetivos:

em ambos os casos os agentes sociais invocam uma influência qualitativa que esta situação socioespacial traz sobre os seus projetos culturais e artísticos.

Assim, antes de prosseguir, cabe mostrar resumidamente, segundo suas próprias palavras, as intenções dos dois projetos.

Os Laboratórios (*labos*), abreviatura de Laboratórios de Aubervilliers, são uma *friche* industrial ocupada por artistas desde 1994. O lugar era uma antiga fábrica de rolamentos (bilhas), transferida para a Holanda. A partir de um encontro entre o prefeito e um coreógrafo que procurava um lugar de trabalho, o espaço sofreu algumas obras de restauração a fim de se transformar num "lugar de criação". Ao relatar este encontro fundador, CL, coordenadora do espaço na época da sua abertura, cita as palavras do prefeito Jack Ralite que desejava "ver na cultura uma fonte de renascimento moral e econômico".

As linhas de trabalho desta primeira fase da *friche* são assim descritas, por um documento oficial[21]:

> Primeiramente, trata-se de um lugar de acolhimento de artistas que vêm trabalhar suas criações. O ponto em comum entre todos os artistas é trabalhar sobre a transversalidade das artes. Podem ser coreógrafos, artistas de circo, de teatro, de música, artistas plásticos. Mas todos eles possuem essa lógica de misturar. Consequentemente, haverá apresentação de atores em coreografias, na música... eles vêm aqui trabalhar sobre projetos experimentais e esta é a noção de laboratório, é a parte Canteiro-Criação... Outro ponto forte chama-se "o fundo público de livros e de filmes", cujo princípio é acolher pessoas que trabalham sobre diferentes temas. Este abrange desde a reforma psiquiátrica à situação no Timor Oriental, passando por

21. Relatório para exposição pública elaborado por Catherine Leconte. Transcrevo as palavras com o objetivo de manter expressões que serão retomadas e comparadas com linhas de outra *friche*, mantendo as características gerais do original. Além disso, são os laboratórios que ""undam" as práticas das *friches* em Aubervilliers, no sentido de articular e formalizar um projeto que leva em conta a singularidade do espaço e seus expedientes.

pessoas que puderam escrever livros sobre princípios de *hospitalidade*[22] ou sobre memória, sobre preocupações, discussões que temos – artistas e equipe dos laboratórios – e que se definem em termos de projetos. A ligação com os habitantes, o trabalho chamado de proximidade: aqui é uma cultura que chega à frente das pessoas pobres, a fim de reaprenderem a viver juntos.

A *friche* cultural Villa Mais d'Ici é mais recente que os laboratórios, e os seus objetivos são descritos no dossiê de apresentação nos seguintes termos: "uma forte ancoragem local, um compromisso importante na vida cidadã e cultural de Aubervilliers; uma disposição de interferir no espaço público e no espaço social; uma abertura sobre a cultura e as práticas sociais dos países do Sul; uma inserção nos meios culturais nacionais e internacionais". A *friche* vem desenvolver atividades múltiplas num subúrbio considerado como possuidor de "memória e futuro nos quais comunidades oriundas do mundo inteiro buscam trocar [experiências] e se integrar, cujos artistas procuram exprimir-se, inventar uma nova arte de cidade". Esta *friche* é singular na intenção de desempenhar um papel importante na renovação urbana do bairro, definindo--se como "*friche* cultural de proximidade", que se articula como "um lugar de trabalho e de invenção pluridisciplinar, um lugar de divulgação e de trocas interculturais, um lugar de desenvolvimento de práticas participativas aberto ao bairro e à cidade."

Lonas Culturais – a cultura como instrumento de transformação social é o nome de um projeto da Secretaria de Cultura do Município do Rio de Janeiro, através do qual foram construídos, desde 1994, esses equipamentos culturais. Elas possuem uma infraestrutura de apoio, tendo como parceiros nas suas ativida-

---

22. Grifo meu.

des ONGs culturais dos bairros onde se encontram. A prioridade é assegurada aos bairros do subúrbio "carioca" para além da zona oeste e outros bairros que não possuem nenhuma espécie de equipamento cultural.

De acordo com o documento elaborado pelo RioArte (Instituto de Arte e Cultura do Município, organismo ligado à Secretaria Municipal de Cultura), a respeito do projeto, seus objetivos são os seguintes:

- Implantar uma rede regionalizada de espaços culturais de baixo custo e fácil execução em diversos bairros da cidade, reutilizando as lonas do evento Eco-92[23].

- Satisfazer a demanda de equipamentos urbanos de cultura nos bairros mais afastados da Zona Sul e do Centro, horizontalizando e democratizando o acesso ao produto cultural. O habitante da Zona Oeste, por exemplo, levava mais ou menos uma hora para deslocar-se para o centro ou para a zona do sul, a fim de consumir o produto cultural da cidade; hoje, as Lonas Cultural de Bangu e Campo Grande respondem a esta demanda.

- Promover o surgimento de produção dos artistas locais (a partir das Lonas Culturais, vários artistas emergiram no mercado cultural formal da cidade).

- Viabilizar a formação de um novo público através da Rede Pública de Ensino do Município.

- Oferecer uma política cultural permanente a outras regiões da cidade, de maneira a dar continuidade aos desdobramentos destas ações fazendo-os resultarem em lucro social.

---

23. Evento internacional que reuniu entidades e organizações não-governamentais (ONGs) nacionais e internacionais em torno do tema do meio ambiente e desenvolvimento sustentável que teve lugar no Rio de Janeiro em 1992, ao qual faremos referência ao longo desta tese sob seu nome mais conhecido: Eco-92.

- Garantir a participação efetiva das comunidades atribuindo-lhes um grau significativo de responsabilidade por meio da cogestão, sobre a produção e posse da coisa pública (equipamento urbano de cultura[24]).

O fio condutor que me levou a privilegiar na abordagem teórica a questão da aceitação da alteridade, simbolizada no imigrante ou no pobre, foi encontrado nos objetivos supracitados pelos equipamentos culturais focalizados. Os três apresentam, tanto nos seus objetivos mais "socioculturais" como nos mais "artísticos", um desejo de acolher o outro. Assim, o prisma pelo qual me aprofundarei especialmente sobre os procedimentos/ expedientes e discursos dos projetos culturais realizados nas *friches* culturais de Aubervilliers guarda muito da minha sensação na ocasião do primeiro contato com a cidade de subúrbio francesa, prisma que me conduziu a uma reavaliação da equação teórica a que havia chegado sobre o caso das Lonas Culturais.

Neste sentido foi que recorri pela primeira vez a Emmanuel Lévinas naquilo que ele descreve como o encontro com o rosto do "outro". Sendo ele mesmo um representante da alteridade – judaica, no caso –, Lévinas abre um paralelo com minha situação de estrangeira na França, mas também com a minha sensação de alteridade face aos subúrbios pobres do Rio, aonde cheguei representando a "academia". Assim, a posição de "estrangeiro" nuançará nosso do ponto de vista neste trabalho, fato que seria em vão tentar encobrir. De fato, é a irrupção de um registro de hospitalidade, não programada, não prevista, que irei aprofundar teoricamente.

---

24 Esta longa citação fez-se necessária a fim de explicar o caráter ideológico presente na constituição do Projeto e em todo o discurso que apóia sua continuidade. Nestes objetivos sublinho algumas expressões a partir das quais vou analisar todo o contexto amplo no qual se insere nosso objeto de estudo. Esse contexto revela processos que articulam a cultura tanto em relação à sua dimensão social quanto sua relação espacial.

O reino do espetacular será apreendido sob o registro da reflexividade que, por sua vez, se desenrola como um jogo de espelho. A alusão ao espelho guarda vários fundamentos teóricos, dentre os quais o mais conhecido é o atribuído à psicanálise. Segundo este, é através de sua projeção no espelho que a criança começa a articular a sua identidade, enquanto indivíduo separado fisicamente da mãe.

O sentido de reflexividade, que nos guia nesse livro, adota primeiramente um tom negativo, oriundo da análise que critica a hegemonia de um modo reflexivo que levaria a uma repetição do "mesmo", a uma continuidade do "já vivido" como fator de segurança. Em outras palavras, se apelaria ao consenso do espelho, no que diz respeito aos propósitos da gestão da sociedade, como argumento de eliminar os riscos, mas também, à "nobre missão" de salvaguardar o patrimônio humano suposto "em perigo", na esfera de decisões culturais. É o que critica Jeudy, para quem "a organização gerencial de uma sociedade implica dispositivos reflexivos, os meios para ver--se a si própria encarados como uma perspectiva de otimização"[25].

A minha hipótese é que, precisamente pelo fato de desencadearem um registro da hospitalidade, no sentido proposto por Emmanuel Lévinas, os projetos culturais que veremos escapam à instrumentalização e resistem à lógica do espelho da reflexividade.

Enfim, encarando estes projetos como sujeitos e objetos de relações socioespaciais no subúrbio, sob a luz de fenômenos mundiais de migrações nacionais e internacionais que adotaram feições extremas entre 1980 e 2000, retomo a reflexão do próprio Emmanuel Lévinas sobre "cidades-refúgios" e "cidades-exílio", sugerindo através de uma atualização teórica, as tensões reflexividade/hospitalidade e cidade-espetáculo/cidade-refúgio.

---

25. JEUDY, Henri-Pierre. *Le corps et ses stéréotypes*. Paris: Circé, 2001, p. 119.

ABORDAGEM ESPACIAL, ANTROPOLÓGICA E ESTÉTICA

A noção de hospitalidade, enfatizando parte da filosofia de Lévinas, faz alusão às relações humanas, visões de mundo e compreensões da política que concebo, finalmente, como inseparáveis de uma análise antropológica.

A abordagem aqui visa a contribuir para desfazer os preconceitos de diferentes matizes que se baseiam negativamente em análises externas supostamente objetivas e neutras em detrimento de uma implicação mais estreita sobre o terreno, tendo em vista que as relações sociais não nos oferecem somente uma matéria empírica superior, em termos da lógica do gênero e da espécie. Elas são o desdobramento original da relação que não mais se oferece ao olhar que abraçaria os seus termos, mas se realiza do Eu ao outro numa relação face a face[26].

Utilizarei três níveis de abordagem: espacial, antropológica e estética, pois, se o meu ponto de partida é o objeto "equipamento cultural", a "tela de fundo" é tecida entre a política urbana e a política cultural e o "ponto de chegada" é a atividade do artista.

Na perspectiva antropológica, minha hipótese é que o investimento coletivo realizado por agentes da sociedade civil tanto nas *friches* culturais quanto nas lonas culturais assinala um "campo de tensões" estabelecido por mecanismos e margens de manobra perante as prioridades das políticas culturais e urbanas em várias escalas administrativas. Nos dois contextos nacionais este "campo de tensões" merecerá uma análise exaustiva.

Trata-se primeiro de abordar as *friches* culturais e as Lonas Culturais enquanto produto das combinações de atores sociais

---

26 LÉVINAS, E. Totalité et infini. Paris: Le Livre de Poche, 2003, p. 322.

no seio de desafios urbano-culturais contemporâneos dos subúrbios pobres; em seguida, enquanto sujeitos: polos de desencadeamento de expedientes artísticos singulares que fazem irromper momentos-chave, potenciais da problemática da hospitalidade.

A fim de mostrar que estes equipamentos culturais são, ao mesmo tempo, produtos e sujeitos, trata-se de articular dois momentos diferentes: o primeiro, demarcado pelo campo de interseção entre política cultural e gestão urbana, explica as motivações e as condições destes investimentos coletivos, assim como evidencia os contornos do registro da reflexividade e o ambiente desfavorável à hospitalidade.

O segundo momento, direcionando o olhar para exemplos de projetos artísticos realizados nas *friches* culturais e lonas culturais ou a partir das mesmas, explicita numa escala micro a forma como alguns artistas e mediadores culturais invocam os ecos estéticos que podem suscitar nos seus projetos a realidade social destes subúrbios. Este segundo momento marca a irrupção do registro da hospitalidade.

Finalmente, os exemplos apresentam as etapas de confrontação com as instâncias que trabalham na gestão de toda manifestação, seja ela cultural ou não, confrontação que coloca em relevo a oposição entre a reflexividade e a hospitalidade, ou, em outras palavras, entre institucionalização e a busca de autonomia.

Nos subúrbios brasileiros onde o setor cultural pôde se integrar nas agendas dos eleitos, isto se deu através das vertentes econômicas e sociais. Na França, com resultados economicamente visíveis, foi favorecida a instalação das empresas de audiovisual nas antigas *friches* industriais e hangares. No que diz respeito a um discurso social, foi incentivada a construção de zonas residenciais que oferecem opções culturais como um "suplemento de alma", que atrai novos habitantes e, em especial, artistas, ao mesmo tempo em que mantém o antigo habitante na sua cidade.

Quanto à metodologia que aqui utilizo, cumpre observar que eu desejava investigar mais de perto, sobretudo, os projetos culturais[27] em espaços urbanos periféricos, seus modos de implantação, sua lógica de legitimação própria e suas relações com desafios urbanos contemporâneos postos em jogo, onde se entrelaçam política urbana e política cultural. Diante das condições específicas encontradas em Aubervilliers relativas ao multilinguismo, uma primeira decisão metodológica foi adotar como "espaço-tempo" de observação duas instâncias: 1) os agentes sociais à frente dos processos de reutilização dos espaços obsoletos, denominados em francês de *friches*, agentes estes que em sua maioria falavam a língua francesa; 2) um momento potencial de encontro entre estes agentes e os grupos de várias línguas num espaço público.

Para a primeira instância realizei entrevistas e participei de eventos em variados locais de Aubervilliers com representantes do poder público, da sociedade civil, além das pessoas diretamente envolvidas com o desenvolvimento diário das ações nas *friches*. Cabe destacar alguns aspectos do meu processo de "mergulho" na cidade francesa.

Como primeiro aspecto, considero que as entrevistas com os moradores, apesar de confirmarem algumas hipóteses iniciais, deixaram algumas lacunas, causadas talvez pelo fato de o "mediador" potencial constituído pela rede de "*boutiques de*

---

27 Empregarei "projetos culturais", aí englobando projetos artísticos.

quartiers" ter ele próprio uma capacidade de penetração bastante frágil. Sem dúvida esta constatação se tornou logo um dado analítico. Os questionários aplicados, por sua vez, apresentaram um retorno menor do que o esperado. Simultaneamente alguns eixos ganharam maior ênfase pela articulação teórica e através de outros agentes sociais contatados.

Como segundo aspecto, o contato com agentes e produtores culturais locais possibilitou em setembro de 2003 a descoberta de uma outra *friche* além dos *Laboratoires d' Aubervilliers*, cujo processo corrente de *reinvestissement culturel* proporcionou uma significativa *mise en perspective* da *friche* inicialmente observada. Assim, a *Friche culturelle de proximité - Villa Mais d'Ici* veio substituir enquanto um objeto de observação o que havia previsto como "um evento artístico promovido por associação". Este último, na verdade, não deixando de ser abrangido por associações sediadas na nova *friche* abordada.

Para a segunda instância, optei por me servir de um evento artístico agenciado por uma destas *friches* num local especialmente construído para a ocasião, configurando um espaço público *sui generis* e efêmero, e que oferecia uma "potência máxima" e privilegiada da problemática da hospitalidade naquele subúrbio.

A partir de um encadeamento de ideias, passei da dimensão filosófica à dimensão antropológica da relação do produtor cultural (aqui incluindo o artista) com este "público" específico. Aqui, a hospitalidade reúne tanto a presença deste "público" que é caracterizado pela alteridade (como veremos, tratam-se tanto de "estrangeiros" quanto de "pobres"), como uma postura etnográfica dos artistas implicados.

CAPÍTULO 1

O caminho da hospitalidade

UMA GRADE TEÓRICA

LÉVINAS – INTRODUZINDO O RESPEITO À ALTERIDADE

De Emmanuel Lévinas, parto de um conjunto de noções que conduzem a valorizar e a conferir toda uma significação especial à ideia de hospitalidade ao precisá-la enquanto acolhimento de um outro completamente diferente, denominado Outrem. É no livro *Totalidade e infinito* que se desenvolve a trama entre os temas do acolhimento, do estrangeiro, do rosto e, enfim, da hospitalidade mesma, pois, como nota Derrida[28], ainda que o vocábulo não seja ali nem frequente nem sublinhado, este livro original de 1961 lega um imenso tratado de hospitalidade.

No seu prefácio a *Totalidade e infinito*, Lévinas diz que o livro se apresenta como uma "defesa da subjetividade... fundada na ideia de infinito". Prosseguindo, o autor acrescenta que, ao longo desta obra, será questão de distinguir "entre a ideia de totalidade e a ideia de infinito". E, ao afirmar a primazia filosófica da ideia de infinito, ele relata de que modo "o infinito se produz na relação do Mesmo com o Outro e como, intransponíveis, o particular e o pessoal magnetizam de algum modo o próprio campo onde esta produção do infinito se efetua"[29].

Da mesma maneira que o livro visa apresentar "a subjetividade[30] como acolhendo Outrem", para mim vai tratar-se de posteriormente pensar numa subjetividade na arte, o que revela uma área totalmente diversa, à qual Lévinas não se consagrou[31]. Vejamos então um parágrafo muito significativo, onde são introduzidas algumas palavras-chave:

---

28 DERRIDA, J. *Adieu à Emmanuel Lévinas*. Paris: Galilée, 1997.
29 LÉVINAS, E. *Totalité et infini – essai sur l'extériorité*. Paris: Le Livre de Poche, 2003, p. 11.
30 As condições críticas desta subjetividade na contemporaneidade serão analisadas por Henri-Pierre JEUDY, como veremos mais adiante.
31 Uma certa incursão no universo musical, não desenvolvida posteriormente, é, no entanto, citada por seu filho, Michaël Lévinas, no artigo intitulado "Mon père pensait une esthétique de l'extraordianaire". In: *Revue Magazine Littéraire*, edição dedicada à Lévinas, número 419, abril 2003, pp. 48-50.

Colocar o transcendente como *estrangeiro e pobre* é proibir a relação metafísica com Deus de realizar-se na ignorância dos homens e das coisas. A dimensão do divino abre-se a partir do *rosto humano*. Uma relação com o Transcendente – contudo livre de qualquer influência do Transcendente – é uma relação social (LÉVINAS, E. *Totalité et infini – essai sur l'extériorité*. Paris: Le Livre de Poche, 2003, p. 76).

Interpreto o trecho supracitado, para os objetivos deste livro, como uma incitação a uma abertura profunda (em todo caso, diferente daquela supostamente "neutra") em direção a um outro, diverso, representante de uma alteridade absoluta, abertura que inclui a proximidade física e corporal com o rosto do outro, como um expediente insubstituível para "transcender" – para mim se equivalendo a ultrapassar o sentido corriqueiro. Em outras palavras, Lévinas nos indica a importância de ir ao empírico para aceder à filosofia, assim reinaugurando e principalmente invertendo o lugar daqueles que não tinham direito à cidade na tradição platônica. "Pensar o infinito, o transcendente, o Estrangeiro, não é pois pensar um objeto. Mas pensar aquilo que não tem os contornos de objeto é na realidade fazer mais ou melhor do que pensar"[32].

Recorro a Jacques Derrida nas suas análises dos textos lévinassianos – complexos, não raro herméticos – para insistir sobre a coerência e a força próprias do pensamento do autor naquilo que concerne a uma construção passo a passo da importância da hospitalidade, palavra escolhida por Derrida para titular sua própria homenagem a Lévinas. Assim, ao analisar filosoficamente o arco de questões engendradas pelo "estrangeiro" e que conduzirão à problemática da hospitalidade, Derrida julga que

[32] Idem, p. 41.

Antes de ser uma questão a tratar, antes de designar um conceito, um tema, um problema, um programa, a questão do estrangeiro é uma questão *do* estrangeiro, uma questão vinda do estrangeiro, e uma questão ao estrangeiro, endereçada *ao* estrangeiro. Como se o estrangeiro fosse primeiramente *aquele* que coloca a primeira questão ou *aquele ao qual* endereça-se a primeira questão. Como se o estrangeiro fosse o ser em questão, a questão mesma do *estar-em-questão*, o ser-questão ou o ser-em-questão da questão (DERRIDA, Jacques. De *L'hospitalité: Anne Dufourmantelle invite Jacques Derrida à répondre*. Paris: Calmann Levy, 1997, p. 11).

O ponto de vista que associa prematuramente a vontade de hospitalidade à posse concreta de uma moradia, interpretação demasiadamente imediata, é equivocada e não corresponde ao pensamento de Lévinas. Com efeito, segundo ele, a hospitalidade precede qualquer propriedade.

No mesmo espírito, René Schérer investiga a essência filosófica da hospitalidade, em uma passagem sintomaticamente nomeada "entre a residência e a tenda"[33]. Recorre primeiro a Heidegger, que, a partir de um poema de Hölderlin, liga a hospitalidade à posse se não de uma residência, pelo menos de uma terra:

> Não há hospitalidade onde falta a possibilidade de oferecer uma refeição, de oferecer de beber e comer (...) A hospitalidade encontra-se assim vinculada ao trabalho que torna a terra fértil, e que exista um pertencimento essencial do trabalho da terra, determinada ela mesma pela essência da hospitalidade e da estada (Heidegger, M. *Qu'appelle-t-on penser?* Paris: PUF, 1959, p. 255; citado por SCHÉRER, R. *Zeus hospitalier: éloge de l'hospitalité*. Paris: La Table Ronde, 2005, p. 26).

---

33 SCHÉRER, René. *Zeus Hospitalier: éloge de l'hospitalité*. Paris: La Table Ronde, 2005.

Schérer observa que esta ligação entre o cultivo da terra e certo sentido de possibilidade *sine qua non* da fixação do homem sobre a terra e, daí mesmo, um sentido de hospitalidade, é característico de poetas da época de Virgílio e de Hesíodo. No entanto, Schérer não se satisfaz com esta limitação e explora outro caminho que, ao contrário, vai vincular a hospitalidade a um desenraizamento, e aos povos nômades. Ele volta ao poema e aí capta outras chaves de interpretação:

Da exploração agrícola *souabe*[34] aos horizontes limitados, o rio faz passar ao ilimitado das estepes, ao deserto. Ele põe a imaginação na presença do vazio, de um infinito de espaço. Da seara onde o nômade pastor e não o lavrador pratica a hospitalidade por essência (SCHÉRER, R., op. cit., p. 28).

Em seguida, ele retoma um hino à hospitalidade feito por Edmond Jabès, que pauta sobre um personagem beduíno que acolhe extraviados do deserto não simplesmente numa atitude de dever e responsabilidade, mas numa atitude mais imponderável: "Aquele que inopinadamente se apresenta a você tem sempre o seu lugar reservado sob a tenda. É enviado de Deus". Assim colocada, a hospitalidade adquire um valor místico que não será suficiente para convencer o homem moderno que, de sua parte, suspeitará de outros interesses escondidos. Mas Schérer retorna e pergunta se a hospitalidade, finalmente, não seria "uma sensibilidade específica ao outro". Continuando, denuncia que esta fórmula não ajuda em nada a elucidar a essência filosófica da hospitalidade. Por uma inversão, conduz a uma enunciação bem próxima daquela de Derrida: "Não é o próximo que esclarece

---

34 A palavra francesa *souabe* indica uma região histórica no sul da Alemanha e o dialeto ali falado.

a hospitalidade, mas antes o inverso. A hospitalidade está na fonte desta estranha 'lei de amor'(...)"[35].

Esboçada nestes termos, a hospitalidade é um atributo de gratuidade que, daí se depreende, o indivíduo despossuído, pobre, é teoricamente tão emissor de hospitalidade quanto um rico proprietário. Um largo arco de posturas individuais abre-se então para mostrar justamente que é antes daquele despossuído de riqueza material que pode emergir esta hospitalidade especial.

Penso que uma pausa sobre a "previsibilidade" ou sobre a "programabilidade" de um sentido da hospitalidade faz-se necessária. Ao focalizar a imagem da "porta" no encadeamento de noções em Lévinas, que conduzem à ideia de acolhimento e em seguida àquela de hospitalidade, Derrida alerta sobre a importância, para um verdadeiro acolhimento, de condicionar uma porta aberta a uma tomada de decisão espontânea, que seria "tudo menos uma simples passividade, o contrário de uma abdicação da razão"[36].

É sobre uma alteridade originária que repousam os verdadeiros fatores em jogo na hospitalidade, para retornar a Lévinas nas palavras de Derrida:

> A hospitalidade supõe a separação radical como experiência da alteridade do outro, como relação com o outro, no sentido que Lévinas sublinha e trabalha na palavra "relação", na sua dimensão *referencial,* ou antes, como ele nota, às vezes, deferencial [37]. A relação com o outro é deferencialidade. Tal separação significa aquilo mesmo que Lévinas renomeia como a "metafísica": ética ou filosofia primeira, por oposição à ontologia. Uma vez que ela se abre para acolhê-lo, à irrupção da ideia de infinito no finito, esta metafísica é uma

---

35 Idem, p. 29.
36 Derrida, J. *Adieu à Emmanuel Lévinas,* op. cit., p. 57.
37 Termo relativo a deferência, atenção, respeitos. No entanto, em português não conseguimos a mesma força ambígua do neologismo, também sonoro, alcançado no original francês [*différance*] entre diferença e deferência.

experiência da hospitalidade (DERRIDA, J. *Adieu à Emmanuel Lévinas*. Paris: Galilée, 1997, p. 88, sublinhado no original).

A questão desta imprevisibilidade poderia realmente suscitar uma outra análise, onde seria o caso relacionar a hospitalidade com um caráter de "acontecimento", no sentido de eventual, de coisa extraordinária, como a passagem de um meteoro, em outras palavras, não se prestando de forma nenhuma a fórmulas e cálculos prévios.

Na via desta imprevisibilidade, nós poderíamos entreabrir, como uma nova pergunta para possíveis continuações deste livro, a questão sobre saber se a hospitalidade seria da ordem de um "acontecimento", como Deleuze e Guattari explicam:

O *acontecimento* não é de forma alguma o estado de coisas, atualiza-se num estado de coisas, num corpo, no vivido, mas tem uma parte sombreada e secreta que não cessa de subtrair-se ou de acrescentar-se à sua atualização: contrariamente ao estado de coisas, não começa nem termina, mas ganhou ou guardou o movimento infinito ao qual ele dá consistência (DELEUZE, G.; GUATTARI, F. *Qu'est-ce que la philosophie?* Paris: Les Éditions de Minuit, 1991, p. 147).

Voltando a Schérer[38], que lembra Klosslowsky em suas Leis da Hospitalidade[39], ele defende que contemporaneamente só podemos falar de leis da hospitalidade em termos irônicos. Apesar disto, Schérer vê nestas "leis" um enunciado que de fato confere um estatuto de conceito à hospitalidade, se pensarmos em termos deleuzianos que um "conceito opera um sobrevoo do plano de imanência que ele abre tanto ao imaginário quanto à reflexão filosó-

---

38 SCHÉRER, R., op. cit.
39 KLOSSOWSKY, P. *Les lois de l'hospitalité*. Paris: Gallimard, 1965.

fica e jurídica, que é o contorno, a configuração, a constelação de um acontecimento por vir". Assim, imagina Schérer, neste potencial porvir, poderia a hospitalidade ser a gênese de novos modos de mundo. De minha parte, insistiria sobre a ideia de hospitalidade enquanto acontecimento mesmo, pois este pode também ser compreendido como imaterial, incorporal e em "pura reserva"[40].

Deleuze e Guattari explicam que "a diferença entre os personagens conceituais e as figuras estéticas consiste primeiro nisto: uns são potências de conceitos, os outros, potências de afetos e perceptos"[41]. Assim, o estrangeiro seria, por sua vez, um personagem conceitual passível de "acontecimentos", provocando saltos, evolução.

A dificuldade imposta pelo pensamento de Lévinas, repara ainda Derrida, é o limite sutil e mesmo ambivalente entre uma atitude de acolhimento totalmente espontânea – e somente assim verdadeiramente oriunda de uma ética pessoal digna do nome hospitalidade – e, de outro lado, um acolhimento resultante de um quadro jurídico impositivo.

No horizonte de conectar arte, alteridade cultural e subúrbio, ao mesmo tempo que visando particularizar o papel do artista contemporâneo, será em torno de uma atitude completamente espontânea, não programável de antemão, não imposta por nenhuma lei, que me interessa orbitar.

Derrida não fica desatento a esta dualidade, que ele denomina *impossibilidade*:

> Esta impossibilidade é necessária. É preciso que esta "soleira" não fique à disposição de um saber geral ou de uma técnica regrada. É preciso que ela

---

40 DELEUZE, G. e GUATTARI, F. *Qu'est-ce que la philosophie?* Paris: Les Éditions de Minuit, 1991, p. 36.
41 Idem, p. 64.

exceda todo procedimento regulamentado para se abrir àquilo mesmo que sempre corre o risco de se perverter (o Bem, a Justiça, o Amor, a Fé e a perfeição etc.). Isto é necessário, é preciso esta possibilidade de hospitalidade pior para que a boa hospitalidade tenha sua chance, a chance de deixar vir o outro, o *sim* do outro não menos que o *sim* ao outro (DERRIDA, J. *Adieu à Emmanuel Lévinas*, op. cit., p. 69, sublinhado no original).

Um segundo tema que Lévinas relaciona à possibilidade da hospitalidade é a aproximação do rosto do outro; o rosto como sede do mistério do outro e como primeira instância da relação com o desconhecido. Então, primeira barreira e primeiro desvendamento, tratar-se-á agora de um momento quase sagrado de aceitação do outro. A força que ele imprime advém do fato de que, ele considera, "a pele do rosto é aquela que se mantém a mais nua, a mais desnudada (...) a prova é que tentamos mascarar esta pobreza ao nos criarmos poses, uma compostura"[42]. Mais fundamentalmente – e aqui se trata de um eixo do caráter essencialmente ético do pensamento de Lévinas do qual não posso me afastar demais –, o rosto engendra a tendência ou não ao assassinato, ele suscita a opção ética entre fazer a guerra ou fazer a paz.

Indagado sobre os elementos de uma fenomenologia do rosto em sua obra, Lévinas prefere mais uma vez o teor ético de suas análises, já que ele deseja desatrelar a relação ética da prerrogativa visual, intermediada pelo olhar. Além disto, ele confere uma aura autônoma ao rosto, como vemos em seguida:

O rosto é significação, e significação sem contexto. Eu quero dizer que outrem, na retitude de seu rosto, não é um personagem num contexto (...) e

---

42 LÉVINAS, E. *Ethique et infini*. Paris: Le Livre de Poche, 1982, p. 80.

toda significação, no sentido habitual do termo, é relativa a um tal contexto: o sentido de qualquer coisa repousa na sua relação a uma outra coisa. Aqui, ao contrário, o rosto faz sentido em relação a ele próprio (idem, p. 80).

Indagado também sobre em que medida sua insistência sobre a ética do rosto rompia com as filosofias da totalidade, Lévinas sublinha que normalmente nas outras filosofias que buscam a verdade sem a considerar, como é o seu caso, como jamais definitiva, trata-se de pensar no outro enquanto ele possa ser reduzido a um semelhante, equivalente, enfim, ao mesmo. Em outras palavras, Lévinas desestabiliza a ideia de verdade que acomoda normalmente os preconceitos e a intolerância ao outro que agiria "fora" da verdade. Ele insiste em que, para ele, a ideia de infinito se centra não em torno de um mesmo, mas sim em torno de um desigual.

Nas últimas páginas de *Totalidade e infinito*, Lévinas retoma proposições do capítulo "A morada":

> O recolhimento em uma casa aberta a outrem – a hospitalidade – é o fato concreto e inicial do recolhimento humano e da separação, ele coincide com o Desejo de outrem absolutamente transcendente (apud DERRIDA, J. *Adieu à Emmanuel Lévinas*, op. cit., p. 163).

Na crítica que poderia tecer sobre os limites do pensamento lévinassiano ligados ao seu pertencimento judaico, é importante sublinhar aquilo que o próprio filósofo assinala: "O ateísmo dos metafísicos significa positivamente que nossa relação com o Metafísico é um comportamento ético e não teologia, não uma tematização, fosse ela conhecimento por analogia dos atributos de Deus"[43]. Ele quer assim descolar suas preocupações das reduções religiosas e chamar atenção para o campo da ética. Da mesma maneira, ele preconiza que um dever de hospitalidade não é somente essencial a um pensamento judaico, mas posiciona balizas atuais para os diversos gêneros de "repugnância ao desconhecido do psiquismo do outro, ao mistério de sua interioridade ou, para além de toda aglomeração em conjunto e toda organização em organismo, à pura proximidade com outro homem, quer dizer, à sociabilidade ela mesma"[44].

43 LÉVINAS, E. L'au-delà du verset: lectures et discours Talmudiques. Les Éditions de Minuit, 1982, p. 76.
44 Idem, p. 223.

O ESPETÁCULO: ENTENDENDO O CONCEITO DE DEBORD

O conceito de espetáculo de Debord se explicita no livro *La société du spectacle*, escrito no contexto de movimentos revolucionários na década de 1960. As "causas" defendidas eram várias, sendo a mais relevante aqui a esperança no engajamento do homem: apenas através da sua *participação* nos processos de decisão e produção da cidade ele poderia escapar à condição de estar sempre contemplando um espetáculo. Somente através da inclusão como agente de sua sociedade poderia ele deixar de estar submetido a toda a parafernália midiática "anestesiante". Debord defendia a revolução como momento da participação total, imprescindível para inverter este anestesiamento e acabar com o espetáculo que "não é um conjunto de imagens, mas uma relação entre pessoas, mediada por imagens"[45].

Neste ponto vemos em Lévinas um desdobramento radical deste estado de coisas denunciado por Debord; porque, através do encontro do rosto do outro, da alteridade radical do outro – que aqui é tanto o pobre quanto o estrangeiro –, realiza-se a hospitalidade, uma relação social de ordem oposta àquela do espetáculo, indireta, sem passar pelo face a face que descreve o autor.

A linguagem do espetáculo aposta no monumental, apaga as marcas do processo histórico e entrega ao espectador deslumbrado um produto no qual ele não teve nenhum poder de decisão e nenhuma participação. A tendência é de se conformar em assistir a esta vida tornada espetáculo, através da ilusão da vida como espetáculo conforme o aforismo seguinte:

---

45 LÉVINAS, E. *L'au-delà du verset: lectures et discours Talmudiques*. Les Éditions de Minuit, 1982, p. 76.

O conceito de espetáculo unifica e explica uma grande diversidade de fenômenos aparentes. Suas diversidades e contrastes são as aparências dessa aparência organizada socialmente, que deve ser reconhecida em sua verdade geral. Considerado de acordo com seus próprios termos, o espetáculo é a *afirmação* da aparência e a afirmação de toda a vida humana – isto é, social – como simples aparência. Mas a crítica que atinge a verdade do espetáculo o descobre como *negação* visível da vida; como negação da vida que se tornou visível (idem, p. 16).

Embora furtado a seu direito como produtor de cultura, ao homem moderno e urbano eram oferecidas várias "opções" culturais. Debord é bastante crítico quanto a estas opções: trata-se não de opções, mas antes de falta de opções porque o que está sendo oferecido é o acúmulo de elementos, lazeres, quantidade substituindo qualidade[46].

A quantidade também é outro tema de fundo do contexto de Debord, ela é o eixo da sociedade que preza a abundância, a *sociedade de consumo*, que seria caracterizada em 1970 em livro homônimo, por Jean Baudrillard, como muito mais do que uma tendência humana ligada à noção de bem-estar e ao consumo de símbolos de prestígio numa sociedade cada vez mais competitiva, mas também como uma linguagem, um código de comunicação de troca, e, num segundo momento, como um modo de controle social:

Não é afogando os indivíduos sob o conforto, as satisfações e padrão que o consumo distrai a virulência social (esta está ligada à teoria ingênua das necessidades e não pode remeter senão à esperança absurda de levar as

---

[46] Neste aspecto a crítica debordiana traz implícita uma análise anterior de Walter Benjamin na primeira versão do famoso texto "A obra de arte na era de sua reprodutibilidade técnica". Neste ensaio de 1936, Benjamin argumenta que tal reprodutibilidade elimina a aura da arte, sua excepcionalidade, autenticidade, autoridade e distância, e esta eliminação teria um efeito de emancipar a arte de suas bases ritualísticas, trazer as coisas mais perto das massas. Nesta visão o eclipse da distância tem potencial libertador, uma vez que permite à cultura se tornar mais coletiva. Sua esperança era de que esta coletivização fosse levar a uma sociedade mais

pessoas a mais miséria, para vê-las se revoltarem). (...) É assim que o consumo pode substituir ele próprio a todas as ideologias, e em longo prazo assumir em si a integração de toda uma sociedade, como faziam os rituais hierárquicos ou religiosos das sociedades primitivas (BAUDRILLARD, Jean. *La societé de consommation*. Paris: Noel, 1970, p. 137).

Indivíduos "afogados" sob o conforto não escapariam, por sua vez, à pobreza da alienação intelectual. Este conceito de base marxista, inicialmente remetendo ao distanciamento do trabalhador do valor de sua força de trabalho, passaria logo a ser estendido a outras dimensões da vida. Alienação, então, passa a ser alienação mental. Foi com estas influências que Debord concebeu sua noção de "sociedade de espetáculo", o espetáculo compreendido como a estrutura da alienação.

Espetáculos em quantidade. Mas onde está o lugar para a verdadeira experiência cultural, para o que foge da linguagem monumental? Este lugar seria o cotidiano do homem comum na cidade, "palco" de sua legítima produção cultural. Produção esta que é inerentemente diversificada, não tipificável, heterogênea, e que por estas razões escapa ao domínio capitalista da indústria cultural.

A indústria cultural é o reino do espetáculo, que vem se fortalecendo no mundo inteiro, mesmo sendo um dos índices de desenvolvimento econômico. No texto escrito em 1988, "Comentários sobre a sociedade do espetáculo", Debord[47] analisa que, se no livro original da década de 1960 ainda podia-se diferenciar dois modos distintos de se gerir o espetáculo – o concentrado (nos países com ditadura tanto de direita como de esquerda) e

---

igualitária. No entanto, os anos posteriores provaram um movimento contrário, onde justamente os meios técnicos de reprodução como o rádio e a gravura foram utilizados ideologicamente por campanhas da juventude nazista. Ao invés da maior quantidade disponibilizada de obras servir a uma politização da arte; o que se viu, tragicamente foi uma estetização da política.

47 In: *A sociedade do espetáculo*, op. cit.

o difuso (que seguia o modelo americanizado, seduzindo especialmente os países em vias de desenvolvimento) –, um terceiro modo, combinando os dois primeiros, surgia no final da década de 1980: o *espetacular integrado*. O momento histórico de transição seria representado pelo fim do regime comunista na Alemanha[48] e, portanto, com a entrada em cena da noção de economia globalizada. Esta questão foi assim antecipada por Debord:

A sociedade portadora do espetáculo não domina as regiões subdesenvolvidas apenas pela sua hegemonia econômica. Ela as domina enquanto sociedade do espetáculo. (...) Se o espetáculo, visto em suas diversas localizações, coloca em evidência as especializações totalitárias da palavra e da administração sociais, estas vêm a se fundir, ao nível do funcionamento global do sistema, em uma *divisão mundial das tarefas espetaculares* (Debord, G. "Comentários sobre a sociedade do espetáculo", op. cit, p. 38).

O espetacular integrado diz respeito então a uma nova ordem mundial em que a sociedade se caracterizaria por alguns fatores principais os quais me interessa sublinhar, a saber: a incessante renovação tecnológica e a fusão econômico-estatal. Esta sociedade abrigaria nela a fusão dos dois primeiros modos do espetacular, anteriormente espacialmente separados, pois "quando o espetacular era concentrado, a maior parte da sociedade periférica lhe escapava; quando era difuso, uma pequena parte; hoje nada lhe escapa. O espetáculo confundiu-se com toda a realidade, ao irradiá-la"[49].

---

48 Ao analisar já em 1992, por ocasião de um prefácio a uma nova edição, os comentários feitos em 1988, Debord já inclui em sua análise os acontecimentos políticos relacionados à "queda do muro de Berlim". Esta análise, assim como os comentários de 1988, podem ser lidos na edição brasileira da editora Contraponto (Rio de Janeiro, 1997).
49 Debord, G., op. cit, p. 173.
50 DEBORD, G., op. cit., p. 131..
51 Este livro de 1946 inicia uma obra-trilogia; seguido pelo segundo, *Critique de la vie*

POR UM URBANISMO PARTICIPATIVO CONTRA O ESPETÁCULO

No mundo com economia globalizada, os direcionamentos políticos sucumbem cada vez mais a um modo homogêneo, pautados por uma fusão econômico-estatal. Esta fusão que privilegia o lucro e assim elege o espetáculo como forma de manifestação escolhe também alguns poucos sujeitos como aptos a se colocarem como urbanistas. Nestes agentes se concentraria um saber específico e um poder "criador", ao passo que à grande maioria da sociedade caberia apenas se conformar em assistir aos processos de transformação da cidade. Derrubar esta premissa é fundamental para reverter a alienação do homem em relação à sua cultura e à sua cidade. Apenas quando participa decisivamente na vida social o homem deixa de ser espectador; deixa de assistir à sua própria vida tornada espetáculo e passa a ser agente: "Para destruir de fato a sociedade do espetáculo, é preciso que homens ponham em ação uma força prática"[50].

Esta força prática estava relacionada à escala da vida cotidiana, cuja transformação em eixo de análise se deveu em grande medida aos estudos de Lefebvre, que tem como marco a obra *Introduction à la critique de la vie quotidienne*[51]. Neste livro, suas análises indicam para uma nova interpretação[52] das máximas marxistas, apontando, como única forma de se chegar à revolução, evitar a "alienação" no cotidiano. É este o ponto em comum com Debord, que seguirá pregando a participação total e a revolução através do cotidiano.

Representante de uma fase posterior do autor, o livro *O direito à cidade*[53] abordava a questão do lazer na cidade como

---

quotidienne, de 1963; e o terceiro, *La vie quotidienne dans le monde moderne*, de 1968. Neste primeiro livro Lefebvre ainda encontra na escala do cotidiano os elementos fundadores da cultura, e nesta medida ele o considera como espaço potencialmente revolucionário pela ação das camadas mais pobres na construção de uma nova sociedade. No entanto, esta visão seria abandonada nos livros seguintes, onde sua análise já considera o cotidiano como mais um espaço regido pela lógica capitalista do consumo e, portanto, ainda aprisionador.

52 A especificidade de sua interpretação se dá na medida em que alarga o sentido econômico e material de "produção" ao campo das relações sociais

53 LEFEBVRE, H. *O direito à cidade*. São Paulo: Documentos, 1969.

parte substantiva deste direito. Criticando a visão funcionalista, ainda repercutida pelo movimento moderno, visão na qual a cidade se compartimentava em setores, ele a acusava de também separar os domínios "cotidianidade-lazer" ou "vida cotidiana-festa". A seu ver a resposta estava justamente na "mistura", na "imprevisibilidade": que a cidade volte a ser como na pólis grega, ocupada ao mesmo tempo pelo trabalho produtivo, pelas obras e pelas festas sem espaços predeterminados e exclusivos.

É, portanto, por meio da esfera da vida cotidiana, até então cristalizada na chave da "vida privada", que a participação se faz poderosa aos olhos de Debord. Em referência ao espetáculo na sociedade norte-americana, o autor francês prognostica uma continuidade entre a "vida privada" e a "vida pública", onde a segunda traz da primeira toda a ética do consumo por ela "legitimado" enquanto e porque "privada". A vida "pública", calcada no espetáculo, na imagem, estaria na verdade intrinsecamente guiada pela "vida privada". Com isso ele pretendia chamar a atenção não só para a participação como para a sua premência diária, como hábito, e conclui que a "proliferação dos pseudoacontecimentos pré-fabricados" decorreria do "simples fato de os homens, na realidade maciça da vida social atual, não viverem acontecimentos"[54].

O acontecimento, o viver atuante, está para Debord na esfera da arte, aí incluída a arte de fazer cidade: o urbanismo. Debord teve o mérito de prever, dentro de suas análises baseadas no conflito de classes e no avanço mundial do sistema capitalista, o papel cada vez mais importante do setor do lazer e da imposição do "valor de troca" abarcando a cultura transformada em

---

54 DEBORD, G., op. cit., p. 130.

mercadoria. É nesta medida que sua obra serve para delimitar o quadro teórico, no qual questões antropológicas e urbanísticas estão entrelaçadas: engajado inicialmente no mundo artístico e cultural, aos poucos Debord expandiu suas preocupações e crenças para uma revolução que incluía o espaço da cidade. Estava convencido de que arte e cotidiano deviam se fundir e que o "palco" dessa fusão era, por excelência, a cidade[55], onde se realizaria uma "arte integral", através da participação continuada e cotidiana da sociedade.

Foi através de um grupo de pessoas denominado Internacional Situacionista e, mais especificamente, por meio das ideias do Urbanismo Unitário (U. U.) que Debord apresentou ao mundo uma alternativa crítica aos preceitos modernistas da primeira década deste século, que haviam tido a oportunidade de serem experimentados na urgência reconstrutora do mundo europeu pós-guerra.

Para reverter as consequências da corrente urbanista do funcionalismo, propunha criar *situações*, entendidas como momentos únicos de cada ser, ocasião de exercer seu livre arbítrio para moldar seu próprio espaço de vivência. As situações, buscadas desde o grupo anterior ao qual Debord pertencia, a Internacional Letrista, continham um aspecto material e sua verdadeira construção ensejaria o que era considerado um novo urbanismo. Através destas *situações*, visava-se repelir o espetáculo e a não participação, elegendo como "teatro de operações" a vida cotidiana.

O interesse dos letristas acerca do urbanismo provinha da *psicogeografia*, que designava a observação constante dos efeitos

---

55 Na esfera da arte, nos anos 1970 havia também debate teórico e experimentações em busca da participação dos espectadores, almejando-se uma relação que apelava quer à sua sensorialidade, quer ao seu potencial artístico. No Brasil, Hélio Oiticica talvez tenha sido o precursor de uma corrente estética, tendo trabalhado lado-a-lado com moradores do Morro da Mangueira, daí resultando a série intitulada "*arangolés*, cuja proposta estética foi divulgada no mundo inteiro e é hoje recuperada no circuito artístico. Para uma abordagem filosófico-estética da experiência de Oiticica na Mangueira, ver JACQUES (1998).

do ambiente urbano sobre o estado psicológico de cada pessoa. No texto *"Formulário para um novo urbanismo"*, de Gilles Ivain, impresso pela Internacional Letrista ainda em 1953, expressava-se o rumo que os futuros situacionistas ambicionavam para a cidade:

Nós nos propomos a inventar novos cenários móveis... A arquitetura é o meio mais simples de articular o tempo e o espaço, de modular a realidade, de fazer sonhar. Não se trata somente de articulação e de modulação plásticas, expressão de uma beleza passageira. Mas de uma modulação influencial, que se inscreve na curva eterna dos desejos humanos e do progresso na realização dos desejos. A arquitetura de amanhã será pois um meio de modificar as concepções de tempo e de espaço. Ela será um meio de conhecimento e um meio de atuação (versão em português na revista *Oculum Ensaios,* nº 4, 1993, p. 21. Publicado originalmente em francês, no *Boletim nº 1 da Internacional Situacionista,* jun. 1958, pp 15-20. In: *Internacionale situacionniste – 1958-69.* Paris: Éditions Champ-Libre, 1975).

A inspiração era combater o urbanismo moderno racionalista/funcionalista que possuía na figura de Le Corbusier seu representante máximo e na Carta de Atenas seu "credo". Em um texto de Asger Jorn, denominado "Uma arquitetura da vida", percebemos o ataque ao racionalismo:

Os funcionalistas ignoram a função psicológica do ambiente... O aspecto das construções e dos objetos que nos rodeiam e dos quais nos utilizamos com uma função independente de seu uso prático. Os racionalistas funcionalistas, em razão de suas ideias de estandartização, imaginaram que se podia chegar às formas definitivas, ideais, dos diferentes objetos que interessam ao homem. A evolução hoje em dia mostra que esta concepção é equivocada. Deve-se chegar a uma concepção dinâmica de formas, deve-se encarar esta verdade que toda forma humana se encontra em estado de transformação contínua (In: Jorn, Ager. *Uma arquitetura da vida*. Paris: Potlach, n. 15, dec. 1954).

Assim, o U. U. pretendia abolir as divisões absolutas entre as "zonas" de trabalho e de moradia (o termo *unitário* se colocava como antagônico ao *zooning*), diminuir a ênfase dada à circulação dos automóveis; além disto, os urbanistas revolucionários não deveriam privilegiar a circulação material e os homens "fixos" no espaço, mas, sim, inverter esta premissa, propondo a circulação dos homens através da vida autêntica, cotidiana.

Para concluir este item, sublinho a oposição explícita, na visão de Debord, entre espetáculo e participação. No manifesto da Revista nº 4 da Internacional Situacionista lê-se: "Contra o espetáculo, a cultura situacionista realizada introduz a participação total".

Sem as premissas revolucionárias, tivemos na década de 1970 no Brasil algumas variantes do que era pregado como participação pelos situacionistas, restrita à esfera da habitação de baixa renda: a autoconstrução, os mutirões. Algumas incursões raras foram também tentadas na área de política cultural, como veremos em capítulo posterior. De modo geral reduzida a um recurso "de emergência", esta prática ficou muito tempo localizada no mapa da miséria. A noção de participação ficou associada à noção de pobreza até as experiências de orçamento participativo, inauguradas na cidade de Porto Alegre na década de 1980. A partir de então, uma outra onda vem se estabelecendo, principalmente com a Constituição de 1988, que introduz a questão da função social do solo e prega instrumentos participativos de gestão, o chamado "controle social" da administração.

Somente nos anos 2000 temos na área da política cultural a valorização oficial da participação social como imprescindível à especificidade do objeto "cultural" para determinação de diretrizes de políticas públicas e a consequente criação de instâncias participativas nas diferentes escalas de governo, como veremos mais adiante.

A REFLEXIVIDADE NA CIDADE CONTEMPORÂNEA

A principal pergunta que estrutura as análises de Henri-Pierre Jeudy a respeito da cidade contemporânea é a de saber se a própria vida social pode se tornar objeto de uma estética. Preocupado com a sobrevalorização do sentimento de salvaguarda dos patrimônios, Jeudy atrela a reflexividade a uma "gestão da posteridade", assinalando criticamente o perigo e a falsa sensação de "boa consciência" que se origina da opção pelo "manter tudo" que desembocaria paradoxalmente no fim das inovações, na repetição *ad infinitum*. Esta tendência se encontra especialmente no campo da gestão da cultura material em um primeiro momento, na política cultural, assim como em uma gestão urbana contemporânea que já estaria englobando a política cultural.

Se nós respondermos afirmativamente à pergunta sobre se a vida social pode ser objeto de uma estética, seria útil acrescentar a questão de saber se os artistas que operam esta estetização estariam sendo instrumentalizados. Em seguida, seria o caso de saber ainda se, ao estetizarem a vida social, eles "pecam" contra a autonomia artística.

É na conservação patrimonial que se dá a hegemonia da reflexividade, esta noção advinda da premissa que diz que o meio mais eficaz para se autogerir a sociedade encontra ao se olhar ela mesma no espelho. Em outras palavras: no objetivo de planificar um futuro, a única medida que detém a sociedade é estritamente baseada sobre sua própria ideia de si mesma. Aplicada por excelência na gestão urbana, a reflexividade é sobretudo abordada pelo autor naquilo que concerne à conservação de patrimônios, que, segundo ele, provoca tão somente uma memória do social, ou seja, acaba por engendrar o efeito contrário ao que se propunha: matar o social.

É no livro *Os usos sociais da arte* que se pode melhor captar a compreensão do sentido de reflexividade e as repercussões que ele acarreta na vida contemporânea, uma vez que Jeudy analisa ali a questão do cultural, do "objeto comum", da arte no espaço público, assim como toca na polêmica sobre a morte da arte sem deixar de introduzir elementos balizadores tais como a singularidade e a influência dos grandes "mestres" da história da arte. Estes elementos serão retomados pelo autor nas obras posteriores, mas é aqui que encontramos as pistas mais claras sobre a complexidade desta reflexividade.

No nobre argumento de possibilitar um estudo aprofundado das culturas, os gestores estariam, na verdade, agindo como se estas culturas já estivessem mortas. Esta gestão, que se reveste de finalidades antes convincentes (ela pressupõe que nossas "raízes ontológicas" estejam sendo esquecidas), termina por apenas conseguir desencadear efeitos de enterramento que ela recusa em primeira instância.

Aqui reside o paradoxo sobre o qual se debruça o pensamento de Jeudy, paradoxo que jaz sobre um outro artifício teórico, aquele da suposta separação entre a vida e a cultura, pois "a cultura entrou na ordem do utilitarismo reflexivo"[56]. Não nos enganemos: a mensagem do autor não deixa ilusão de uma saída feliz, pelo menos nenhuma porta no mundo atual no qual o espetáculo já se concretizou por inteiro. Toda a valorização

---

56 Idem, p. 8.

de posturas cidadãs não bastaria para ultrapassar um "politicamente correto" onde se imiscui uma crença (tornada visível pelos gestores e políticos) de que tudo pode ser positivo se cumprir uma finalidade comunitária.

Não obstante, esta valorização tida como consensual é fruto de uma aparente naturalização operada pelas instituições que não hesitam em englobar nos seus leques de procedimentos tanto a arte quanto o artista. O que acontece então com o poder do artista de romper com o sistema, com o instituído? De acordo com Jeudy, o mecanismo da reflexividade termina por engendrar um quadro sem escapatória, um ciclo vicioso onde o artista, ele mesmo em crises morais agudas em face dos horrores mundiais, reitera sua função social enquanto sua utilidade neste mundo tão injusto.

A antiga expectativa do *"novo"* se deslocou em direção ao nicho do sincretismo cultural, sob os louvores do "multicultural"; e é então, com esta "senha" naturalizada pelas instituições, de onde ao mesmo tempo ele quer se liberar, que o artista vai recorrer, não sem um complexo discurso. O que parece emergir é a constatação irônica de que se não se pode fazer de outra maneira, é preciso fazer assim mesmo, talvez aí residindo as margens de "subversão".

Transpondo a questão da patrimonialização para a problemática do planejamento urbano do subúrbio, Jeudy ressalta que os argumentos empregados induzem a indagar: "A periferia da cidade grande traduziria então uma patologia das memórias coletivas carentes de inscrição territorial de seus traços?"[57]. Com efeito, se nós guardarmos em primeiro plano a presença de cul-

---

57 *Revue Archéologie Industrielle en France* n° 13, juin 1986.

turas imigrantes no subúrbio, tratar-se-ia de uma dificuldade de inscrição territorial de seus traços. Por outro lado, o autor deixa entrever uma certa margem de afastamento em relação aos processos correntes de conservação generalizada: "A periferia das cidades, os subúrbios, são eles territórios de esquecimento ante uma ideologia sistemática da conservação?". Prosseguindo nesta hipótese, o subúrbio, para o mal e para o bem, escaparia à lógica da reflexividade na qual a "ideologia sistemática da conservação" é parte integrante.

A POSTURA ETNOGRÁFICA DO ARTISTA

Discutindo especificamente os momentos decisivos na arte das duas últimas décadas do século XX, Hal Foster[58], no livro *The return of the real*, retoma os modelos críticos na arte e na teoria desde 1960 por meio de uma nova articulação das vanguardas históricas e da nova vanguarda. A sua premissa será a emergência de um paradigma baseado num "regresso ao real" atravessado por reflexões procedentes de diversos campos, como psicanálise, linguística e antropologia, que alterarão primeiro as práticas da arte e, posteriormente, as teorias. Guardando como fio condutor uma revisão cronológica, mas não exclusiva, apresenta a arte minimalista como o ponto crucial nesta relação nos anos 1960 para, em seguida, discutir a formulação subsequente da obra de arte como texto nos anos 1970 e, finalmente, narrar o arrefecimento deste modelo textual num "convencionalismo invasor operado pela imagem nos anos 1980".

É neste momento da análise que Foster oferece-nos uma potente chave de abordagem relativa ao momento, em torno de 1990, em que são lançados os preâmbulos que se revelariam relevantes também para as propostas artísticas avançadas pelas *friches* culturais que nos preocupam especificamente neste livro. Foster faz um emprego específico da noção de reflexividade não menos construtivo para o objetivo aqui, especialmente na arte, que poderá ser relacionado com o emprego feito por Jeudy.

O autor distingue e examina duas reações contemporâneas a esta dupla inflação do texto e de imagens: uma inflexão em direção ao real (compreendida pela abordagem lacaniana do objeto traumático) e uma inflexão em direção ao referente enquanto

---

58 FOSTER, Hal. *The return of the real: the avant-garde at the end of the century*. London: MIT Press – An October Book, 1999. Versão francesa: *Le retour du réel: situation actuelle de l'avant-garde*. Paris: La Lettre Vollée, 2005. Utilizamos ambas as versões.

assentado numa dada identidade e/ou numa comunidade estabelecida. Nas duas tendências estariam em jogo relações em torno da "razão cínica". Na primeira, esta razão cínica é levada ao extremo enquanto se apropria do corpo como suporte; quanto à segunda, "encara" a razão cínica e investe o *site-specific*. Ambas atestam uma recusa dos modelos dos anos 1970 (linguística) e dos anos 1980 (cinismo convencionalista)[59].

É esta segunda reação, para a qual Hal Foster vai compor um "retrato do artista como etnógrafo", que me parece concernir o universo dos artistas Esther Shalev-Gerz, Majida Katari e Thomas Hirschhorn, que abordarei posteriormente por meio de suas propostas em Aubervilliers, especialmente.

Essencialmente, a abordagem de Hal Foster converge com a premissa aqui em dois pontos principais. Em primeiro lugar, apesar da sua alusão a "regressos", o partido adotado por Foster opõe-se ao de outros historiadores e críticos que se esmeram em desqualificar totalmente a arte contemporânea, sem ver nela mais do que repetições e autorreferência, ou ainda apenas produções para os "seus pares", para não falar de outros que se mantiveram atrelados rigidamente à ideia de fim da arte. Este posicionamento em oposição à banalização da arte contemporânea, que não se afasta de uma postura filosófica, mas antes se realimenta na filosofia também, será complementar (não menos pela sua origem americana) às análises da francesa Anne Cauquelin (Cauquelin, Anne. *Petit traité d'art contemporain*. Paris: Seuil, 1996).

Em segundo lugar, entre o seu cabedal teórico, Foster não esconde o seu tributo à noção crítica da sociedade do espetáculo, citando várias vezes Guy Debord.

---

59 FOSTER, Hal. *Le retour du réel: situation actuelle de l'avant-garde*. Paris: La Lettre Vollée, 2005, p. 159.

Para estruturar a abordagem do artista como etnógrafo, Foster articula eixos como: "política cultural da alteridade", "a arte e a teoria na era dos estudos antropológicos", "os lugares da arte contemporânea", além de designar a crucial reivindicação de uma "memória disciplinar" e o estabelecimento de uma "distância crítica". É a partir desta distância que Foster tece uma defesa da reflexividade, na qual se percebe que a sua abordagem respalda, ao invés de condenar, a reflexividade, a qual fica circunscrita na sua análise ao mundo do artista, mas herda igualmente do campo da antropologia e especialmente dos métodos etnográficos.

Foster recorda que, nos anos 1980, alguns artistas procederam a uma releitura do texto "O autor como produtor", de Walter Benjamin, de 1934, texto que ele considera ser a reflexão mais primordial sobre a relação entre a autoridade artística e a política cultural[60]. No entanto, ao seu parecer, desta vez a essência benjaminiana é empregada para ações político-culturais mais do que para ações artísticas, ações mais difíceis em uma conjuntura de "capitalização" da cultura. Admitindo que estas ações simbólicas foram até certo ponto eficazes[61], mas sem dedicar uma pausa ao assunto, Foster qualifica-as como "mais propriamente situacionistas do que produtivistas", haja vista que estariam sobretudo interessadas em reinscrições de representações dadas.

A propósito desta distinção entre situacionismo (do qual Guy Debord foi o principal precursor) e produtivismo, Foster faz uma curta pausa para situar no início dos anos 1970 a emergência de uma crítica do produtivismo[62] devida a Jean Baudrillard, respon-

---

60 BENJAMIN, Walter. "L'auteur comme producteur". In: *Essais sur Brecht*. Paris: La Fabrique, 2003.
61 Trata-se aqui de ações durante a segunda metade dos anos 1980 pautadas sobre temáticas feministas, apartheid onde se incluem as projeções do artista Krzysztof WodicsKo.
62 Que ele julga ainda resistir nas esculturas de Richard Serra e na teoria textual.

sável por sublinhar que o lugar anteriormente ocupado pela produção nas análises marxistas teria sido substituído pela "representação", o que teria conduzido a um *"tournant* situacionista" na intervenção cultural, por sua vez seguido por um momento de uma inflexão etnográfica à qual dedica um capítulo inteiro do livro. Foster leva mais adiante a sua análise, sugerindo que um novo paradigma estruturalmente similar ao antigo modelo do "O autor como produtor" aparece na arte progressista de esquerda: o artista como etnógrafo[63].

Para desenvolver o eixo da "política cultural da alteridade", Foster observa que se a instituição de arte capitalista-burguesa (o museu, sobretudo) permanece como objeto de contestação por excelência neste novo paradigma, é doravante a alteridade cultural que se estabelece como eixo de solidariedade dos artistas engajados.

É esta alteridade cultural que nos vincula tanto à própria cidade de Aubervilliers quanto aos artistas escolhidos que trabalham em residência na *friche* Laboratórios de Aubervilliers. Foster recorda que, no paralelo entre estes dois paradigmas, há algumas premissas do modelo anterior que persistem problematicamente no novo paradigma etnógrafo. Primeiramente, é a premissa de "que o lugar da mudança política é igualmente o lugar da mudança artística, e que as vanguardas políticas situam as vanguardas artísticas e, em certas circunstâncias, as substituem"[64].

A segunda premissa que persiste no novo paradigma é que este "sítio" continua noutro lugar, no domínio do outro: no modelo produtivista, com o *outro* em termos sociais (como no

---

63 FOSTER, H., op. cit., 2005, p. 215.
64 Idem, p. 217.

caso do proletariado explorado); e no paradigma etnográfico, em que a alteridade é cultural, retorna-se ao oprimido pós-colonial, o subalterno ou a um subcultural. Finalmente, este "noutro" lugar, este excluído ou este *outro*, outrem, para retomar Lévinas, representa a alavanca a partir da qual a cultura dominante será transformada, ou ao menos subvertida.

A terceira suposição não cessa de fazer eco às experiências artísticas que me preocupam, posto que sustenta que se o artista invocado não for percebido como social ou culturalmente diferente, terá apenas um acesso restrito a esta alteridade transformadora, ao passo que, se for percebido como distinto, terá acesso automático.

O "perigo", de acordo com Foster, reside no fato de que, tomadas juntas, estas três suposições podem efetuar uma usurpação temível das considerações benjaminianas sobre o autor como produtor: o perigo, para o artista-etnógrafo, de um paternalismo ideológico. Os riscos desta natureza são considerados por Foster semelhantes tanto para o artista etnógrafo lidando com o *outro* quanto para o autor benjaminiano lidando com o proletário: trata-se ora de uma segmentação suposta entre a identidade do primeiro e a do segundo, ora de uma identificação que quer precisamente fazer desaparecer esta segmentação. Os termos destes perigos traçam-se na herança marxista que tanto Benjamin quanto Foster compartilham: é a alienação que assombra sub-repticiamente as ações do autor e do artista, empregando representações redutoras, idealistas ou equivocadas. Mas Foster conclui que há um risco mais significativo para o artista contemporâneo a cada vez que ele é solicitado a desempenhar simultaneamente "os papéis do indígena e do informante, além daquele de etnógrafo".

De outro ângulo, sob a luz do pós-estruturalismo, haveria nos dois paradigmas (do etnógrafo e do produtor

a omissão do "pressuposto realista" que situa a figura do outro (aqui pós--colonial, lá proletário) dentro da *realidade*, dentro da *verdade*, e não dentro da ideologia, pela simples razão de que ela é oprimida socialmente, politicamente transformadora e/ou materialmente produtora (FOSTER, Hal, op. cit., 2005, p. 218).

Paralelamente, ou justamente em conexão com esta valorização da realidade, compreendida como contendo a essência daquilo que é considerado legítimo, erigiu-se um "fantasma primitivista" numa busca de liberação das representações sexuais e estéticas. Foster deixa entrever acomodações sutis que podem emergir em torno de uma enfatização das identidades nas filiações culturais e nas alianças políticas, sempre mantendo como horizonte as "políticas culturais da alteridade".

Retornando ao postulado que quer que o lugar de mudança político esteja sempre alhures, noutro lugar, no "fora", é por conseguinte uma hipervalorização da alteridade e, além disto, uma transferência da busca da verdade em direção ao *outro* (às vezes um estrangeiro que se torna o depositário de todas as esperanças de justiça política e renovação do *self*), que vai presidir a adoção de posturas que deverão alimentar-se da antropologia para fundar a "política cultural da alteridade". Todavia, Foster expõe muito claramente os efeitos ilusórios daí decorrentes, uma vez que esta fé na pureza de um "outro" nas condições contemporâneas é equivocada e frequentemente serve unicamente para promover uma autoindulgência, quando não para desobrigar das ações políticas no "aqui e agora". Ora, o autor americano alerta-nos, assim, para certo jogo de aparências que, ao contrário dos objetivos de Benjamin, pode conduzir ao esvaziamento de conteúdos de ações intrinsecamente políticas e transformadoras, ostentando ao mesmo tempo uma aparência do "politicamente correto".

Em contraste com a vertente realista, o autor detecta dois importantes precedentes do paradigma etnográfico na arte com influência da fantasia primitivista: o surrealismo dissidente, com Georges Bataille e Michel Leiris, no fim dos anos 1920 e início dos anos 1930; e o movimento "negritude", associado a Léopold Senghor e Aimé Césaire, no fim dos anos 1940 e início dos anos 1950. Dois registros permeiam estes dois exemplos históricos: o primeiro, de raízes psicanalíticas, concernente ao potencial transgressivo do inconsciente; e o segundo, na tonalidade antropológica em redor da alteridade cultural.

Por último, Foster assinala que, na contemporaneidade, uma arte quase antropológica raramente recorre a esta associação entre o inconsciente e um outro idealizado, tal como a arte praticada pela maneira "primitivista".

Apesar de admitir a importância cultural e política da exotização do *self* para as práticas críticas em antropologia, arte e política (citando sobretudo os exemplos de Leiris: o papel de antropologia enquanto autoanálise; e de Bataille: a antropologia como crítica social), Foster observa alguns perigos deste uso pela arte. Certa tendência de deslize para uma utilização demasiadamente centrada na absorção do si-mesmo/*soi* que pode desencadear formas de "autorrenovação" narcisista. O outro perigo diz respeito a perturbações simplistas da relação sujeito-objeto, acarretando "relações pseudoetnográficas" amplamente ilustradas por diários de viagens alçados a objetos de arte contemporânea no nomadismo atual. De acordo com Hal Foster, é em atenuar este estado das coisas que pode precisamente contribuir o fenômeno da reflexividade, aqui descrito como posição assumida pelos artistas que, conscientes da influência das suas próprias subjetividades em jogo, em vez tentar eliminá-las, decidem delas tirar proveito.

Estes dois perigos supracitados são devidos sobretudo a uma antropologia fundadora em que a compreensão temporal dos fenômenos assujeita a compreensão espacial, o que Foster nomeia respectivamente como o eixo vertical e o eixo horizontal na história da arte[65]. Em contraste, uma antropologia mais contemporânea conduziria a outras associações, em processos atualizados que questionam a psicanálise e a antropologia, as quais foram anteriormente fontes fundamentais para os discursos modernos[66].

Assim, a arte ingressou no "campo expandido"[67] da cultura que a antropologia supostamente deve inquirir. Estes desenvolvimentos acarretam também novos "locais" para a arte, que já tinha passado pelo espaço do museu, dos quadros institucionais às redes discursivas, a tal ponto que artistas e críticos de arte tratam de temas como desejo, doença, AIDS ou SDF (sem domicílio fixo) como *locus* para a arte.

---

65 Na introdução o autor explicita que a neovanguarda à qual ele dedica este livro tem o mérito, na visão dele, de almejar uma conciliação entre os dois eixos, ao passo que anteriormente o modernismo formalista se desenvolvia sobre um eixo temporal, diacrônico ou vertical, se opondo ao modernismo vanguardista que, por seu turno, desejaria romper com o passado segundo um eixo espacial, sincrônico ou horizontal.
66 Foster associa aí uma outra noção-chave do livro, aquela que traduzimos livremente como "ação postergada" (*deferred action*, no original inglês), que deve muito à psicanálise. Esta noção, concernindo mais a história da arte, não será explorada aqui.

Ao lado deste novo "lugar", emergiu a analogia de "plano" e de cartografia. Este apelo aos expedientes de cartografia pode ter dois modos muito diferentes, quer na forma como Robert Smithson e o *land art* em geral experimentaram, quer numa tendência para o sociológico e antropológico num ponto extremo em que um plano etnográfico de uma instituição ou uma comunidade pode tornar-se uma forma primária de *site-specific*.

Hal Foster ainda assinala os perigos em dois tipos de trabalho de *site-specific* encomendados: os trabalhos no interior da instituição comanditária e os trabalhos fora da instituição comanditária. É esta segunda categoria que concerne mais de perto a este livro. Para os trabalhos que pertencem ao segundo grupo, frequentemente em colaboração com os grupos locais, o perigo é que os locais e os habitantes possam tornar-se objetos de exposição antropológica[68] e, quase naturalmente, o projeto deslize de uma colaboração para uma modelização autorreferente, de um descentramento do artista enquanto autoridade cultural para um refazer do outro numa aparência neoprimitivista.

Este expediente no exterior da instituição é visto como um meio para animar um sítio antigo, como seria o caso de uma *friche* industrial no universo que toco aqui, e o outro "uso" seria o que visa desenvolver um novo sítio, onde os trabalhos de *site-specific* podem atuar para voltar a dar uma "especificidade" aos espaços até então sem qualidade. Isto resulta numa valorização do "local" muito em voga. No entanto, nem sempre esta valorização é em si mesma enganosa, mas os "apoiadores" podem, numa inversão do expediente artístico, encarar o potencial de "autenticidade", "originalidade" e

---

67 Referência ao livro *A escultura no campo expandido*, de Rosalind Krauss, em ensaio original, "Sculpture in expanded field", de 1978. Versão em português: "A escultura no campo ampliado". Trad. Elizabeth Carlione Baez, In: Revista Gávea. Rio de Janeiro, 1985, pp. 87-93.

68 Aqui podemos fazer um elo com o sentido de memória do social tal como criticado por Henri-Pierre Jeudy, que alerta sobre o perigo de estetização do social operando com a própria mortificação deste social.

"singularidade" exatamente como valores "a capitalizar" numa sobreobjetivação.

Outro uso do *site-specific* estaria em objetivos econômicos, sociais e de turismo cultural e artístico, palavras de ordem que são tão ou mais naturalizadas na tendência privatizante contemporânea. Nesta relação entre a instituição e o artista, no trabalho sob encomenda, o expediente artístico pode ser sombreado pela instituição-espetáculo que colhe o "capital" cultural; em contrapartida, a figura do "curador"[69] ganha a antecena. Todo este contexto, por conseguinte, serviria antes para desviar o artista do que para reconfigurar o campo da arte, posto que"exatamente como o autor *proletkult*, de acordo com Benjamin, procurava estar dentro da realidade do proletariado apenas em parte para sentar-se no lugar do patrão, assim o artista etnógrafo deve colaborar com certa comunidade, apenas para ter este trabalho redirecionado para outros fins[70].

Para estes "outros" fins que tratamos aqui, pressupõe-se que deve haver uma relação de identidade entre o artista e a comunidade, mas é partir de uma redução identitária de ambos, num jogo em que a autenticidade de um é invocada para garantir a do outro, resultando um risco de desfiguração do *site-specific* enquanto política de identidade *tout court*. No limite, o que se passa é então a primitivização do artista.

No entanto, alguns artistas mais notáveis não estão mais inconscientes destes perigos e podem mesmo antecipá-los criando expedientes pseudoetnográficos com ironia ou às vezes como paródia; assim fazendo, eles têm logrado algumas vezes verdadeiramente "perturbar" o sistema cultural estabelecido.

---

69 A respeito dos curadores, Foster distingue três posturas nas três últimas décadas: durante os anos 1970 tratar-se-ia de curadores teóricos, em seguida, nos anos 1980, é a figura do negociador que prevalece, e finalmente a década de 1990 testemunhou uma inflexão para a itinerância, onde o curador agrupa artistas nômades em diferentes lugares.
70 FOSTER, Hal, op. cit. Do original em inglês, p. 198.

Para concluir o seu capítulo sobre "retrato do artista como etnógrafo", Foster retoma a linha de exploração sobre o papel da reflexividade, na qual me parece relevante sublinhar que o termo foi empregado pela primeira vez neste item sobre a arte e a teoria na era da antropologia. Nesta passagem, o autor tinha situado um desejo artístico entre os antropólogos como o primeiro momento do "teatro de projeções e reflexões", que influenciaria o desejo etnográfico entre os artistas contemporâneos. Mais adiante ele diz que os mecanismos reflexivos – em que o "operador da câmera" é, por sua vez, "enquadrado" num processo que nomeia de *parallax* – podem ter êxito em operar uma inversão entre as hierarquias estabelecidas (sul-norte, primitivo-moderno) na arte contemporânea.

Ora, trata-se aparentemente de uma alusão positiva à reflexividade, porque é precisamente para evitar as armadilhas de qualquer superidentificação com o *outro* (por compromisso, pela sua exotização etc.), podendo comprometer a alteridade em questão de aumentar, que a reflexividade torna-se importante na análise de Foster[71]. Qual é, por conseguinte, o verdadeiro perigo contra o qual Foster gostaria de prevenir a arte contemporânea permeada por desejos etnográficos? O perigo ao qual se refere o autor é relativo a uma usurpação, alienação, que sucederia a uma superidentificação. De outro lado, a reflexividade, da qual Foster faz um elogio num primeiro tempo, tampouco oferece condições de evitar outra ordem de coisas que estava na base das preocupações de Walter Benjamin e que foi o ponto de partida para Foster: a recusa do compromisso, que pode ainda acompanhar-se de hermetismo ou de narcisismo, adjetivos facilmente acionados a propósito da arte contemporânea. Devemos recordar aqui o mote de Foster: a relação entre a autoridade artística e as políticas culturais.

---

71 O trabalho de paralaxe, utilizando-se de reenquadramento, consistiria, por exemplo, em acrescentar uma legenda sob uma fotografia, como no projeto "*he Bowery*" de Rosler, ou a inversão de um nome, como sobre os painéis de pássaros de Heap ou de Baumgarten. Estes subterfúgios correspondem "a uma maneira de adaptar-se ao estatuto contraditório da alteridade em que ela é ao mesmo tempo dada de antemão e construída, real e fantasmagórica" (FOSTER, Hal. Op. cit., 2005, p. 245).

CAPÍTULO 2

Lonas culturais

SUBÚRBIO, PARTICIPAÇÃO E HOSPITALIDADE

PONTOS DE INTERSEÇÃO ENTRE FRANÇA E BRASIL

Alguns pontos mostram paralelismo com o contexto francês em alguns aspectos principais. São eles:

1. Os alicerces iniciais de uma ação cultural voltada à cultura popular e às regiões carentes dentro da FUNARTE, a partir de 1975, perpassando noções de "democratização cultural" e "descentralização cultural", incentivando um protagonismo municipal que se tornaria mais nítido somente na década de 1990;
2. A conjunção entre políticas culturais e políticas urbanas na escala municipal, a partir da segunda metade da década de 1980, sob o foco da questão patrimonial;
3. A valorização das iniciativas culturais da sociedade civil pelo Ministério da Cultura, a partir dos anos 2002.

No que diz respeito aos paralelismos entre França e Brasil na área de políticas culturais, Botelho[72], que já se dedicou a estudos comparativos entre estes dois países, ressalta que a influência dos modelos franceses em terras verde-amarelas se deu desde a chegada de D. João VI. Na década de 1930, com a "gênese" das primeiras instituições bases, como o Serviço de Patrimônio Histórico e Artístico Nacional – SPHAN, criado por lei por Getúlio Vargas, seguindo objetivos norteadores como preservar, documentar, difundir e produzir bens culturais –, o governo federal se tornaria tão centralizador em matéria cultural quanto a França, além de adotar estrutura administrativa semelhante e

---

72 BOTELHO, Isaura. *Romance de formação: FUNARTE e política cultural*, 1976-1990. Rio de Janeiro: Casa de Rui Barbosa, 2000.

empregar conceitos como casas de cultura, cineclubismo, animação cultural, além do mote da democratização. Vejamos então a seguir como são introduzidas as questões das "regiões carentes", "democratização cultural" e "descentralização cultural" e os primórdios da formalização de políticas culturais municipais.

Em 1975, na esteira do documento da Política Nacional de Cultura, a FUNARTE passou a seguir diretrizes ali expostas, que contêm termos correlatos ao contexto francês. O primeiro deles é o termo "animação cultural", que foi o centro das ações da FUNARTE, que "abria espaço ao nível do município, injetava recursos localmente, estimulava os germes culturais nas mais diferentes regiões e situações do Brasil". Animação cultural era entendida como o processo de atendimento dos projetos originados nos municípios. Com esta experiência adquirida, a FUNARTE procedeu a uma análise de demanda, uma hierarquização em função dos perfis mostrados nas diversas regiões, além de colocar em pauta a questão das incumbências de cada esfera de governo, o todo embasando a desejável definição de políticas dignas do complemento "públicas".

Quanto à incorporação de ações voltadas ao público mais pobre, estas são inicialmente contempladas sob a chave de "população de baixa renda" e "regiões carentes". Esta ênfase tinha também a ver com outro momento de encontro internacional sob a égide da Unesco, desta vez em Bogotá em 1978, sobre os desafios específicos para as políticas culturais da América Latina e do Caribe. Conhecida como Conferência de Bogotá, esta conferência respaldava as indicações anteriores da Unesco da desejável integração entre política de desenvolvimento e desen-

---

73 Em relação a esta função social da política cultural, Botelho faz a seguinte provocação: "Não é possível que o setor mais periférico das políticas públicas seja o único a assumir a responsabilidade por todos os problemas da população. Op. cit., nota 7, p. 30.
74 HU'YNH, Cao Tri. *Administration participative et développement endogène*. Paris/Bruxelles: Unesco/IISA, 1986.

volvimento cultural, este último entendido como um patamar no percurso de superação dos abismos entre moderno e arcaico, e entre urbano e rural.

No Brasil de 1978, no entanto, não se tratava de propagar o ideal de um homem arrojado ou conectado aos movimentos de vanguardas tecnológicas, tratava-se de resgatar a cultura popular, supostamente encontrável e resguardada nos locais mais remotos do país. Analisando documentos oficiais do MEC e internos da FUNARTE da época, Botelho aponta um dos "nós" sensíveis que emergiam principalmente na FUNARTE, por ser ela a instância em contato mais direto com o universo artístico: a patente desvalorização da atividade artística em prol da função social[73] que a política cultural deveria passar a incorporar. Este é, a meu ver, um ponto importante de contraste com a França, onde, em 1980, ou seja, dois anos depois daquele encontro em Bogotá, Jack Lang assumiria o Ministério da Cultura, enfatizando que ele era antes de tudo "o ministério dos artistas, pois sem eles não há produção." Em documento de 1981, afirma-se ser "preciso reconhecer que, no circo da história, o verdadeiro artista é o povo, simplesmente porque sobrevive, sobretudo numa situação de subdesenvolvimento"[74].

Ficam assim colocados os termos que serviriam, ao menos oficialmente, para respaldar as ações governamentais brasileiras no setor cultural[75], num primeiro momento pela SEAC – Secretaria de Assuntos Culturais, criada em 1979[76] (em substituição ao Departamento de Assuntos Culturais) –, que introduzia pela primeira vez mais radicalmente no discurso do MEC objetivos democratizantes e metodologias que visavam valorizar as diferenças

---

75 Podemos mensurar o quanto estas diretrizes da Unesco deixariam raízes no Brasil, se pensarmos que mais de vinte anos depois, em 24 maio de 2004, Gilberto Gil, ministro da cultura do Brasil, proferia na EHESS – École des Hautes Études en Sciences Sociales, uma palestra com o título "Développement et culture". Voltarei posteriormente a este período recente.

76 A SEAC foi criada sob a gestão do ministro de educação e cultura Eduardo Portela, quando era presidente o militar João Figueiredo.

regionais e amenizar o peso dado à "elite" cultural até então. Isto incluía pesquisas participativas nas cidades e a promoção de seminários e encontros, dando mais voz aos órgãos do MEC que trabalhavam nos estados. A tônica repousava na ideia de cultura popular, e, por conseguinte, vieram à baila as expressões: *regiões carentes, cultura da sobrevivência, planejamento participativo, pesquisa participativa*.

Os lemas são *democratização* e *descentralização*, e aqui entramos em outra face de contato com a França. Principalmente nas metas políticas da FUNARTE, estes lemas foram pautas decisivas.

As ideias de política cultural em todo o mundo na década de 1980 foram influenciadas pela política socialista francesa que, tendo Jack Lang à frente do Ministério da Cultura, tinha como metas prioritárias a *descentralização* – meta global do governo Mitterand – e a *democratização* do acesso aos bens culturais. Assim aconteceu com o Brasil, também.

Dentre os temas avançados pelo contexto francês estava a ampliação do conceito de cultura, até então restrita à cultura erudita e tradicional, que passa a incorporar basicamente a cultura de massa, denominada então de "a cultura no cotidiano".

No Brasil da década de 1980, o conceito incorporou o desejo de democratização da sociedade como um todo, o que se rebateu em um documento de ação da FUNARTE.

Democratização é, em primeiro lugar, democratizar a prática institucional nos níveis interno e externo, ou seja, "democratização do processo decisório" e na estrutura do órgão. Por outro lado, surgem os primórdios da "participação" na política cultural: incorporar à sistemática de trabalho uma ampla discussão com os setores da sociedade diretamente interessados nos conceitos e critérios da atuação dos órgãos setoriais da FUNARTE. O segundo sentido do termo é a "democratização através da presença nacional", que objetiva eliminar "formas de exclusão em virtude da localização geográfica da demanda ou de sua menor organização e poder de pressão"[77]. Aqui retornam as preocupações sociogeográficas.

O terceiro sentido é o da "democratização do acesso às fontes de recursos", que também aponta para um preâmbulo do que seriam as leis de incentivo fiscal para o setor cultural, já que se afirmava a urgência de se captar recursos da iniciativa privada como forma de liberar os recursos do Estado para atividades das "populações menos favorecidas, nas quais, atualmente, são aplicados produtos em proporção inferior às reais necessidades de atendimento"[78].

Segundo Botelho, haveria ainda uma quarta noção de democratização, aquela advinda do *Documento de Ação,* que mostraria que a FUNARTE estava em consonância com as Diretrizes da Secretaria de Cultura do MEC, e que propõe uma identificação artificial entre arte e cultura:

> Democratização do objeto, ou seja, do conceito de arte com que se opera, que não pode se restringir àquele tradicional, das Belas-Artes, fortemente marcado pela perspectiva das elites. A FUNARTE busca um conceito de arte que dê conta da expressividade de todas as camadas da população, entendendo e aceitando como arte toda e qualquer manifestação eleita por um grupo, comunidade, região, ou o que for, como sua forma de expressão (idem, p. 173).

---

77 BOTELHO, Isaura, op. cit., p. 171.
78 Idem, p. 172.

Cabe ainda lembrar a peculiaridade na relação centralizadora que ocorre no Brasil e que perpassará a questão das ações nos níveis estadual e municipal; assim, continua aquela autora:

> O federalismo brasileiro, ainda que débil, estabeleceu diferenças com relação ao modelo francês, enquanto espaço de poder e distribuição de atribuições. Isso se traduziu no fato de não haver alinhamento obrigatório entre as estruturas federal, estadual e municipal (Botelho, Isaura, op. cit, p. 39).

A autora explica que, apesar desta não obrigatoriedade, ocorreu de fato uma criação de estruturas análogas no estado e no município, mais em função da necessidade de diálogo entre estes níveis de governo e que, geralmente, os estados e municípios mantiveram seus órgãos de cultura autônomos ou acoplados a secretarias de educação, turismo ou mesmo esportes. O que ocorria então era uma diversificação da associação entre cultura e outros assuntos, cada governo estadual ou municipal tendo a liberdade de fazer sua própria associação. Esta característica veio a ser proveitosa no momento do desmonte da instituição de cultura no nível federal[79], fato este por si só impensável no contexto francês. Meu segundo ponto de interesse no paralelo com a França concerne à conjunção entre políticas culturais e políticas urbanas na escala municipal, a partir da segunda metade da década de 1980, sob o foco da questão patrimonial. Neste sentido, cabe citar o Programa das Cidades Históricas – PCH – da SEPLAN, que foi um programa interministerial criado em 1973, com a fina-

---

[79] De fato, em 1990, quando o Ministério da Cultura foi extinto, foi justamente nas instâncias estaduais e municipais, através destas "composições" com outros setores, que os projetos em curso puderam sobreviver. Em consequência, tirou-se daí a medida do quão complexo era ainda defender a "autonomia" da área cultural na esfera pública municipal.

lidade de revitalizar os núcleos históricos em estreita colaboração com a comunidade, formando mão de obra especializada e gerando empregos[80].

O terceiro ponto diz respeito à valorização das iniciativas culturais da sociedade civil pelo Ministério da Cultura a partir dos anos 2002.

---

80 BOTELHO, Isaura, op. cit., p. 128.

AS LONAS CULTURAIS

A opção de como objeto o projeto Lonas Culturais se fundamentou na minha percepção de que se trata de uma experiência inovadora de democratização da cultura e de práticas participativas de decisões sobre o espaço periférico da cidade do Rio de Janeiro. Ele é fruto de uma parceria entre organizações não governamentais (ONGs) locais e a Secretaria Municipal de Cultura do Rio de Janeiro, que, desde 1993, através da construção de equipamentos culturais polivalentes, vem inserindo subúrbios carentes, desconectados do eixo valorizado, no "roteiro" de cultura e lazer da cidade, e revitalizando as praças onde estes equipamentos se instalam, anteriormente deterioradas. Tão ou mais importante do que estes efeitos urbanísticos, o projeto logra, em termos sociais, instaurar um novo sentimento de "autoestima" nos moradores dos bairros envolvidos, valorizando um pertencimento ao bairro e resgatando identidades locais.

Quanto à dimensão social, as expressões são: *democratizando o acesso, produto cultural, artistas locais, ganho social, resgatar a participação, além do próprio subtítulo do projeto: a cultura como instrumento de transformação social.*

Quanto à dimensão espacial, encontro as seguintes expressões: *rede regionalizada de espaços culturais de baixo custo e fácil manutenção, bairros mais distantes da zona sul e da área central da cidade, zona oeste.*

Àquelas expressões sublinhadas nos objetivos do projeto (que apresento na introdução) soma-se a constatação da *revitalização de espaços públicos,* citada num *folder* de divulgação do RioArte, onde se reporta "o que melhorou com a implantação das lonas culturais". Neste mesmo *folder* encontra-se uma síntese da mescla de intenções urbanísticas e culturais do projeto:

> A Cidade do Rio de Janeiro vem sofrendo um processo de renovação urbana comum a todas as cidades do mundo, transformações espaciais que refletiram diretamente sobre hábitos e costumes de sua população, na forma de produzir e de se apropriar de cultura.
>
> Estas transformações na produção, circulação e consumo do produto cultural exigiram também uma nova concepção na formulação de políticas públicas de cultura e participação comunitária. É neste contexto que desenvolvemos, implantamos e consolidamos o projeto "Lona Cultural", equipamentos urbanos de cultura localizados em bairros periféricos da Cidade e administrados pela comunidade local. Estes espaços adquiriram assim, mais um significado, como elemento capaz de induzir a transformação de um ambiente, uma nova realidade urbana, um novo estágio para estes bairros, uma nova qualidade de vida para a população carioca. É a cultura como elemento fundamental na transformação social (Ricardo Macieira – coordenador do projeto até 2002 no *folder "Lonas Culturais – cultura como instrumento de transformação social"*. RioArte, sem data).

Acompanhando os objetivos, o documento supracitado traz ainda uma síntese dos resultados obtidos com a implantação das duas primeiras lonas em Campo Grande e em Bangu, e ainda um quadro expressivo de custos/benefícios[81]. A presença deste quadro indica que, apesar das intenções sociais do projeto, ele só se fortalece a partir do momento em que o "ganho social" se traduz em ganhos quantificáveis. Este documento tem como intenção

---

81 Além do custo de R$ 405 mil para construção, o RioArte pagava às ONGs uma verba mensal, que em 2000 passou de R$ 5.000 mil a R$ 15 mil.

atrair diferentes parcerias de investimento para as novas lonas a serem construídas e para melhorias nas três primeiras lonas, que haviam sido reaproveitadas da Eco-92.

Os números apresentados no documento deixam entrever uma dimensão que contribui para entendermos a repentina atenção que tanto o governo quanto a mídia deram às lonas. A partir de 1996, o público total das lonas de Bangu (Hermeto Pascoal) e Campo Grande (Teatro de Arena Elza Osborne) é superior ao público de toda a Rede Municipal de Teatros (com 14 espaços atualmente, havia sido implementada pelo mesmo governo), ultrapassando 65 mil pessoas. É neste instante que aquelas lonas, até então só conhecidas pelo público dos subúrbios cariocas, despertam a atenção política, começando oficialmente a se integrar à Rede Municipal de Teatros e passando a se chamar *lonas culturais*.

Novas unidades começaram a ser planejadas a fim de dar continuidade ao circuito já existente, inspiradas no modelo circense proveniente da Eco-92, e ao mesmo tempo oferecendo nova tecnologia de construção e infraestrutura de apoio, com camarins, salas de administração, banheiros e bar.

O traço singular do projeto Lonas Culturais deve-se a uma combinação peculiar entre projeto social e projeto arquitetônico e urbanístico. Empregando estética de circo e contando com a participação popular nas várias etapas, por um lado, e referência de centro cultural, por outro, esta combinação resiste, e mesmo se opõe, ao estilo monumental espetacular e não participativo consagrado nos equipamentos culturais do centro da cidade do Rio de Janeiro.

Ao sublinhar a prática participativa da experiência das lonas culturais numa esfera habitualmente perpassada pelo tom espetacular, como é aquela conformada pelas políticas urbanas e culturais, eu pretendia contribuir com outros estudos que vêm lançando luz sobre os modos de vida de extensas parcelas das populações moradoras de espaços "na periferia do capitalismo"[82] das grandes cidades brasileiras, já no final do século XX. Nesta medida, o conceito de *espetáculo* serve como uma noção com sinal trocado, indicando seu oposto, a participação, como objetivo a ser defendido enquanto medida de asseguramento de cidadania.

Para uma visão interdisciplinar que explicite a contribuição que o campo das ciências sociais oferece para a compreensão dos fenômenos urbanos, dois aportes metodológicos foram empregados: o do campo do urbanismo, quanto às questões espaciais e formais, e o do campo da antropologia, quanto às questões sociais e culturais. Assim, por um lado, utilizei-me de coleta de dados e material iconográfico sobre os locais escolhidos para os projetos; e, por outro, me vali também de pesquisa qualitativa das ciências sociais, incluindo observação participante e entrevistas, objetivando sempre uma amostra qualitativa de depoimentos, seguindo orientações da antropologia urbana.

Tendo em vista a temática citada, minha questão inicial dentro do âmbito antropológico era elucidar as formas de sociabilidade possibilitadas pela implantação das lonas. Porém, esta inquietação inicial se mostrou um pouco invertida na medida em que entrei de fato em contato com meu objeto de estudo. Assim sendo, a partir das primeiras entrevistas com representantes das

---

[82] Retomando a análise empreendida por Erminia Maricato, *Metrópole na periferia do capitalismo: ilegalidade, desigualdade e violência*. São Paulo: Hucitec, 1996.

ONGs e do poder público envolvidos com o projeto, percebi que a relação que se dava no sentido da lona como consequência de um movimento social era tão rica e reveladora de articulações quanto aquela, inversa, que a princípio havia delimitado. Neste sentido, fez-se necessário recorrer a relatos pessoais, método da história oral, para reconstruir o passado do objeto Lona Cultural, através de entrevistas daqueles agentes.

Esta escolha metodológica me levou a desfocar o peso inicialmente dado ao papel do Estado como provedor dos equipamentos culturais e enfatizar a atuação decisiva dos grupos artísticos locais enquanto agentes da sociedade civil organizada. Nesta inversão deliberada, o que se revela especial é a força da participação cidadã como construtora de seu espaço, onde a noção de cidadania aglutina direitos e deveres.

A oposição entre espetáculo e participação se baseia no sentido colocado por Debord e Baudrillard, para os quais ao espetáculo se assiste, se contempla, mas deste não se participa; portanto, aqui, espetáculo corresponde a alienação e passividade e indica o seu contrário como participação. No campo do urbanismo, o espetáculo/alienação se daria na escala do monumental (luxuosos centros culturais), enquanto a participação se encontraria na escala do cotidiano (na rua, na praça). Neste âmbito surge também a discussão sobre cultura de massa, suplantando a antiga dicotomia cultura erudita/cultura popular.

Especificamente quanto ao universo das lonas, procurou-se questionar: qual o efeito causado pela implantação de uma lona cultural no seu entorno? Qual o poder de atração da forma "circense" escolhida neste projeto? Como ela influi para a apreensão do equipamento? Como ela é valorada pela população moradora do bairro e pelo seu público em geral? Quanto ao equipamento enquanto "palco" de manifestações culturais e artísticas, como tem se dado a sua apropriação? Como se dá a convivência entre o espaço livre que permanece e o espaço delimitado para a lona?

LONA CULTURAL: UM NOVO EQUIPAMENTO, SEUS AGENTES, SUA HISTÓRIA

Quando buscava um projeto de dissertação de mestrado, sobre o qual só tinha certeza de que seria na mesma linha do tema iniciado por ocasião da monografia de especialização, *"O papel dos equipamentos culturais nas transformações recentes da cidade do Rio de Janeiro"*, em abril de 1999 me deparei com uma matéria na primeira página do Caderno B (suplemento de cultura) do *Jornal do Brasil*: "Sucesso sai da lona: sempre lotadas, as lonas culturais se firmam como palco alternativo de lazer e de cursos nas zonas norte e oeste"[83].

As fotos da matéria mostravam um ambiente fechado onde o músico João Bosco tocava, sentado num banco, para uma plateia que lotava um espaço semelhante a um circo, com tenda verde e branca. Na primeira fileira víamos o então prefeito Luiz Paulo Conde e a então secretária de cultura Helena Severo. Havia também fotos do público no lado de fora do espaço circense: uma grande multidão. Percebem-se, pelas fotos, outros pequenos "quiosques" no espaço externo.

A legenda da foto principal era: "João Bosco inaugurou lona cultural dia 14 em Vista Alegre. Em janeiro e fevereiro, o público das outras três lonas superou o dos nove teatros da prefeitura juntos".

Ultrapassado o primeiro estranhamento em receber, através de um jornal de circulação entre as classes média e alta, esta notícia pautada sobre equipamentos culturais nos subúrbios da cidade, o segundo estranhamento foi não ter tido conhecimento disto anteriormente, enquanto arquiteta e urbanista, por fon-

---

83 Matéria publicada no Caderno B do *Jornal do Brasil*, sexta-feira, 23 de abril de 1999.

tes mais acadêmicas. Prosseguindo a leitura, alguns detalhes despertaram a curiosidade e de algum modo acenaram para um potencial objeto de pesquisa.

> As lonas também são do povo quando não há espetáculo. As comunidades frequentam aulas de teatro, escultura, modelo e manequim, balé, culinária, capoeira, dança do ventre, esoterismo (...). O Projeto Lonas Culturais foi criado para dar utilidade às tendas herdadas do Fórum Global, o encontro de ONGs da Eco-92 no Aterro do Flamengo. Só virou realidade seis anos mais tarde. A esta altura, porém, viu-se que apenas duas das cinco tendas grandes o suficiente para abrigar espetáculos mantinham-se disponíveis e o material estava danificado. O que pôde ser aproveitado cobre hoje o Teatro de Arena Elza Osborne ou está na Praça 1º de Maio, endereço da Lona Hermeto Pascoal. As outras lonas estão sendo feitas com material novo.

Fiquei assim sabendo que outras lonas já existiam em Campo Grande, Bangu e Realengo, já com estimativas de público oficiais. Outras também estavam planejadas, como as de Anchieta e Acari. As atrações, ao que indicava a foto, também apresentavam a "marca do sucesso": músicos como Moraes Moreira e Sebastião Tapajós haviam se apresentado nestes locais, o que garantiu grandes plateias, fato comentado por uma declaração da então secretária municipal de cultura Helena Severo: "É notório que os aparelhos culturais (casas de espetáculos) estão concentrados no Centro e na Zona Sul. As lonas estão em lugares carentes de espaços dedicados à cultura e são cogeridas por movimentos culturais locais, que estão demonstrando que sabem escolher uma programação que atende ao interesse da comunidade".

As lonas, ao que indicava a matéria jornalística, funcionavam com apoio da prefeitura e organização de ONGs locais, tais como Movimento de Integração Cultural (Vista Alegre), Associação Cultural Amigos do Agito (Realengo), União de Grupos de Artistas de Teatro da Zona Oeste (UGATZO – Campo Grande) e Associação de Amigos da Lona Cultural Hermeto Pascoal (Bangu).

A partir deste primeiro contato por meio da imprensa escrita, extraí duas conclusões que consubstanciariam o ponto de partida para a pesquisa: em primeiro lugar, as lonas não eram circos móveis, mas um novo tipo de equipamento cultural feito "sob encomenda" para necessidades específicas por meio da demanda de grupos locais organizados. Em segundo lugar, a existência das lonas apontava para novos processos que começavam a articular a ação cultural a novos agentes sociais na periferia da cidade.

As características apresentadas por este projeto me levaram a acreditar que a construção das lonas poderia indicar uma inicial modificação da carência histórica e gritante de equipamentos culturais na periferia. Num primeiro momento, portanto, interessava saber se as lonas, enquanto equipamentos culturais, estariam significando o primeiro passo de uma tendência de multiplicação de equipamentos culturais na periferia. Além disso, me perguntava se haveria, por parte do governo da cidade, um objetivo duplo de valorização da área, ao mesmo tempo que de potencialização cultural; em outras palavras, se haveria uma política cultural articulada a uma estratégia de revitalização urbana.

A VISÃO DO PODER PÚBLICO

Fui buscar uma visão do poder público, representada pela secretária municipal de cultura Vânia Bonelli. Antes de explorar o conteúdo de sua fala, é preciso esclarecer que Vânia Bonelli já fazia parte da gestão de César Maia como subsecretária de cultura e veio a substituir a secretária Helena Severo no final de 1999, devido ao engajamento maior desta última nos preparativos das comemorações dos quinhentos anos do Brasil. Houve, então, certa continuidade nos projetos desenvolvidos por esta secretária, o que pôde ser constatado pelo *folder* apresentado por ela com as linhas mestras de uma política cultural.

Minhas questões principais giravam em torno de três temas principais: política cultural geral do município, projetos para a periferia e projeto Lonas Culturais especificamente. Tinha de antemão o conhecimento de que, ainda em 1994[84], não havia nenhuma diretriz concreta de investimento na zona oeste, nem nos bairros de subúrbio ferroviários, por parte da Secretaria Municipal de Cultura. Portanto, ao buscar este novo depoimento, eu procurava também perceber quais fatores haviam possibilitado a preocupação expressa de "oferecer uma política cultural permanente a outras regiões da cidade", citada nos objetivos do projeto, conforme recupero na introdução.

Quanto ao tema da política cultural, a secretária sustentou sua existência no nível municipal, que seria exercida por estabelecimento de *estratégias*. Na medida em que se seguem estas estratégias, haveria uma política. Esta colocação vem responder a uma constante diferença de linhas adotadas nos órgãos públicos, em que é mais comum a adoção de "programas" espe-

---

84 Por ocasião de uma entrevista com Helena Severo, então secretária de cultura, no âmbito de pesquisa para a dissertação "O papel dos equipamentos culturais nas transformações recentes da área central do Rio de Janeiro", op. cit.

cíficos a cada gestão, e, como tais, com metas em curto prazo e, em geral, sem continuidade em posteriores gestões.

A prioridade destas estratégias, segundo Bonelli, seria a de "democratização, onde democratizar não é simplesmente aquela imagem de levar para os pobres, não, é fazer com que a cultura chegue a todos (...) nos diferentes segmentos e comunidades, sejam eles pobres ou ricos; é dar acesso a essas pessoas, dar acesso à cultura, a produtos e bens culturais".

O fator continuidade sublinhado pela secretária aponta para a ênfase atribuída à cultura como elemento de "desenvolvimento econômico". Alguns pontos indicam este potencial da cultura, segundo a entrevistada: geração de empregos, que aumentam, por exemplo, em temporadas teatrais, e atração de turismo. Existe, assim, "uma visão direcionada mesmo da cultura tratada como desenvolvimento econômico".

Poucos elementos foram citados na entrevista sobre programação para zona oeste e subúrbios. Retomando a "democratização da cultura", Vânia Bonelli relacionou também o aspecto da "descentralização", no qual a preocupação principal era com a "periferia da cidade".

A parte final da entrevista pautou-se pelo tema das lonas culturais especificamente. Explicando os fatores locacionais da decisão da Secretaria de patrocinar as lonas, Bonelli ressaltou que elas teriam sido colocadas em periferias onde não havia nenhum tipo de equipamento cultural e que "a partir de um estudo nosso aliado à demanda de alguns lugares com o argumento de não possuírem nenhum equipamento, estariam solicitando um espaço para desenvolver atividades da comunidade".

Um aspecto enfatizado pela secretária, que remete ao papel urbanístico que as lonas vêm exercendo, fica claro no seguinte trecho do depoimento:

> Uma curiosidade é que essas lonas são implantadas. Elas reabilitam o lugar. Existe um propósito também de revitalização de entorno. Em Vista Alegre, aquele terreno era completamente abandonado. Problemas de segurança, problemas com o bairro. Aquele terreno ali era totalmente degradado, e a partir da construção da lona ele se transformou num parque. Antes era terreno baldio, tinha tóxico, prostituição. Quando você implanta a lona, revitaliza o entorno e oferece à comunidade a oportunidade de desenvolver todas as suas tendências artísticas. Eu costumo dizer que é um catalisador de criatividade, ali da região.

Quanto a este "propósito", colocado como secundário na fala da secretária, uma explicação complementar é que os terrenos escolhidos em geral são da Prefeitura, com exceção do de Campo Grande (que, como ficará claro nos próximos itens deste capítulo, já sediava um teatro de arena).

Para a seleção dos bairros candidatos influiriam alguns fatores como estudo da região, do tipo da comunidade solicitante, para se detectar se "vale a pena investir ali", além de uma avaliação da representatividade do grupo organizador dentro da comunidade.

Os interesses que permeiam o projeto Lonas Culturais, desde a criação oficial até o presente momento, apontam para várias determinantes que poderão ser melhor compreendidas pelos depoimentos de um outro importante *mediador cultural*: as ONGs que gerem as lonas culturais.

ORGANIZAÇÕES NÃO GOVERNAMENTAIS (ONGS)

Para remontar o trajeto de implementação das lonas culturais foi preciso recorrer à história de vida das pessoas hoje atuantes nas ONGs cogestoras. Por considerar que estes agentes exerceram papel decisivo na negociação das lonas, realizei entrevistas com coordenadores de três ONGs – Vista Alegre, Anchieta e Campo Grande – para reconstruir a história das lonas.

VISTA ALEGRE

A fim de entender o funcionamento da cogestão da Lona Cultural de Vista Alegre, procurei um dos integrantes do grupo, à época, e então conheci Marcus Vinícius, da associação cultural sem fins lucrativos MIC – Movimento de Integração Cultural.

No primeiro contato por telefone, Marcus Vinícius explicou que as lonas da Eco-92 foram reutilizadas devido à exigência expressa no contrato de fornecimento das mesmas pela Inglaterra e Holanda, por ocasião do evento. Disse também que o objetivo de seu grupo, que existia desde 1989, era a integração dos artistas do subúrbio e, por isso, o nome da ONG era Movimento de Integração Cultural (MIC). Assim, logo de início percebi que estava me aproximando de uma questão muito mais complexa do que imaginava. Combinei então uma conversa na própria lona.

Marcus Vinícius é músico e ator. Para iniciar a história desta lona, ele precisou relatar a história do MIC, além de sua própria trajetória como artista e morador do subúrbio:

meu avô não tinha o hábito de consumir cultura porque não tinha um aparelho perto da casa dele, e ele acabou não passando pro meu pai, meu pai não passou pra mim e eu não vou passar pro meu filho... É uma cadeia sinistra, né!

A associação foi criada em 1989 com o "propósito de trazer um espaço alternativo" para o subúrbio e também de integrar os artistas, uma vez que "o morador do subúrbio, principalmente quem lida com arte, é muito desorganizado". Segundo ele, todos os artistas de Bangu, Campo Grande e outros bairros da zona oeste se conhecem. Isto se daria pela maior distância destes bairros em relação à zona sul e ao centro da cidade, acarretando uma organização como forma de sobrevivência destes grupos. Por outro lado, a maior proximidade de Vista Alegre, através da Avenida Brasil, acabaria por enfraquecer essa necessidade, "dispersando" os artistas. Ele enfatiza ainda que a Lona está bem no limite entre a zona da Leopoldina e a zona norte e hoje é um "ponto de convergência".

Em paralelo, as mesmas pessoas do MIC formaram o grupo teatral Mania-de-Palco, que se apresentava na rua, em praças e escolas públicas do subúrbio, pois era mais fácil "chegar nas pessoas". O objetivo era chamar a atenção da "sociedade civil organizada" e encaminhar pedidos de implantação de equipamentos culturais e de lazer. Ao fim de cada apresentação, o grupo fazia um apelo à comunidade, tentando uma mobilização conjunta. Marcus compara a atuação deste grupo a outros como o Tá na Rua e Asdrúbal Trouxe o Trombone. Em 1991, o grupo tentou, sem sucesso, transformar um antigo reservatório de água da Cedae em Honório Gurgel num centro cultural.

Em 1992, por ocasião da Eco-92 e a partir da previsão de disponibilidade das lonas após o evento (divulgada pela imprensa na época), o grupo, junto com uma associação cultural bastante consolidada de Campo Grande, começou a "batalha" pela instalação do equipamento. Segundo Marcus, o espaço e a "cara" da Lona eram ideais para os propósitos das associações.

A primeira Lona foi instalada em janeiro de 1993 em Campo Grande, devido à preexistência do grupo UGATZO – União de Grupos e Artistas de Teatro da Zona Oeste –, que já organizava espetáculos num teatro de arena sobre o qual foi montada a lona da "nave-mãe" da Eco-92, no início da gestão de César Maia como prefeito.

Em 1994, uma audiência pública com a secretária de cultura Helena Severo contou com a participação de um movimento de Bangu e o MIC, articulados para reivindicar novas lonas. A segunda lona foi instalada em Bangu, após diversas manifestações dos dois grupos, e acabou sendo invadida por mendigos e marginais, uma vez que não havia sido fornecida nenhuma infraestrutura de apoio. Seguiu-se então um novo período de reivindicação pela construção de serviços de apoio, o que só veio a acontecer em 1995.

Também em 1995 foi finalmente aprovada a construção da Lona de Vista Alegre, inaugurada em abril de 1999. Porém, o MIC teve ainda que brigar muito para garantir a construção de fato, e se encarregou de levar Ricardo Macieira, chefe de gabinete do RioArte, à Lona de Bangu num dia de semana, quando ele então pôde presenciar um enorme público assistindo a um show. As lonas teriam sido "arrancadas à força" da prefeitura como um "cala a boca" às constantes reivindicações.

No final de 1996, com o processo político de mudança de gestão na Prefeitura, um "clima" de insegurança teria se instalado no movimento quanto à continuidade do projeto Lonas Culturais. No entanto, com a permanência de Ricardo Macieira no RioArte, o projeto ganhou maior vulto, e o MIC também foi mantido na coordenação da Lona de Vista Alegre.

Marcus ressaltou que nos três meses de funcionamento (maio, junho e julho de 1999) a prefeitura deu total liberdade à organização, sem estabelecer nenhuma censura ou direcionamento à programação.

O nome da lona foi escolhido após uma consulta com moradores, quando João Bosco foi considerado um músico que "fala dos hábitos dos suburbanos". Este artista foi então convidado a fazer o show de inauguração da lona, que recebeu seu nome.

CAMPO GRANDE

A fim de me aprofundar no período de "nascimento" das lonas, busquei o depoimento de um outro componente da rede de lonas, aquele mencionado por Marcus Vinícius como integrante da ONG Ugat-ZO (União de Grupos e Artistas de Teatro da Zona Oeste), Ives Macena. Esta ONG é responsável pela gerência da primeira lona instalada, em 1993, quando ainda não havia o apoio permanente da prefeitura.

Um dos fundadores desta ONG, Ives Macena, um produtor cultural na melhor acepção do termo, passou pelo aterro do Flamengo e avistou as coloridas "tendas" armadas por ocasião da Eco-92. Com a bagagem de um bem-sucedido projeto chamado *Circolar*, que dirigiu até 1986 em Divinópolis, Minas Gerais, com apoio do MEC (Ministério da Educação e Cultura), este baiano estava engajado na revitalização do Teatro de Arena Elza Osborne[85], em Campo Grande, junto com a atriz Regina Pierini, uma das fundadoras. Desejavam aumentar as possibilidades de utilização do teatro com a cobertura do espaço ainda em arena. As lonas lhes pareceram a solução ideal, de instalação prática, baixo custo e o grande trunfo de parecer um circo.

Iniciado o caminho de requisição das lonas, uma informação importante veio logo à baila: as "tendas", estruturas de lona tensionada que haviam abrigado os fóruns no encontro internacional, haviam sido doadas por países estrangeiros com a instrução de serem aproveitadas posteriormente em projetos socioculturais. Por intermédio do então assessor especial de gabinete do prefeito, à primeira vista muito empolgado com a destinação proposta por Macena, foram tomadas as primeiras medidas para a doação.

O que inicialmente parecia uma conquista relativamente fácil começou então a "tropeçar" nas malhas políticas e burocráticas da prefeitura. Depois de ser adiada diversas vezes a assinatura do ofício que liberava a doação da lona, a dupla teve que esperar a virada do ano com dúvida se a promessa seria cumprida ou não. A esta altura, as tendas já estavam armazenadas sob os cuidados da Fundação Parques e Jardins. No início do ano de 1994, algumas mudanças haviam sido efetuadas no quadro de pessoal, e o novo responsável pelo encaminhamento do pedido passou a ser Ricardo Macieira, chefe de gabinete do RioArte.

ANCHIETA

A história da Lona Cultural de Anchieta, inaugurada em agosto de 1999, reforça o papel que a organização local teve

---

85 Inaugurado em 1958 como Teatro de Arena, com formato originalmente "grego", era parte integrante do Teatro Rural do Estudante, e fruto da ideia implantada por Paschoal Carlos Magno, que defendia a criação de núcleos de teatro em todo o Brasil. Este teatro inicial é, assim, contemporâneo à criação do Teatro de Arena, em São Paulo, movimento em oposição ao TBC (Teatro Brasileiro de Comédia), abrindo espaço para novos atores e dramaturgos. Encontrava-se desativado desde a década de 1980, após ter sediado a Comlurb na década de 1970.

no período que precedeu a parceria com a prefeitura para gestão e manutenção do novo equipamento cultural nos subúrbios. A pessoa-chave, à época, era Adaílton Medeiros, morador do bairro desde criança, meteorologista por formação e que, após retornar de temporada na Amazônia, passou a dedicar-se principalmente à tarefa de dinamizar a vida cultural e artística de Anchieta que, segundo ele, estava "condenado a ser bairro dormitório, como está classificado no IPLAN-RIO, sem vida noturna, sem outras preocupações, senão a de trabalhar, comer e dormir".

Congregando artistas locais, que haviam por diversas ocasiões tentado erguer um movimento cultural mais contínuo (como teria sido o caso, no começo dos anos 1990, do GCA – Grupo Cultural de Anchieta), foi inaugurada em 1995 a Casa de Artes de Anchieta. Nesta casa, a partir de 1996, os talentos locais, até então dispersos, passaram a se encontrar regularmente no projeto Conversa Afinada, que apresentava música, poesia, teatro, cinema e debates, num pequeno auditório.

Adaílton Medeiros, cujo pai havia construído o prédio-sede da Casa de Artes, em 1970, agora à frente de um grupo que incluía amigos também produtores culturais, já via com clareza o papel da cultura num bairro de subúrbio:

> Virar de cabeça para baixo a vida pacata e conformada dos moradores da região e provar que ali, escondidos, existiam grandes talentos. Era preciso promover positivamente a imagem do bairro, que só saía em jornais nas páginas policiais, e atrair recursos através de parcerias com empresas e instituições para manter projetos e, ao mesmo tempo, elevar a qualidade de vida da região.

Se aquela localidade estava abandonada pelo poder público, se os políticos só apareciam ali em época de eleições, se os próprios empresários achavam suicídio fazer investimento ali, era óbvio que a autoestima das pessoas estava lá embaixo. O único jeito era mudar de estratégia e usar armas mais humanas para mudar tudo aquilo, as armas da educação e da cultura (revista *Lona Cultural Carlos Zéfiro*, v. 1, nº 1, p. 4).

Com estas premissas, Adaílton começou a levantar discussões, já no final de 1996, sobre a necessidade de um grande movimento para a conquista de uma lona cultural em Anchieta, tendo como exemplo a aprovação da construção da Lona de Vista Alegre, já dentro do projeto com a prefeitura. Vale destacar que ele já havia participado do processo de reivindicação da Lona de Bangu.

Os momentos importantes do movimento de Anchieta são marcados pelo desfile em 1998 e 1999 da ala carnavalesca Tô na Lona, dentro do tradicional bloco de arrastão da região denominado *Bloco do Boi*. A participação deste bloco foi fundamental, segundo Adaílton, para a conquista da lona, em maio de 1997, com a visita de César Maia em campanha para o governo do estado. Num galpão numa das praças principais de Anchieta, o bloco, aliado a muitas pessoas vestindo camisetas da ala Tô na Lona, teria feito "o maior estardalhaço" e pressionado os assessores presentes a negociar. Através desse expediente, conseguiram a chance de entrar com faixas e cartazes e ler uma carta, ao microfone, na qual se reivindicava a lona cultural para Anchieta e se justificava a manifestação. Nesta ocasião, o então ex-prefeito assumiu o compromisso de demandar da Prefeitura a continuação da construção das lonas, iniciada em sua gestão.

Para gerir a lona, foi criada uma organização não governamental chamada Tô na Lona, que contava com Solange Pereira, psicóloga e pedagoga, Paulo Henrique Pires, ex-aluno de veterinária, e André Barreto, poeta "boêmio".

Alguns pontos levantados pelo depoimento de Adaílton aludem ao papel do Estado e à questão da carência de investimentos privados nos bairros de subúrbio. A concentração de equipamentos como cinemas e teatros "além-túnel" na zona sul e no Centro é enfatizada para mostrar que as empresas não têm comprometimento com o social, e sim com o setor turístico. Neste contexto, "o subúrbio carioca ainda não é um grande negócio", como diz Adailton. O modo de reverter isto, prossegue ele, é, então, criar alternativas como as ONGs: "Para ocupar o lugar do Estado? Não. Para mostrar ao Estado que existem outros caminhos que podem ser percorridos, baratos e viáveis".

Uma pista sobre o comprometimento da prefeitura com o projeto, na visão das ONGs, aparece no seguinte trecho da entrevista:

> Primeiro porque deu certo em Campo Grande. Lá já existia o teatro de arena, Campo Grande tem capacidade de público. Montou-se a lona, mas não deram verba. Falaram para o Ives que ele ia receber mil reais por mês... Foi até engraçado! Depois de oito meses vieram e disseram que aqueles mil reais iam ser retirados... Nem chegaram a dar! Depois veio a Lona de Bangu, com maior dinâmica, com teatro, música, uma série de projetos sociais, a comunidade participando muito. Lá, foi "no peito", o pessoal ia

para a rua fazer manifestação, fecharam a Av. Brasil, até que colocaram a lona sem piso. Foi feita uma "vaquinha" para cimentarem o piso. Começou-se a divulgar, foi badalado por causa de uma música que a Joyce[86] fez falando do caminho para a casa do Hermeto[87]. E melhorou a autoestima das pessoas. Aí a Prefeitura começou a perceber isso. Num primeiro momento por causa de votos. O terceiro momento, hoje, já sentamos para discutir, há um respeito da parte da RioArte.

---

86 Cantora e compositora carioca, autora de "Na casa do campeão".
87 Hermeto Pascoal, músico instrumentista alagoano, morador de Bangu.

MOVIMENTO SOCIAL PELA CULTURA

Após termos apresentado os agentes sociais envolvidos na história das lonas e revelado a mobilização dos integrantes das ONGs, anterior à entrada do poder público (no caso, a Secretaria de Cultura de Município, através do RioArte), neste item visamos caracterizar a relação entre estas ONGs como um movimento social em prol da cultura, mais especificamente por equipamentos culturais nos subúrbios.

A relação entre Estado e sociedade civil tem sido atualizada pelo debate em torno das novas atribuições do Estado, à medida que um novo vocabulário privatizante vem se impondo mundialmente. Neste trabalho, esta relação diz respeito tanto à dimensão espacial quanto à dimensão social.

Substituindo as análises majoritariamente marxistas, novas análises vêm questionando o consenso que limita a esfera do público ao domínio do Estado e o privado ao domínio do "burguês". Em outras palavras, a antiga nitidez entre público e privado dá lugar a uma gama de tons da qual fazem parte os celebrados arranjos e parcerias na atual era econômica.

No Brasil, um número crescente de mobilizações conjuntas da sociedade civil dentro dos chamados *movimentos sociais*, a partir da década de 1970, remetem à crise dos papéis do Estado. Inicialmente concentrados em reivindicações pelos direitos das classes mais pobres, ficaram conhecidos como *movimentos populares*, começaram a se diversificar na década de 1980, incluindo causas de gênero, raça e direitos de acesso a serviços urbanos, e receberam o nome de *movimentos sociais urbanos*. Mais abrangentes ainda, a partir dos anos 1990 incluíram temas como ecologia, democratização, diversidade cultural e passaram a ter como "bandeira" a cidadania e a ser chamados de *novos movimentos sociais*.

Embora não seja minha preocupação fazer uma análise histórica destes movimentos, julgo pertinente traçar suas grandes matrizes de interpretação para situar o papel das ONGs das lonas culturais. Neste sentido, cabe frisar que nem toda ONG surge a partir de um movimento social e este tampouco acarreta necessariamente uma ONG.

De acordo com Doimo[88], são três as grandes matrizes dos movimentos sociais. A primeira seria a estrutural-autonomista, que se centra no ataque e acusação do conflito gerado pelo Estado no capitalismo. Considera os movimentos sociais como "novos sujeitos coletivos" autônomos e independentes, protagonistas exclusivos da possibilidade de transformação das injustiças do sistema capitalista. A segunda seria a cultural-autonomista, que parte da recusa da ideia do sujeito único, o "movimento", o "partido", da negação da premissa determinística da homogeneidade das classes e da descrença na eficácia de ideologias externas à ação. Introduz noções como *pluralidade de sujeitos, novos sujeitos políticos, transformação social, nova identidade sociocultural* e *radical transformação da vida política*. Finalmente, a terceira abrange o enfoque institucional, conhecido pelo binômio autonomia-institucionalização, do qual Carlos Nelson Ferreira dos Santos foi um dos precursores, mostrando, através de três casos de movimentos sociais no Rio de Janeiro, que as ações não eram tanto contra o Estado, mas, antes, que havia toda uma diversidade de

---

86 DOIMO, Ana Maria. *A vez e a voz do popular: movimentos sociais e a participação política pós-70*. Rio de Janeiro: Relume-Dumará/ANPOCS, 1995.

"combinações" em que o Estado deixava de ser o "inimigo-alvo" e se colocava de acordo com os interesses em jogo.

Não tenho a intenção de enquadrar o movimento preexistente às ONGs, que vou tratar, no caso das lonas culturais, em uma ou outra categoria, mas antes creio que ele mescle enfoques e objetivos de todas elas, indicando um perfil original.

Ainda que perceba a presença dos pressupostos da terceira linha de análise (segundo a qual o grande objetivo comum é a ampliação dos direitos de cidadania), seria prematuro descartar das metas das ONGs aqui estudadas um desejo de mudar a sociedade e seu espaço, ainda que não passando diretamente pelas relações de produção e de classe.

No caso das lonas culturais, está claro que as ONGs tentam compensar a ausência do Estado não só no que diz respeito aos serviços urbanísticos e sociais, mas sobretudo na esfera da cultura. Assim, estas ONGs surgiram como fruto de um movimento social que articula carências na esfera das políticas culturais. Mostram-se, por um lado, semelhantes no seu processo de formação ao tipo de ONGs que constituem redes movimentalistas locais formadas por "pessoas predispostas à participação continuada"[89]: neste caso específico, a atuação artística nas ruas foi acompanhada, num segundo momento, pela reivindicação junto ao Estado por equipamentos culturais fixos[90].

Faz parte deste universo de movimentos a referência constante a um estado de "luta". Estas redes surgem à base de relações interpessoais, pela manifestação de diversos interesses e pela interseção de grupos com natureza e funções distintas, tendo como ponto comum a moradia no subúrbio e o interesse

---

89 Idem, ibidem.
90 Cabe frisar que, muitas vezes, a configuração de "sujeitos coletivos" pode se dar apenas transitoriamente, perdendo a força logo que alguns objetivos principais são alcançados. No caso das ONGs aqui tratadas, podemos dizer que há um período de superposição entre o movimento social preexistente e a ação da ONG, que varia de acordo com a lona e com diferenciadas capacidades de "participação continuada".

pelas atividades artísticas. Este traço as diferencia das primeiras redes de ONGs que se articulavam em torno de algumas instituições fortes como Igreja, partidos e sindicatos. Sobre o papel de interesses políticos no movimento pelas lonas, de modo geral, os organizadores chegam claramente a se declarar apartidários e a relacionar como "redutora" a "política" de resultados que seria a normalmente vigente na periferia, onde relações clientelistas dominam e direcionam as possibilidades de atendimento a demandas e carências. É o que fica claro no depoimento do coordenador da ONG de Anchieta:

A gente já vem de movimento cultural desde a década de 70 e a gente passou muito tempo reclamando do Estado. Poxa, ele não supre todas as nossas necessidades. Mas também é muito cômodo falar isso, eles não dão isso, não têm verba! E a ONG, primeiro que você ganha um peso, até porque tudo tem uma questão política. E a gente faz política! Política de transformação através da cultura. E numa organização não governamental você tá isento de determinadas coisas, por exemplo, comprometimento partidário. A gente não tem comprometimento partidário nenhum. Nós hoje somos parceiros do poder público. Eu acho que é uma coisa inédita no Rio de Janeiro, talvez no país. Esta coisa de cogestão! (Adailton Medeiros; coordenador da Lona Cultural Carlos Zéfiro, Anchieta; entrevista concedida em março de 2000)

Ao alçarem ao núcleo de suas reivindicações o direito aos equipamentos culturais, as ONGs cogestoras das lonas mostram um perfil inovador que deve ser entendido num quadro especificamente contemporâneo, no qual estão presentes processos que legitimam cada vez mais um "reino do cultural".

---

91 Este tipo de "processo seletivo" por parte do Estado não é, no entanto, inédito, tendo sido detalhadamente analisado por Carlos Nelson Ferreira dos Santos no livro *Movimentos uUbanos no Rio de Janeiro* onde conta sua experiência como arquiteto e planejador urbano dentro de três estudos etnográficos com movimentos sociais urbanos nas favelas de Brás de Pina e Morro Azul e no bairro do Catumbi. Santos aponta que Brás de Pina foi incluída junto com Morro União, Mata Machado e Guararapes no programa de recuperação de favelas, executado pela CODESCO, entre 1967 e 1970, porque já havia revelado anteriormente uma propensão à "organização comunitária", sendo a

A partir do conteúdo deste item foi possível resgatar a história das lonas culturais e o papel dos agentes envolvidos, em diferentes etapas. Caracterizada a ação reivindicatória pela instalação das Lonas como um movimento social, podemos de agora em diante tomá-la como um exemplo de participação social e popular. A preexistência desta organização é, na verdade, o fator decisivo, como percebido nas palavras de Vânia Bonelli, quando do processo de decisão[91] de implantação de novas Lonas. A organização dos "artistas de subúrbio", por sua vez, indica uma "rede de cooperação"[92].

Vimos no depoimento da secretária de cultura da prefeitura que a política cultural não incluía objetivamente investimentos em equipamentos culturais nos subúrbios e que, se de fato as lonas vêm se mantendo, deve-se mais ao fato de haver a participação, no modelo cogestão, das comunidades locais. Ênfase também presente no depoimento de Adaílton Medeiros, este novo formato exemplifica uma nova aproximação entre aquelas organizações não governamentais e o poder público tal qual o terceiro enfoque institucional, em que os movimentos sociais experimentam uma diversidade de combinações com o Estado, que deixa de ser o "inimigo-alvo" e se coloca de acordo com interesses em jogo.

Por outro lado, para averiguar a articulação do potencial revitalizador das lonas culturais (citado pela secretária de cultura) com diretrizes oficiais da Secretaria Municipal de Urbanismo, perguntei à sua secretária[93] se havia planos para incentivar novas lonas culturais. A resposta negativa indicou uma total falta de

---

única que "ganhou o prêmio a partir de uma ação mais caracteristicamente política gestionada de baixo para cima" (Santos, 1981, p. 50). Em contraste, as outras três teriam se favorecido através de patronos políticos fortes, trazendo à tona o clientelismo como modo de asseguramento de reivindicações; relação esta também destacada pelos coordenadores das Lonas como fortemente presente nos subúrbios.
92 Becker, Howard. *Art worlds*. California: University of California Press, 1982.
93 Por ocasião de sua palestra de abertura do curso de Arquitetura, em março de 2000, na FAU/UFRJ.

integração entre estas secretarias, além de um desconhecimento dos processos envolvidos nas lonas culturais. Concluí, portanto, que os efeitos de revitalização urbana não são ainda analisados oficialmente pelos órgãos de planejamento urbano, as intervenções físicas sendo mediadas apenas pela RIOURBE, empresa municipal executiva das obras. Esta falta de acompanhamento do órgão, a rigor encarregado de "pensar" o espaço da cidade, mostra-se, no mínimo, como uma falta de percepção do potencial que as lonas culturais instauram como geradoras de novas *centralidades* na cidade, num contexto de processos contemporâneos que se encontram em todo o mundo.

LONA CULTURAL E REVITALIZAÇÃO URBANA

Neste item retomo a dimensão espacial das lonas culturais, analisando os seguintes elementos: sua inserção nos subúrbios, influência de arquitetura circense como elemento simbólico, potencial de "ressignificação" das praças onde se instalam e participação da comunidade tanto na construção da Lona enquanto objeto arquitetônico, quanto na apropriação do espaço público.

SUBÚRBIOS CARIOCAS E AS LONAS CULTURAIS

Uma grande inovação do projeto Lonas Culturais é o fato deste se instalar especificamente em subúrbios cariocas, inserindo-os no roteiro de lazer e cultura, historicamente concentrado no Centro e zona sul. Esta inserção no espaço periférico da cidade se dá como um movimento na contramão de certa valorização mundial contemporânea dos centros das cidades[94]. Na escala local, a inovação das lonas acontece também em contraposição a um movimento histórico de segregação socioespacial que associou aos subúrbios um sentido pejorativo. Consideramos que a denominação *subúrbio* indica uma representação de bairro, pautada tanto por uma cultura que inclui um modo próprio de apropriação do território por seus moradores, quanto por elementos espaciais históricos. Esta apropriação torna o espaço singular, conferindo-lhe uma identidade e diferenciando-o do que é genericamente denominado de periferia. Portanto, abordarei a referência à identidade subúrbio como um traço positivo.

---

[94] No quadro das metrópoles brasileiras são exemplos da estratégia de *"ity marketing"* (onde meios espetaculares tais como mídia, eventos culturais, arquitetura *high-tech*, monumentalismo e aparatos cenográficos são postos a serviço de uma estratégia de inserção de cidades numa rede internacional), as cidades de Salvador, Curitiba e o Rio de Janeiro. Nesta última, conforme analisamos em outro trabalho, percebe-se uma disparidade entre o Centro, tradicional e historicamente concentrador de equipamentos como teatros, bibliotecas, museus, cinemas e centros culturais, e os bairros periféricos, praticamente desprovidos de equipamentos culturais. É ainda no Centro que vimos crescer rapidamente a promoção cultural, cujo conceito, segundo Ribeiro (1988), indica

Passemos, em seguida, aos traços comuns dos subúrbios de Campo Grande, Bangu, Realengo, Vista Alegre e Anchieta, considerando-os, tal como colocou Lysia Bernardes[95], com um alto grau de diversificação funcional.

Primeiro subúrbio a receber a lona cultural, Campo Grande é também o de formação mais antiga e de maior população, possuindo grande concentração de serviços e sendo considerado um "subcentro" da zona oeste da cidade. De sua época rural, cujos traços permaneceram até o início do século XX, restam algumas fazendas, atestando uma primeira fase de ocupação da região compreendida entre os maciços de Gericinó-Mendanha e Pedra Branca. A inauguração do ramal ferroviário de Santa Cruz, em 1878, marca os primórdios da urbanização da região, concentrada nos entornos da estação, desenvolvendo um mercado imobiliário. Nas primeiras décadas deste século, o sucesso da atividade econômica baseada na citricultura acarretou maiores investimentos em grandes extensões de terra. Após a Segunda Grande Guerra, no entanto, inviabilizada a exportação da produção, desencadearam-se inúmeros loteamentos nas antigas fazendas, determinando uma transformação da paisagem rural numa segunda onda de urbanização. Entre 1950 e 1970, fatores como implantação da Via Dutra, extensão da Avenida Brasil até a zona oeste, em 1954, saneamento dos rios Acari e Meriti e afluxo de camadas da população de baixa renda, vinda do núcleo central da cidade e abrigada em conjuntos habitacionais e em loteamentos irregulares, definiram uma terceira onda de urbanização. O processo de ocupação irregular se intensificou entre 1970 e 1990, com novas favelas e várias "invasões". A este pro-

---

a articulação do capital financeiro na produção artística e na área educacional, e a intervenção do Estado no desenvolvimento da indústria cultural.

95 BERNARDES, Lysia. "A faixa suburbana". In: BERNARDES, Lysia; SOARES, Maria Therezinha. *Rio de Janeiro: cidade e região*. Rio de Janeiro: Secretaria Municipal de Cultura, 1995.

cesso, conjuga-se uma grande expansão do comércio varejista e do comércio informal. No momento em que Campo Grande se consolidou como subcentro na zona oeste, temos o que seria a quarta fase de urbanização. Na década de 1990, o bairro mereceu atenção especial do poder público municipal, que encomendou o seu Projeto de Reestruturação Urbana (PEU), assim como empreendeu a construção de um Projeto Rio Cidade, levando melhorias ao núcleo do bairro.

Os grandes períodos acima descritos são característicos de Bangu e Realengo, também pertencentes à chamada zona oeste da cidade, cada um, contudo, com sua especificidade. Bangu teve como detonador de ocupação a instalação da fábrica Bangu, no final do século passado, que construiu também vilas residenciais para os seus empregados, mesclando até os dias atuais as funções residencial e industrial. Realengo, por sua vez, além da função residencial, possui vastas áreas ocupadas por funções militares. Bairros vizinhos a Campo Grande formaram com ele um contínuo suburbano através do crescimento linear ao longo da via férrea da EFCB (Estrada de Ferro Central do Brasil), no ramal Santa Cruz.

O bairro de Anchieta, segundo registros públicos, apresenta como marcos de formação a inauguração da Estação Telegráfica, em 1896, e a circulação do trem SU59, que inicialmente se chamava Estação Nazareth, em 1897. Em 1898, devido à existência de outras estações com o mesmo nome, o então diretor da EFCB, Francisco Pereira Passos, mudou o nome da estação para Estação Ferroviária Anchieta. Foi em torno da estação que surgiram os primeiros núcleos populacionais. Esta primeira fase da evolução de Anchieta é marcada pelo retalhamento de fazendas, transformadas em sítios e chácaras no início do século XX. O segundo momento se deu na década de 1940, com a eletrificação da Estrada de Ferro Central do Brasil, que possibilitou menores tempos de percurso e acarretou uma maior atração de moradores. Um período importante para o bairro se delimita a partir da criação da XXII Administração Regional, em 1966, no ensejo de uma organização política marcada pelo ideário da ditadura militar e um forte controle dos espaços do bairro. Subúrbio limítrofe ao município de Nilópolis, ao qual está ligado pelo ramal Japeri da Estrada de Ferro Central do Brasil, ainda hoje abriga uma população majoritariamente proletária e é considerado um bairro dormitório.

Vista Alegre, bairro da Lona João Bosco, pertence à XIV RA (Região Administrativa) – Irajá –, composta também pelos bairros Colégio, Vicente de Carvalho, Vila Cosmos e Vila da Penha. Em meados do século XIX, Irajá, limítrofe a Vista Alegre, junto às terras dos atuais bairros de Del Castilho, Inhaúma, Engenho do Mato, Vicente de Carvalho, Colégio e Pavuna, integrava as terras das fazendas do Capão do Bispo, Engenho da Rainha, Campo de Dendê, Fazenda do Fructuoso e Fazenda Botafogo. Estas fazendas se mantiveram como tal até depois da primeira década do século XX, quando os subúrbios da Central já estavam em formação.

Vista Alegre difere um pouco do perfil de outros bairros das lonas, como Anchieta, Bangu, Realengo e Campo Grande, que estão mais claramente ligados à história da linha do trem, e em geral reduzidos à compreensão que os enquadra num conceito carioca de subúrbio. No processo de evolução urbana à margem dos grandes investimentos do capital imobiliário, os subúrbios cariocas se caracterizam pela carência de *equipamentos urbanos de cultura*, além das infraestruturas básicas. A esta carência contrapõe-se o traço "espontâneo" de sua evolução, contando com uma tradicional participação popular que procura compensá-la. São exemplos as inúmeras favelas que se formaram e desenvolveram próximas às estações de trem, sem serviços públicos de infraestrutura, com soluções alternativas. Áreas mais "formais" dos subúrbios também têm, através de uma política clientelista, atualizado a solução "espontânea" como forma de garantir melhorias[96], alimentando um ciclo perverso de direcionamento de investimentos do poder público.

Criticando a estigmatização que geógrafos, a princípio voltados para o estudo científico e imparcial sobre o espaço, imprimiram sobre a categoria subúrbio, Fernandes alerta para o preconceito reinante no qual "subúrbio" passou a conotar exclusivamente "lugar dos pobres na cidade" e lugar de subcultura. Fernandes conclui que vários significados da categoria "subúrbio" foram negados, não arbitrariamente, mas sim num "rapto ideológico" a favor da manutenção da segregação socioespacial[97].

Se congregarmos fatores como falta de investimentos e prioridade do Estado restrita à questão habitacional com o sentido pejorativo imputado à cultura "suburbana", e o estigma de que "pobre não produz cultura", cristalizados por meio do "rapto ideológico da categoria subúrbio", delineia-se um quadro de fusão de carências de espaços de lazer e de cultura. As primeiras carên-

---

96 A este respeito o livro *O cotidiano da política*, de Karina Kuschnir (Rio de Janeiro: Jorge Zahar, 2000), aborda a atuação de uma conhecida vereadora do subúrbio carioca que concentra e intermedeia os pedidos de melhorias no bairro através de seus "acessos" nos órgãos públicos, dentro da uma concepção onde política significa meios para atender e solucionar pedidos de sua "área". O estudo etnográfico realizado indica que esta concepção é legitimada pelos moradores do subúrbio, e integra uma "visão de mundo" segundo a qual os *"serviços públicos são considerados propriedade, por excelência, da zona sul*. (p. 144).
97 FERNANDES, Nelson da Nóbrega. "O rapto ideológico da categoria subúrbio: Rio de

cias podem e devem ser supridas por projetos arquitetônicos e urbanísticos que transformem, de fato, as áreas e terrenos públicos em "espaços públicos" a céu aberto, lócus de jogos e manifestações culturais populares. Por outro lado, atividades como apresentações teatrais, de dança, shows e cursos em geral necessitam de equipamentos especificamente projetados para este fim e cobertos, como os que existem na área central e na zona sul da cidade e denominados pela Secretaria de Cultura como equipamentos urbanos de cultura. As lonas culturais vêm, neste sentido, quebrar uma longa tradição dos próprios órgãos públicos de cultura, que têm limitado o investimento nos subúrbios aos programas itinerantes (tais como Palco sobre Rodas, Menu Cultural ou Biblioteca Volante) ou ainda a eventos espetaculares nos quais há uma reduzida participação popular. A lógica destes eventos espetaculares, que é a mesma em qualquer lugar da cidade, segue a prerrogativa de visibilidade do espetáculo.

LONA CULTURAL: MISTURA DE CIRCO E CENTRO CULTURAL NOS SUBÚRBIOS CARIOCAS

Se a inscrição das lonas no mapa da cidade ocorre, como vimos, em contraposição a tendências mundiais e a uma manipulação ideológica redutora dos subúrbios cariocas, em termos arquitetônicos estas lonas reafirmam seu papel de "resistência" à escala monumental frequente nos equipamentos culturais, ao valorizarem um traço da memória cultural local: o circo.

O circo exerce uma grande atração nos frequentadores das lonas culturais, o que nos foi revelado na fala de vários jovens que as associam ao então extinto Circo Voador, na Lapa.

Janeiro (1958-1945)". Dissertação de Mestrado em Geografia – Programa de Pós-Graduação em Geografia, Universidade Federal do Rio de Janeiro, Rio de Janeiro, 1996.

O sucesso da lona de Anchieta, por exemplo, vem sendo amparado por melhorias em torno da estação logo à frente, cujo acesso foi facilitado pela construção de uma passarela, ligando-a diretamente à lona. Um dos primeiros eventos realizados promoveu um concurso de pintura do muro da linha do trem, com patrocínio da SuperVia, concessionária do serviço. O aspecto circense atrai a atenção dos passageiros do trem e marca a paisagem. Sobre isto, um passado rural vem à tona:

> Antigamente, a única coisa que realmente mudava a rotina das pessoas eram os pequenos circos que por aqui passavam. Eram momentos de sonho e fantasias para os moradores de um bairro com todas as características de cidadezinha de interior. Mas logo era hora de partir e lá se ia o sonho. Era preciso voltar à realidade. Dessa vez, esta espécie de circo que é a lona, onde tudo pode acontecer, vem para ficar por muito tempo. No passado, o circo trazia o sonho, dessa vez o sonho trouxe o circo (*revista da Lona Carlos Zéfiro*, 1999, v. 1, nº 1).

Analisando-se os elementos espaciais do circo, percebe-se uma potencialidade de utilizações que derivam de influências arquitetônicas de edifícios que historicamente sediaram jogos e espetáculos, tais como o *amphiteatrum*, o hipódromo, o circo de touros (ou *plaza de toros*). Compreender o circo hoje implica, mais do que resgatar suas soluções arquitetônicas, compreendê-las em relação à sua inserção na cidade. Se originalmente o circo caracterizava-se pela efemeridade, ultimamente adquiriu, especialmente em alguns países, um estatuto de construção permanente.

O funcionamento das lonas remete ao universo circense também na sua gerência. Tal qual um circo, os participantes se revezam em atividades no palco e nos bastidores. Apesar de sua descaracterização em relação às origens, o espaço coberto por uma tenda em forma de cúpula remete ao espaço cósmico, e daí retira sua força simbólica ainda intensa.

Comparando shows na lona cultural aos de outras casas de espetáculos, Kinho, organizador do evento Suburbagem, da Lona João Bosco, em Vista Alegre, e músico da banda Chinfra, analisa:

> Nós fizemos a abertura do show do Pepeu na Lona [João Bosco], a importância da lona é isso. Eu cheguei a tocar no Circo Voador com Jards Macalé, com Sivuca, mas muita gente aqui não tocou. Foi super legal porque o Pepeu também saiu para a rua para conhecer o bairro e ele ficou encantado. Ele disse que a impressão que passa é que aqui é um lugar violento, ele mora na Barra, e que vai chegar aqui e vai ser violento. "Não é nada disso, aqui eu tô me sentindo mais em casa do que quando toco na zona sul." O que acontece? Aqui perto tem o Olimpo, tem várias pessoas que assistiam ao Luiz Melodia no Olimpo e aqui e eles preferiram mil vezes aqui, por que o que acontece? Aqui é mais intimista, o artista aqui é perto, você vê perto, ele dá autógrafo, ele recebe no camarim, você toca no artista, tira foto. Não fica aquela distância que as casas grandes mantêm. Então fica bom para o artista e bom para o público.

Ao fundirem elementos de arquitetura circense e dinâmica de centro cultural polivalente, as lonas culturais surgem como um tipo inédito de equipamento cultural, e indicam um modo inovador de articulação entre política cultural e revitalização urbana nos subúrbios, distinto do já conhecido e "referendado" da área central da cidade, ainda que com alguns traços comuns, como a apresentação de artistas consagrados.

LONAS CULTURAIS, ESPAÇO PÚBLICO E REVITALIZAÇÃO URBANA

Um elemento consensual citado diversas vezes pelos agentes sociais entrevistados foi o da "reconquista" das praças onde as lonas se inseriram. O projeto das lonas tem, assim, além de objetivos diretamente socioculturais, um efeito "revitalizador" urbanístico que articula dois elementos principais: concepção circense e espaços públicos.

Os terrenos escolhidos eram parques ou praças até então sem projeto paisagístico nem mobiliário urbano, de uso limitado pela presença de usuários de drogas, falta de iluminação, falta de guardas municipais, de modo que quase todos tinham uma imagem negativa no bairro. Algumas pessoas entrevistadas citaram que, além de abandonadas, as praças não ofereciam possibilidades de atividades, e, assim, não a frequentavam.

O estado de abandono, no entanto, foi um forte argumento no processo de escolha das praças pelas ONGs envolvidas, numa intenção deliberada de revitalizar aqueles espaços e torná-los verdadeiramente públicos. Esta decisão remete a uma tradição cultural nos subúrbios de apropriação de espaços públicos para fins de lazer e confraternização. O agente principal foi a comunidade, através da mediação das ONGs. Estas já possuíam larga experiência de apresentações ao ar livre, reforçada pela carência de equipamentos culturais.

Com uma visão crítica, Otília Arantes, no livro *O lugar da arquitetura depois dos modernos,* embora com certo pessimismo, caracteriza bem o que seria uma atual ideologia do "lugar público". Nela, agentes privados e públicos unem suas forças pelo embelezamento e transformação da cidade através de um discurso que defende a capacidade de criação de memória dos espaços públicos, não raro por meio de formas monumentais.

No intuito de devolver a cidade moderna à coletividade expropriada ao longo do processo de constituição das grandes aglomerações urbanas contemporâneas, arquitetos e urbanistas entregaram-se, particularmente a partir de meados dos anos 60, a uma verdadeira obsessão pelo lugar público, em princípio o antídoto mais indicado para a patologia da cidade funcional (ARANTES, Otília. *O lugar da arquitetura depois dos modernos*. São Paulo: EDUSP, 1995, p. 97).

Em *Condição pós-moderna*, Harvey[98] argumenta que se a rua foi utilizada pelo movimento moderno para espetáculos políticos, nos últimos anos também se voltou a apostar, agora por novos meios, no poder social do espetáculo. Harvey introduz assim o tema do *espaço público*, situando o início do espetáculo urbano nas cidades americanas no final da década de 1960, quando diversas manifestações ocorriam pelos direitos civis, contra a guerra e também contra os projetos modernistas de habitação e de renovação urbana[99]. Situando a cidade atual dentro de uma mudança de ordem cultural – o pós-modernismo –, Harvey caracteriza a arquitetura e o projeto urbano pós-modernos como lidando com um tecido urbano necessariamente fragmentado, um "palimpsesto" de formas passadas e superpostas umas às outras. Isto indica algumas mudanças fundamentais em relação ao programa modernista. Em primeiro lugar, rompe-se

---

98 HARVEY, David. *Condição pós-moderna*. São Paulo: Loyola, 1992.
99 Como exemplo, cita o caso de Baltimore, onde, em 1968, um grupo de políticos e de empresários se reuniu e propôs uma feira popular no centro da cidade (onde também estava o luxuoso centro de negócios), a fim de reverter a imagem negativa e o descontentamento cívico reinante. Assim, a Baltimore City Fair teria sido criada com propósitos reguladores oficiais habilmente transformados e "encapados" com o discurso de "celebrar a diversidade étnica", tendo, entretanto, aos poucos se tornado uma "feira-evento" muito lucrativa, que atraiu uma série de novas construções que, pela sua "arquitetura do espetáculo", contrastava com os precários serviços públicos e sociais.

com a crença dos planejadores modernistas, no poder de planos abrangentes que tentavam organizar a cidade como um todo "abarcável"; em segundo, passa-se de uma visão do espaço com propósitos *sociais* para uma visão do espaço como algo autônomo de objetivos e princípios *estéticos*[100].

O retorno do espaço público como gerador da forma da cidade, portanto, após uma primeira fase, na década de 1960, marcada eminentemente por questões de cidadania e apropriação coletiva, teria passado a partir dos anos 1970 a se dar sob a face da "espetacularização". Este movimento, incrementado a partir da década de 1980 sob a "etiqueta" de pós-moderno, vai contra as discussões sobre a possibilidade de resgate do papel do espaço público como espaço de cidadania.

Assim, desemboca-se numa nova contradição: o que poderia ser, a princípio, um retorno da "vida"[101] acaba por ser o seu inverso. Isto se dá porque a escala desta espetacularização é a da monumentalidade, sua lógica é a do consumo, a isto se somando ainda o repertório plástico e o "imaginário" pós-moderno. A superposição destes fatores faz com que os espaços públicos planejados se tornem verdadeiros cenários onde somente os "personagens" já familiarizados com o "roteiro" da cidade-espetáculo se sentem à vontade. Mais do que isto, a manutenção desta qualidade do espaço público, além de não ser absorvida pelas camadas sociais com menor nível de educação e poder aquisitivo, exige como ponto de partida a ausência de pessoas pobres, o que se torna mais dramático quando se trata de países com grande exclusão social, como o Brasil.

Carlos Nelson Ferreira dos Santos foi de certa maneira pioneiro no Rio de Janeiro ao comparar dois casos opostos de apro-

---

100 É interessante, segundo ele, observar como se dá essa mudança, já que "o espaço construído constitui um elemento de um complexo de experiência urbana que há muito é um cadinho vital para se forjarem novas sensibilidades culturais" (p. 69). Ou seja, talvez seja prematuro considerar a forma pós-moderna como isenta de pretensões sociais. No entanto, este ponto vastamente debatido e atacado pelos detratores do modernismo, que viam na pretensão de se criar um "novo homem" através de novos espaços uma tendência autoritária, ganha agora nova roupagem oficial em planos estratégicos de grandes metrópoles. Para chegar ao ponto do espetáculo, Harvey passa pela análise do repertório da arquitetura pós-moderna. Assim, Krier, Venturi, Jenks e Charles Moore são

priação do espaço público, no livro *Quando a rua vira casa*. Neste conhecido trabalho o autor nos revela a riqueza das relações e da vida nos espaços da rua e da calçada em um bairro da zona norte, Catumbi, onde as atividades se mesclavam e aconteciam intensamente nas diferentes horas ao longo do dia, em contraste com a segmentada utilização de praças e equipamentos em locais específicos, planejados e vigiados no condomínio vertical conhecido como "Selva de Pedra", no Leblon.

Para Sennett, um exemplo de espaço público bem apropriado encontrava-se na França até o Antigo Regime, um espaço onde todos eram atores[102]. Nesta época a vida em público exigia uma participação e interação entre os assuntos privados e públicos. A praça era multifuncional, portanto havia vida e esfera pública fortes, ao mesmo tempo em que o espaço público não era monumental, nem espetacular. A preocupação com a esfera privada, com o eu, com o pessoal, levou a uma desvalorização do homem público. Este "declínio do homem público",[103] no entanto, em vez de matar o espaço público enquanto local de vida pública, atividade política e interação das cidades tem sido acompanhado por uma contínua valorização e mesmo uma "mistificação" do espaço público nos recentes planos urbanísticos e de revitalização[104].

No caso das lonas culturais, um novo entendimento sobre as categorias de espaços público e privado se coloca, questionando também o espaço livre, não construído, como tradicional garantia do estatuto público ou, em outras palavras, questionando a presença material de uma construção como símbolo de impedimento à apropriação pública. Assim é que um lugar vazio

---

representantes de um grupo que aposta na diversidade e na arquitetura "ao gosto do cliente", carregada de apelos a uma tradição do local, do específico como solução para reverter a tendência massificadora das experiências modernistas. Como resultado, se pretenderia uma arquitetura mais democrática, no sentido de atender às aspirações de muitas pessoas cuja demanda teria sido reprimida durante o modernismo. Noções como "museé imaginaire", de Jenks, e "capital simbólico" – definido por Bourdieu como "o acúmulo de bens de consumo suntuosos que atestam o gosto e a distinção de quem os possui" – são resgatados por Harvey para nos ajudar a compreender a complexa ideologia por trás do suposto discurso pós-moderno que se manifesta através de um "fascínio pelo

constando nas plantas oficiais e indicado pela municipalidade local como praça pode não ser considerado pelos habitantes como um local de livre acesso e tampouco como espaço público. Desprovida de equipamentos que lhe confiram uma utilização e possibilitem uma permanência, uma praça é apenas um lugar vazio, sem apropriação e portanto sem vitalidade. Neste aspecto se aproxima bastante de um *terrain vague*, na categoria descrita por Ignasi de Solà-Morales[105], devido à característica de ausência da forma.

Neste sentido, as lonas culturais se mostram como exemplo do processo de "fusão" possível entre público e privado, pois têm sido construídas em algumas praças oficiais (e como tal em espaços públicos) e, no entanto, só adquirem uma utilização verdadeiramente pública a partir da instalação da lona como equipamento cultural.

O oficiosamente público que era utilizado por pequenos grupos, não raro por marginais, passa a ser frequentado por um número muito maior de pessoas, coletivamente (aqui um público também no sentido de plateia), através de ingressos a preços populares, acesso livre para o bar e mesinhas e bancos no espaço aberto do parque em torno da lona propriamente dita, que também recebeu tratamento paisagístico.

O debate sobre o público e o privado é fundamental no caso das lonas culturais porque elas são instaladas em praças, terrenos da municipalidade. Dois pontos de abordagem são levantados: no primeiro, entende-se o público como domínio do cidadão, sem impedimentos de acesso; no segundo, o público é compreendido como plateia (aquela que tem o olhar sobre

---

embelezamento, pela decoração como códigos e símbolos de distinção social".
101 No sentido proposto por Jane Jacobs, 1973.
102 SENNETT, Richard. *O declínio do homem público*, as tiranias da intimidade. São Paulo: Companhia das Letras, 1988.
103 De acordo com Sennett, a vida pública teve alguns momentos de ruptura, e um deles teria se dado na primeira metade do século XVIII na Europa, e mais exemplarmente nas capitais Paris e Londres. Para o âmbito do meu trabalho, Sennet esclarece o papel dos espaços públicos ao situar a praça como elemento central da mudança ocorrida nos esferas de vida social naquelas capitais. Para ele a questão da qualidade do espaço

um espetáculo). Entendemos que, em relação a isto, as lonas apontam não só para um questionamento, mas talvez para uma inversão. No primeiro ponto, transforma-se o que era "público" de direito (um estado de propriedade) em público de fato (no sentido de democracia e cidadania); quanto ao segundo ponto, transforma-se o público (plateia/espectador) em participante (ator). Esta transformação aponta para a dimensão de temporalidade e efemeridade do estatuto de espaço público.

Poderíamos, portanto, dizer que no primeiro nível há uma privatização em certa medida. O que almejo sublinhar é a dinâmica de transformação entre público e privado, encarados não como uma qualidade inerente e *a priori*, mas alcançada através de uma destinação de atividade e através da "prática" do espaço[106]. A noção de prática do espaço remete à apropriação intensa do espaço na vida cotidiana, por diferentes grupos sociais, possibilitada aqui não pela simples presença física da lona, mas pelo modo participativo pelo qual se dá seu processo de implantação e pela atratividade de seu aspecto circense simbólico. Transforma-se então o "público" oficial em público de fato.

Para nossa análise são importantes três pontos principais. Em primeiro lugar, a designação de propriedade pública do terreno nem sempre é suficiente para que ele possibilite uma apropriação popular, no sentido de coletividade democrática. Em segundo lugar, dentre as atividades atuais, a que tem sido mais "utilizada", tanto por agentes públicos quanto por particulares, como "arma" de criação e fortalecimento de laços sociais, é a cultural. Em terceiro lugar, o exemplo da Lona é propício para se questionar o apelo forte a formas monumentais, que em geral

---

público foi tão ofuscada pela urgência da adequação das cidades ao automóvel que ele teria se tornado uma derivação do movimento. Para exemplificar, Sennett cita três casos; o arranha-céu Lever House, de Gordon Bunshaft, em Nova York; o Brunswick Centre, em Londres, e o conjunto do La Defense, em Paris. Todos eles tentam, segundo o autor, com diferentes soluções formais e escalas, criar espaços públicos (tais como praças internas e *malls*) que a rigor seriam apenas alegorias, uma vez que servem à circulação/passagem/ movimento, não estimulando a permanência.

104 Para se entender esta aparente contradição é interessante trazer à baila a crítica que Habermas, em seu prefácio à 17º edição alemã de 'Espaço Público' (cf. HABERMAS, J.

inibem o espaço de ser "praticado" e impedem sua apropriação enquanto público.

LONAS CULTURAIS, REVITALIZAÇÃO URBANA E "CONTAMINAÇÃO" CENTRO-PERIFERIA

O projeto das Lonas é o primeiro a oferecer um equipamento cultural fixo com programação especificamente cultural na periferia do Rio de Janeiro, o que por si só indica uma mudança de arranjos entre o Centro e a periferia da cidade. De fato, em gestões democráticas de grandes metrópoles, conforme Chauí relata sobre sua experiência à frente da Secretaria de Cultura de São Paulo, o maior desafio tem sido reverter o antagonismo centro--periferia como estigma social e cultural[107]. A esta reversão corresponde uma fusão entre modelos globais e traços locais, uma composição, ou ainda o que Claude Mollard chamou de *"contaminação centro-periferia"*, se referindo aos pequenos centros culturais construídos nas *banlieues* de Paris após a inauguração do grande centro cultural Georges Pompidou, o famoso "Beaubourg" na área central da capital francesa[108].

Indício dos processos de fusão centro-periferia, numa escala global, foi a recente apresentação do projeto Lonas Culturais em Paris, no evento Metropolis, ocasião na qual recebeu o prêmio na categoria Programação Artística e Lazer. Foi a confirmação de correntes de resistência à homogeneização da globalização. Ao expor este projeto como exemplo para o mundo, este prêmio recoloca o subúrbio no papel de criador de seus próprios modelos. É a prova de que a identidade local tem sido muito valorizada: um "modelo" com base na identidade suburbana, específico e

Mudança estrutural da esfera pública. Rio de Janeiro: Tempo Brasileiro, 1984); faz à Sennett. Segundo o filósofo alemão, é importante fazer-se uma distinção entre duas esferas públicas distintas: a primeira ligada a uma classe burguesa, hegemônica, chamada por ele de representativa, e a segunda ligada às classes populares. Esquecendo esta diferenciação, Sennett estaria condenando à morte equivocadamente toda a vida pública contemporânea, ao passo que na verdade a esfera pública popular teria se fortalecido à medida mesmo que a representação burguesa ia se enfraquecendo a partir do século XIX.
105 SOLÀ-MORALES, Ignasi. "Present and Future. Architectures in Cities" – Anais da UIA, Barcelona, 1994.

oriundo da organização e experiência anterior das comunidades, justamente enquanto tal, pode se tornar um "sucesso" global.

Cabe situar o papel do poder público, neste caso representado pela Secretaria de Cultura do município, que, através da gestão em parceria com ONGs locais, fornece a infraestrutura e verba de manutenção. Esta parceria ilustra uma novidade no modo de atuar do poder público, que teve no Corredor Cultural[109] um modo equivalente, porém de sentido oposto, já que contava prioritariamente com investimento de grandes empresas privadas, marcando o que talvez seja a primeira e mais clara articulação entre promoção cultural e revitalização urbana na cidade.

O termo urbanístico "revitalização", remete à noção de "ressingularização" ou "resgate da subjetividade", como propostos por Guattari[110]. A "subjetividade" restabelecida pelas lonas deriva de uma combinação específica entre o tipo de espaço "circense" e o tipo de programação que privilegia artistas locais em eventos como o Suburbagem e festivais de esquetes teatrais para novos talentos, além de integração constante com escolas do bairro. Esta programação varia de acordo com o bairro, criando um público que frequenta a "rede" de lonas.

---

106 CERTEAU, Michel de. *Artes de fazer: a invenção do cotidiano*. Petrópolis: Vozes, 1994.
107 CHAUÍ, Marilena. "Uma opção radical e moderna: democracia cultural". Revista *Pólis*, São Paulo, n. 12, 1993.
108 MOLLARD, Claude. "Le centre et la périphérie". In: *Révue Autrement*. Paris, n. 18, abr. 1979.
109 Projeto de Revitalização do Centro Histórico do Rio de Janeiro, através de incentivos fiscais, lançado no início dos anos 1980 pela Secretaria Municipal de Cultura, que se tornou modelo no país e alavancou uma onda de renovações de imóveis com fins culturais.

ARTISTAS LOCAIS DE VISTA ALEGRE

Iremos agora nos aprofundar no universo social da Lona de Vista Alegre por aquilo que revela a verdadeira face de sua identidade, os frequentadores, incluindo aí os artistas que se apresentam. Deste modo, queríamos saber qual a importância da Lona na vida das pessoas, qual a valorização que dela era extraída e, mais importante, qual era o perfil deste público, qual o seu "rosto".

É importante deixar claro que nosso trabalho não visava traçar uma análise estatística, mas sim uma análise qualitativa de frequência da Lona entre a população moradora de cada área. O grupo pesquisado partia da lona como ponto comum e não do bairro da Lona como local de domicílio, assim as pessoas entrevistadas foram contatadas no local da Lona. No entanto, finalizamos por constatar que a maioria dentre o grupo de frequentadores é também moradora[111].

O grupo dos artistas é importante em duas dimensões: os moradores e os não moradores. Os primeiros são, em geral, desconhecidos da grande mídia e encontraram no espaço da Lona um "trampolim" para a carreira artística; numa outra esfera, os artistas conhecidos, moradores ou não do local, servem eles próprios como elemento chamariz e consagrador das lonas.

Na Lona Cultural de Vista Alegre, o artista consagrado que a apadrinha e frequentemente se apresenta, renovando o prestígio do espaço, é João Bosco.

De acordo com a programação apresentada, percebo que há uma mistura de valores e estilos. O destaque são os shows, sublinhando o papel da linguagem musical como a mais facilmente

---

110 CERTEAU, Michel de. Artes de fazer: a invenção do cotidiano. Petrópolis: Vozes, 1994.
111 Contudo, cheguei a realizar uma amostra aleatória em diferentes áreas do bairro de Vista Alegre, com o intuito de situar melhor a Lona dentro de seu "thos" local, num total de oito pessoas, todas moradoras. A primeira surpresa foi perceber que, embora todos soubessem da sua existência, poucos já a haviam visitado. A segunda foi que, embora poucos a tivessem visitado, a grande unanimidade concordava em o quanto ela havia "melhorado" a praça. De modo geral também as pessoas associavam a Lona a shows e poucas estavam a par da programação de cursos e atividades infantis. Um depoimento que nos fornece "pistas" sobre a não frequência cotidiana do equipamento talvez seja: "Conheço a Lona,

assimilada e aglutinadora nas camadas populares[112]. Na Lona sobressaem-se os "pagodes" entre músicos mais consagrados, como João Bosco e Zeca Pagodinho, mas também já se apresentaram artistas mais associados ao mundo da cultura de elite, como Zélia Duncan e Flávio Venturini.

Intercalados entre os shows, são organizados eventos locais, específicos de cada Lona. Assim são o Suburbagem e o forró, que congregam pessoas de todas as idades que tenham raízes na comunidade. Estas pessoas em geral constituem também o público mais fiel que frequenta quase todos os eventos. Um evento semelhante ao de outras lonas era o Conversa Fiada, que, devido aos episódios de brigas entre frequentadores, está temporariamente suspenso.

Kinho, músico integrante da banda Chinfra e organizador do evento Suburbagem, relembra a ideia inicial do projeto:

Foi em 1998, a gente estava sentado ali, no lugar em frente ao cruzamento da (avenida) Água Grande e Brás de Pina, que se chama Real. Então ali tinha virado um *point* que todo mundo, pessoal de rock e que andava de skate ficava ali. Então juntava, às vezes, umas cinquenta pessoas, andando ali, na rua, na esquina. O cara botava o rádio e começava a juntar muita gente. Então eu pensei: poxa, podia fazer apresentação lá e tudo. Tem que fazer um negócio aqui para chamar atenção disso, levar este pessoal para show. Minha ideia, a princípio, era fazer não só rock e misturar MPB e rock, mas só que o pessoal que respondeu mesmo foi o pessoal do rock, o pessoal que tocava MPB ficou meio assim... Não quis participar!

Em sua origem, o evento seria numa outra praça de Vista Alegre, em frente a uma Administração Regional. Após diver-

---

passo sempre por lá com meu namorado, mas não entro porque não sei como é que é, se tem que pagar..." (moça de 20 anos, moradora de Vista Alegre).
112 Este elemento foi devidamente estudado por Travassos (1997) quando abordou os estudos etnográficos de Mário de Andrade sobre canções populares. Do mesmo modo, estilos populares na sociedade carioca e brasileira vêm sendo estudados na música pelo antropólogo Hermano Vianna.

sos impedimentos levantados pela Administração, Kinho e seu grupo, integrado também por dois poetas e um tecladista, procuraram o grupo de Marcus, que na época estava às vésperas da inauguração da Lona João Bosco. Com o preço do aluguel de som divido pelos quatro organizadores, aconteceu em 1º de maio de 1999 o primeiro Suburbagem, contando com nove bandas, exposição de artes plásticas e recitais de poesia, com os portões abertos da Lona que havia sido inaugurada em 14 de abril. Segundo material de divulgação, o Suburbagem é um movimento musical que surgiu no subúrbio de Vista Alegre e tem como objetivo a divulgação de bandas e músicas de vários estilos originários do subúrbio carioca, assim como de poetas, atores e artistas plásticos. Apesar do Suburbagem estampar o mote "a arte pela ótica do subúrbio", há uma receptividade a grupos de outras origens. Indagado sobre a presença da banda Boato (originariamente um grupo de poetas, que teve como espaço de lançamento o Espaço Cultural Sérgio Porto, na zona sul) em um Suburbagem, Kinho responde:

> Não, sem dúvida, a gente não quer criar este vínculo: ah, tem que ser de subúrbio! O Berro esteve aqui, uma banda também da zona sul, produzida pelo Ezequiel Neves e o Maurício Barros do Barão Vermelho. Não, a gente não quer esse radicalismo, senão vai cair no que acontece nos outros lugares. Tô querendo abrir mesmo!

Se os shows são como um evento-espetáculo, o público mais assíduo é atraído por aquilo que poderia ser chamado de "festa" local, que é o forró das sextas-feiras. Realizado na parte externa, sob uma cobertura de domus ficam os músicos e a pista de dança, e em volta, ao ar livre, são dispostas as mesas com cadeiras. Com todos os ingredientes de uma festa popular, o forró tem um público cativo que é extremamente diversificado,[113] incluindo homens e mulheres de todas as idades e até crianças e bebês.

Além do Suburbagem, há espaço garantido para artistas locais ainda desconhecidos dos grandes circuitos, em cada abertura de show de artista consagrado. Nomes como Adil Tiscatti, Érica Regis e grupos como Arte Profana e Linha Amarela tiveram nas Lonas uma oportunidade de serem conhecidos por um público maior, que é atraído por nomes como João Bosco, Nana Caymmi, Ana Carolina e grupos mais jovens conhecidos da zona sul, como o Boato.

A busca e a valorização dos artistas locais por parte da Prefeitura se concretizou através da gravação do CD *Som das Lonas*.

---

[113] A respeito do lazer, num fim de semana testemunhei o hábito disseminado no bairro de se utilizar as calçadas em frente a bares para colocação de mesas e cadeiras, onde se assiste coletivamente a transmissões de partidas de futebol, ou se realizam churrascos, ou ainda apenas se conversa e ouve-se o som providenciado por algum carro estacionado em frente. Este hábito alude a uma tradição dos subúrbios e congrega várias faixas etárias.

LONA CULTURAL COMO CAMPO DO SOCIAL E DA PARTICIPAÇÃO

Finalizando este item, gostaria de analisar alguns pontos levantados nas entrevistas nas esferas das ONGs, do poder público e do público frequentador das lonas culturais, visando inserir este estudo de caso dentro do âmbito mais amplo de interseção entre antropologia e urbanismo. Podemos considerar as interações abrangidas pela sociabilidade no caso das lonas como características da sociedade complexa contemporânea, em que, além da categoria inclusiva bairro e vizinhança (no caso a suburbana), "registravam-se circulação, interações sociais associadas a experiências, combinações e identidades particulares, individualizadas"[114]. Este fenômeno está aqui inserido num "campo de possibilidades" socioespacial estabelecido pela oposição centro-periferia, uma vez que a própria articulação do problema parte da constatação inicial, tanto por parte das ONGs quanto por parte da Secretaria Municipal de Cultura, da concentração de equipamentos culturais na área central em oposição à sua total carência na periferia. Ou seja, trata-se de uma dimensão própria do urbano em que, segundo aquele autor, estaríamos lidando com duas vertentes: unidade e fragmentação, cuja relação dialética contribui para a análise de experiências fortemente relacionadas à vida nas metrópoles.

O indivíduo artista e morador do subúrbio situa-se como um "ponto de interseção entre diferentes mundos", na citação de Simmel por Velho[115]. Ainda sob a luz deste autor, cabe relacionar o fenômeno de negociação da realidade onde a "própria ideia de negociação implica o reconhecimento da diferença como elemento constitutivo da sociedade".

---

114 VELHO, Gilberto. "Trajetória individual e campo de possibilidades". In: *Projeto e metamorfose: antropologia das sociedades complexas*. Rio de Janeiro: Jorge Zahar, 1994.
115 VELHO, Gilberto. "Unidade e fragmentação em sociedades complexas". In: VELHO, Gilberto. *Projeto e metamorfose: antropologia das sociedades complexas*. Rio de Janeiro: Jorge Zahar, 1994, p. 2.

O limite espacial e o *ethos* artístico delineiam então uma organização social específica. A partir da descrição da trajetória de Marcus Vinícius, podemos perceber alguns traços em comum com o tipo artístico identificado por Becker como sendo o dos inconformistas[116]. Estes artistas têm como particularidade o fato de não se conformarem ao mundo convencional e restrito da arte com que tiveram um primeiro contato, tendo por isso ido buscar outras convenções fora de seu círculo espacial e social inicial. Muitas vezes eles encontram tantas dificuldades que sua obra tende a não se concluir. Assim, "se os seus trabalhos chegam a se realizar, é porque os inconformistas ignoram as instituições artísticas estabelecidas – museus, salas de concerto, editoras, teatros etc."[117]. Outra característica deste tipo de artista é o esforço em criar um público que valorize seus novos códigos e, em última instância, sua nova estética.

Se ampliarmos o grupo considerando as atividades, os artistas que se apresentam e, talvez o mais importante, o público que frequenta as lonas, estaremos então lidando com um maior leque de tipos de artistas (em que também figuram o tipo ingênuo e o tipo popular), o que certamente é mais compatível com a complexidade da interseção de diferentes mundos que têm na lona um lócus de produção de significados simbólicos.

Pudemos perceber, num primeiro momento, um caráter de missão que o próprio MIC atribui à sua atividade, devido à sua capacidade específica de orientar aquela organização desejada. É, então, uma missão social que absorve os anseios dos próprios integrantes, como descrito por Martins e citado por Vilhena[118].

Logo em seguida, no entanto, a continuidade e as estratégias de ação vão delineando um projeto no sentido de um

---

[116] BECKER, Howard. "Mundos artísticos e tipos sociais". In: VELHO, Gilberto [org.]. *Arte e sociedade: ensaios de sociologia da arte*. Rio de Janeiro: Zahar, 1977.
[117] Idem, p. 15.
[118] "Se a 'missão social' preocupa mais o intelectual latino-americano do que a função crítica da inteligência - a capacidade da razão para organizar a sociedade segundo seus próprios critérios, e os limites desta capacidade - é porque, através desta missão, que ele se atribui, ele busca a sua própria identidade: numa sociedade em que sua própria condição de intelectual o aliena de sua sociedade." Cf. VILHENA, Luís Rodolfo. *Projeto e Missão: o movimento folclórico brasileiro (1947-1964)*. Rio de Janeiro: Funarte; Fundação Getúlio Vargas, 1997, p. 86.

planejamento para realização de um objetivo, mas, sobretudo, como proposto por Velho, no sentido em que ele é o instrumento básico de negociação da realidade e inserido no campo de possibilidades[119] aqui demarcado também pela entrada do poder público, representado pelo RioArte. Este projeto teve momentos-chave de determinação das estratégias, explicitados na criação do MIC e do Mania-de-Palco, no caso da Lona de Vista Alegre, na criação e no desfile de um bloco de samba, no caso da ONG Tô na Lona, de Anchieta, na manifestação e interdição do viaduto, no caso de Bangu, e no apelo a representantes políticos dos bairros. Elas pretendiam atrair maiores camadas sociais envolvidas num mesmo objetivo a ser alcançado, que era "levar um espaço alternativo de cultura para o subúrbio".

Apesar de não poder ser vista como uma experiência isolada e totalmente sem vínculos com outras esferas da vida social mais ampla, uma vez que inserida numa "rede" oficializada pelo poder público e tecida pelos agentes sociais, certamente a lona cultural guarda uma autonomia relativamente grande no que diz respeito à produção de significados culturais. Trata-se de um "circo", segundo Marcus: espaço de dinâmica cultural no espaço cotidiano dos moradores, uma província ou mundo particular, que se destaca de outros mundos na medida em que nele os indivíduos assumem papéis característicos, constroem suas relações recíprocas de um modo peculiar, e conferem significados bastante específicos à lona e àquele espaço.

Julgamos que a análise destes elementos oferece pistas para a compreensão dos processos mais globais de inserção e visibilidade de identidades locais dentro do conjunto de uma metrópole.

---

119 VELHO, Gilberto. 1994, op. cit.

LONAS E FRICHES

Entendo ser importante retomar os processos que deram origem à criação do projeto sociocultural Lona Cultural, por acreditar que ele guarde impasses que serão semelhantes aos percebidos nos projetos realizados nas *friches* culturais na França.

O sucesso que ele obteve não foi repentino, trazendo consigo toda uma história de reivindicação, um trajeto onde a participação da comunidade unida aos agentes culturais locais, organizados em ONGs, foi decisiva para a conquista daquele espaço. Tão importante quanto o projeto Lonas Culturais, enquanto expressão de uma decisão política do governo municipal, é o "projeto" social que vem legitimando a sua existência, qual seja o de grupos de artistas que, desde 1989, vêm organizando ações em prol da construção de equipamentos culturais em áreas periféricas da cidade, mobilizando comunidades locais e a mídia.

As lonas são, portanto, um novo tipo de equipamento cultural que surge como se fosse "sob encomenda" para necessidades específicas por meio da demanda de grupos locais organizados. Apesar de terem aspecto circense, não são efêmeras nem itinerantes. Sua viabilização aponta para novos processos que articulam ação cultural e revitalização urbana, através da mediação de vários agentes sociais. Nesta medida, as Lonas Culturais são como um elo entre diferentes grupos sociais. Num primeiro momento, entre artistas e moradores de subúrbios, em seguida entre o setor público e as organizações, e, num terceiro momento, entre as organizações e a comunidade e a cidade como um todo.

Podemos distinguir três grandes períodos no processo de construção das Lonas Culturais.

O primeiro período, de 1993 a 1995, inclui a fase inicial – que teve início em 1993, em Campo Grande –, quando houve apenas a liberação e a implementação das lonas vindas da Eco-92 para Campo Grande, Bangu e Realengo, e o começo do repasse de verba mensal pela Secretaria Municipal de Cultura a partir de meados de 1994. Nesse período, também houve aumento no pedido de lonas, concomitantemente ao funcionamento e à apropriação dos espaços pelas comunidades, à reivindicação de mais infraestrutura de apoio e de serviços de urbanização. Esse momento é marcado pela pressão mais organizada e pela "sensibilização" do RioArte, pleiteando um apoio financeiro permanente e um projeto oficial, que só seriam alcançados à medida que o público do conjunto das Lonas alcançasse 65 mil pessoas, ultrapassando o público da rede municipal de teatros localizados em áreas valorizadas da cidade.

O segundo período vai de 1996 a 1999 e tem início com a criação do projeto institucional Lonas Culturais, visando a formação de uma rede. É nesse instante que as lonas, até então só conhecidas pelos moradores dos subúrbios cariocas, despertam a atenção política e começam a integrar oficialmente a rede municipal de teatros. Além disso, passam a ser chamadas de "Lonas Culturais". Novas unidades, inspiradas no modelo circense proveniente da Eco-92, começam a ser planejadas a fim de dar continuidade ao circuito já existente e, ao mesmo tempo, oferecendo nova tecnologia de construção e de infraestrutura de apoio, com camarins, salas de administração, banheiros e bar. Esse período testemunha o início de projetos de reforma das primeiras lonas e de reurbanização das praças em que se localizam, como em Bangu (articulada nesse caso também com a construção de um viaduto) e em Realengo. Foram inauguradas as lonas de Vista Alegre e de Anchieta.

O ano 2000 marcou o início da terceira e mais recente fase, com uma grande divulgação na imprensa e a multiplicação de público, o que contribuiu para que as organizações conseguissem também o aumento da verba repassada. Nesse período, foram inauguradas as lonas de Guadalupe (2000), Santa Cruz (2004), Maré (2005) e Ilha do Governador (2007).

Uma inovação desta última fase é a busca de parcerias com a iniciativa privada por parte dos dois agentes principais, as ONGs e a Secretaria Municipal de Cultura. Neste sentido, estes bairros de subúrbio, divulgados quase tão somente pelos índices de violência, passaram a ser respeitados como núcleos de produção cultural. Por outro lado, a Lona da Maré foi instalada por iniciativa do BNDES e não por reivindicações locais, terminando por se localizar na chamada "faixa de Gaza" do complexo de favelas, dominada por facções criminosas rivais.

Voltando ao campo dos subúrbios onde se encontram as lonas e conhecendo as novas lonas, em Guadalupe, Maré e Santa Cruz, que foram instaladas durante minha estada na França, verifiquei que, desde 2002, o processo que se instaurou vem confirmar as tendências apontadas em 2001. Ou seja, o projeto passou cada vez mais a ser enquadrado dentro da política oficial da prefeitura, trazendo vantagens e desvantagens quanto às margens de participação dos grupos locais. No que se refere às vantagens, a Secretaria de Cultura passou a contemplar a rede das lonas com maior número de programas e eventos fixos anuais em todas as áreas.

Quanto à visão do próprio poder público sobre o projeto, tivemos a oportunidade de presenciar uma palestra de Ricardo Macieira, então Secretário Municipal de Cultura, ex-presidente do RioArte, em que manifestamente opera-se o que poderíamos chamar de "desapropriação da memória" da participação social na história das lonas. O que é agora exposto com "roupagem oficial" e com caráter de "modelo" a ser reproduzido por produtores culturais[120] é:

> Em 1993, a Prefeitura do Rio/Secretaria das Culturas iniciou um projeto audacioso para democratizar o acesso à cultura e à arte: começou a instalar equipamentos urbanos de cultura nas zonas norte e oeste, até então carentes de iniciativas no setor, e os entregou à autogestão dos moradores locais. Hoje, 13 anos mais tarde, com um público total de 490.839 pessoas em 2004, as oito Lonas Culturais ingressaram definitivamente no circuito cultural da cidade e comprovaram seu papel no processo de transformação e inclusão social. Em reconhecimento ao êxito da atuação transformadora sobre a população, o projeto foi premiado pela União Europeia, recebeu a chancela da Unesco e conquistou o prêmio Mercocidades (Prefeitura do Rio de Janeiro, Periódico *Rio Estudos*, Secretaria de Comunicação Social, n. 167, julho de 2005).

Apesar de tal palestra ter sido nomeada "Lonas Culturais: uma cogestão", sintomaticamente o Secretário de Cultura, que defendeu a criação das lonas como iniciativa sua e do prefeito da época, quase não falou da cogestão em si mesma e nem das próprias

---

[120] A palestra era dirigida e organizada pelo curso de especialização em Gestão Cultural, curso ministrado pela Universidade Cândido Mendes, e seu "público-alvo" era composto de produtores culturais iniciantes.

lonas: dedicou sua fala quase integralmente aos projetos "estratégicos", como o da Cidade da Música e o do evento esportivo Jogos Pan-Americanos Rio 2007, que deveria contar, segundo ele, com ampla programação cultural integrada aos esportes. Dentre as medidas que incluiu no que denominou "erudição das massas", indicou que havia correspondido aos pedidos da população para abrir as bibliotecas públicas nos finais de semana.

Ao ser indagado publicamente sobre como se deu a participação social na formatação do projeto, o secretário mostrou-se extremamente incomodado. O que ficou nítido é que não se valoriza a "permeabilidade" do poder público à escuta das demandas da sociedade, o que se valoriza, ao contrário, é a suposta "criatividade" da própria instituição. Ora, como veremos, este é um traço que se diferencia da situação francesa, na qual se assume que algumas experiências são iniciativas de grupos sociais e artísticos "não contemplados" na política e no circuito oficial. No caso do Rio, acontece uma autocelebração que camufla uma perversa desapropriação do papel da sociedade civil. Não acontece uma valorização daquilo que, a meu ver, é justamente a inovação louvável, ou seja, a capacidade do poder público em escutar ideias vindas de atores sociais. Creio que há, neste caso, um agravante, pois na fala do secretário o que fica claro é sua dificuldade de legitimar esta demanda, justamente por ela originar-se no campo da periferia. Este aspecto fica flagrante nos discursos orais, como foi o caso da palestra, em que é mais um tom de comiseração que se assume, nitidamente preconceituoso.

Na França – como veremos principalmente na escala do local nos próximos capítulos –, esta possibilidade de política de "baixo para cima", ao contrário, já foi percebida como sendo ela própria um trunfo a ser exibido como fator da "democratização cultural", admitindo-se que na política cultural a "criação" não deve pertencer ao gestor.

Olhando retrospectivamente as conclusões às quais havia chegado, creio que alguns elos principais se estabelecem para a correlação com a França. O primeiro diz respeito à maneira como a participação, ela própria, pode ser entendida enquanto se originando da esfera da hospitalidade, como vista através de Lévinas. Outro elemento concerne à ação do Estado como incapaz de se desembaraçar dos modos de gestão permeados pela reflexividade, perpetuando as alienações perpetradas pelo ápice da sociedade do espetáculo. Neste sentido, vimos que a própria noção de participação escondia esta outra dimensão, que é a da hospitalidade e que considero permanecer como o horizonte de potencial de resistência àqueles processos reflexivos.

Veremos na segunda parte como estas percepções se singularizam no contexto francês e se este contexto pode alterar nosso olhar retrospectivamente ao Rio de Janeiro.

Matéria do Caderno B do Jornal do Brasil em 23/04/1999. *Fonte: Jornal do Brasil*

Lona Cultural João Bosco em Vista Alegre, inaugurada em abril de 1999. *Autor: Marcia de N. S. Ferran*

Lona Cultural Carlos Zéfiro em Anchieta, inaugurada em agosto de 1999. *Autor: Marc Ferran*

Lona Cultural Hermeto Pascoal, em Bangu, inaugurada oficialmente em 1996 e reformada em 2000

Autor: Marcia de N. S. Ferran

Manifestação de reivindicação de Lona Cultural. Vista Alegre.

Fonte: Arquivo fotográfico da Lona Cultural João Bosco

Manifestação de reivindicação de Lona Cultural. Anchieta.

Fonte: Revista da Lona Cultural Carlos Zéfiro, ano 1, n.1

Lona Cultural João Bosco em Vista Alegre: pista aproveitada para prática de skate. *Autor: Marc Ferran*

Lona Cultural João Bosco em Vista Alegre: evento Suburbagem. *Autor: Marcia de N. S. Ferran*

CAPÍTULO 3

Friches
CULTURAIS EM FACE DOS TENTÁCULOS INSTITUCIONAIS

Neste capítulo, baseado em pesquisa bibliográfica, entrevistas e palestras, irei recuperar os momentos balizadores de certa confluência entre política urbana e política cultural na França, desde o início dos anos 1980, confluência que demarca o pano de fundo institucional das ações culturais "civis" no subúrbio e, mais especificamente, a "roupagem cultural" das *friches* industriais nos anos 1990.

Trata-se de notar que o subúrbio, até certo ponto devido à crise que vivia no fim dos anos 1970, pôde, contra a sua vontade, acelerar a confluência institucional entre os objetivos urbanísticos e culturais, confluência que se realizou sob a égide da gestão reflexiva.

Ao mesmo tempo, o subúrbio pôde destacar a importância da criação de parâmetros locais respeitosos à situação cultural singular, abrindo a via, no universo do "terreno civil", a um registro da hospitalidade tal como vimos através de Lévinas. Neste intuito vou introduzir também uma discussão sobre a possibilidade de reconhecimento de autonomia das políticas culturais municipais e locais.

Por último, é importante observar o jogo de tensão que se estabelece entre a reflexividade inerente às raízes institucionais da gestão "contratual"[121] dos subúrbios nos anos 1970 e, por outro lado, um registro "em reserva" da hospitalidade ligada aos experimentos artísticos desde os anos 1990 no universo das *friches* culturais.

---

121 HATZFELD, Marc. *Petit traité de la banlieue*. Paris: Dunod, 2004.

CONFLUÊNCIAS FAVORECENDO A FUNÇÃO SOCIAL

Historicamente, na França, o início da confluência de olhares entre políticas públicas culturais e políticas públicas urbanas, sob o ângulo que adotamos aqui, data do início dos anos 1980 e antecede a denominada "municipalização das políticas culturais". Esta confluência absorve as repercussões de dois acontecimentos essenciais que se cruzam: as Leis de Descentralização Administrativa e o lançamento da Política da Cidade, que resulta essencialmente da irrupção da crise dos subúrbios.

Nos ecos de uma polêmica mundial e interna sobre a "governança"[122], o ano de 1981 vê o resultado de um longo debate francês sobre o lançamento das Leis de Descentralização, consubstanciais a uma preocupação anterior que via na extrema concentração administrativa francesa, altamente dependente do Estado central, tanto na sua maneira operacional como na sua ancoragem geográfica (em Paris), se não a fonte, pelo menos um grave entrave à gestão pública dos conflitos socioculturais crescentes em diversos subúrbios. Assim a lei do dia 2 de março de 1982, conhecida como a Lei da Descentralização, cria Convênios Regionais pelos quais, na ideia de evitar os desequilíbrios regionais, o Estado visa buscar parcerias no nível local, assinando convênios com regiões e contratos com municípios[123].

Na periodização da esfera de ação específica do Ministério da Cultura, os anos 1980 mostram-se como um período decisivo, conhecido como "os anos Lang" devido às duas gestões seguidas de Jack Lang à frente do ministério, cujo orçamento recebeu

---

[122] MASSIAH, Gustave. "*Le débat international sur la ville et le logement après Habitat 2*". In: PAQUOT, Thierry; LUBAT, Michel; BODY-GENDROT, Sophie. *La ville et l'urbain, l'état des savoirs*. Paris: La Découverte, 2000, pp. 349-358.
[123] Por meio do procedimento de parcerias por convênios e contratos o Estado repassa verbas para desenvolvimento de políticas culturais de outras escalas. De acordo com o *Dictionnaire de Politiques Culturelles*, op. cit., "Os Contratos de Plano são implantados como acordos assinados entre o Estado e as regiões concernindo à realização de prioridades determinadas em comum durante o período coberto pelo Plano (nacional) e permitem integrar a cultura a uma ação regional de desenvolvimento

um aumento de quase 1% do total da União. Em termos de tendência, no contexto da descentralização administrativa, estes anos são marcados pela entrada em cena dos municípios como parceiros do Estado.

No que diz respeito às competências do poder central envolvendo urbanismo e ação social, as duas últimas décadas do século XX confirmam a emergência de novas tentativas de otimizar a gestão das cidades francesas pobres. Assim, em 1981, a Política da Cidade é instaurada, política pública que engloba diferentes instrumentos dedicados ao "desencrave" dos bairros mais pobres das cidades, inicialmente em torno dos conjuntos habitacionais, com graves tensões sociais, entre os quais os *Contratos de Cidade*, feitos a partir de 1994, comprometendo o Estado, o Município e o Departamento, também consagrados ao desenvolvimento das áreas de extrema desigualdade social. Por trás destes instrumentos, novas instâncias propriamente ditas de gestão foram estabelecidas: é o caso da criação da Delegação Interministerial à Cidade (DIV – como organismo transversal, é ela que em seguida ficará responsável pelos "espaços culturais intermediários", incluindo as *friches* culturais), em 1988, e o Ministério da Cidade, na escala do Departamento, em 1991.

Todas essas instâncias incluem também ações dedicadas à cultura, com uma forte presença dos atores das comunidades locais, a partir das diferentes divisões administrativas territoriais francesas (município, departamento e região) e com novas estratégias de agrupamento de cidades, como ilustra uma lei recente para a cooperação entre cidades no quadro das aglo-

---

econômico e social. A 'rubrica cultural' integrada na maior parte dentre eles constitui a continuação das ações engajadas ao título das convenções regionais de 1982 e 1983; ela confere à região a possibilidade de desempenhar plenamente seu papel, em concertação com as coletividades locais, na implementação da ação cultural" (p. 152: "Conseils régionaux", e p. 171: "Contrats de plan").

merações urbanas, para as quais é empreendida uma tentativa inédita de "políticas culturais das aglomerações"[124].

Essa política incrementou então o voluntarismo cultural das prefeituras que vinha desde 1960, porque os eleitos encarregados da pasta cultural vão agir em duas instâncias principais, de acordo com Urfalino: em primeiro lugar, constituem grupos de pressão para apoiar os investimentos em cultura (para os quais a principal resistência provém do próprio poder público municipal); em segundo lugar, serão os responsáveis por sugerir novas "rubricas" ao catálogo das instituições[125] e associações culturais locais suscetíveis de serem apoiadas.

Finalmente, a Política da Cidade tornou-se a tal ponto o mercado para as ações culturais das cidades pobres que pudemos ouvir de uma pessoa que trabalha nos serviços municipais de urbanismo em Paris, envolvida nos projetos de ligação com os subúrbios próximos, que "política cultural para os pobres é a política da cidade!", o que tampouco é escondido pelos historiadores de políticas culturais:

A política da cidade da quinta República é um exemplo de política cultural efetuada fora do Ministério da Cultura. Colocada sob a responsabilidade dos ministros técnicos – como no Ministério do Equipamento – ou animada pelos serviços de ministérios de caráter social – como os do ministério da Cidade –, ela encontrou uma dimensão cultural nova desde que os prefeitos, investidos de poderes estendidos pelas leis de descentralização de 1982, a consideram com um olhar mais atento. (SEITZ, Frédéric. *"La politique de la Ville"*. In: *Dictionnaire de Politiques Culturelles de la France depuis 1959*. WARESQUIEL, Emmanuel (org.). Paris: Larousse/CNRS Editions, 2001, p. 606).

---

124 Datar – Délégation du Territoire et à l'Action Régionale. *La politique culturelle des aglomérations*. Paris: La Documentation Française, 2001.
125 Urfalino, P. *L'invention de la politique culturelle*. Paris: La Documentation Française, 1996, p. 289.

Esta dupla "contaminação" das duas diferentes áreas das políticas públicas acompanha-se por uma valorização da noção de desenvolvimento cultural, este compreendido como facilitador do desencadeamento de processos que, ao longo do tempo, devem dar cada vez mais lugar e "palavra" aos atores locais.

No entanto, na prática, este "suplemento de alma" se confrontará também com as urgências mais unânimes, como o desemprego e a precariedade, acentuadas durante as duas últimas décadas. De acordo com Françoise Benhamou, o aumento das despesas culturais das coletividades locais estaria ainda longe de constituir um contrapeso à limitação relativa das despesas ministeriais. Ela observa que "a despesa cultural, quando se trata de fazer funcionar equipamentos já existentes, atrai pouco os prefeitos", pois a vida diária dos equipamentos exerce efetivamente menores efeitos de alavanca sobre a notoriedade política do que sua inauguração[126].

---

126 BENHAMOU, Françoise. *"Exploration d'une impasse"*. In: *Revue Esprit*, mai 2004. "Les impasses de la politique culturelle", p. 94.

EMERGÊNCIA DAS ESPECIFICIDADES DAS POLÍTICAS CULTURAIS DOS SUBÚRBIOS

Quando se passa da política cultural nacional à municipal, o sentido de política cultural por si só perde a sua legitimidade e tudo se passa como se este domínio de política pudesse ser apenas da competência do governo central. Em outras palavras, é como se a política cultural de uma cidade fosse apenas um simulacro de política.

No seu livro sobre a invenção da política cultural na França, Urfalino[127] inclui um capítulo sobre municipalização da cultura, observando ao mesmo tempo o sentido pejorativo que correntemente o reveste, em alusão a um nefasto reforço do controle dos eleitos locais em matéria cultural. Contra esta espécie de estigma e para falar da descentralização de gestão (principal característica dos desafios administrativos franceses), o autor recorre a Grémion[128], para quem a municipalização "corresponde a uma autonomia crescente do poder das cidades e dos prefeitos urbanos, afetando as relações tradicionais entre centro e periferia".

Para compreender como, apesar desta suspeita contra a legitimidade de uma política cultural local, os subúrbios, dentre outras cidades, dispõem hoje de instrumentos e orçamentos próprios à cultura com mais visibilidade, devemos retomar expressões-chave como *democratização cultural*, *descentralização cultural*, *desenvolvimento cultural* e *planejamento cultural urbano* que, emanando do Ministério da Cultura, em justaposição às vertentes culturais da Política da Cidade, traçaram dos anos 1980 aos nossos dias os contornos de um campo controverso das políticas

---

[127] URFALINO, P. *L'invention de la politique culturelle*, op. cit, p. 280.
[128] "*Régionalisation, régionalisme, municipalisation sous la Ve. République*". In: Le Débat, n. 16, novembre 1981, pp. 5-15; citado por URFALINO, P. *L'invention de la politique culturelle*, op. cit., p. 280.

culturais municipais onde se inserem as *friches* culturais. Sublinho três momentos-chave:
- 1981, que marca a chegada de Jack Lang ao Ministério da Cultura e o início da Política da Cidade com as preocupações de "discriminação positiva" em relação aos subúrbios;
- 1992, que marca o Relatório sobre Planejamento Cultural Urbano (Aménagement Culturel du Territoire);
- 2001, com o lançamento do Relatório[129] sobre os lugares intermediários e *friches* culturais.

A política de democratização cultural, como ficou conhecida em seguida, tem como primeira área o teatro e, como impulsora, Jeanne Laurent, que, nos anos seguintes à Segunda Guerra Mundial, criou os dispositivos para uma popularização – termo mais empregado na época para o domínio do teatro.

Laurent é considerada precursora das ideias de *malha*, mais de quatro décadas antes das Leis de Descentralização, e antes da criação do Ministério dos Assuntos Culturais em 1959. De acordo com Guy Saez, ela perseguiu um triplo objetivo: "Inventar uma política de ordenamento cultural do território procurando o apoio das cidades que aceitam acolher, mediante uma participação no seu financiamento, trupes de teatro; renovar o repertório e a estética (...); responder à aspiração de novas camadas de espectadores, formando um novo público desejoso de ter acesso aos espetáculos"[130].

Com Malraux e o novo ministério, as intenções de democratização obtêm contornos mais nítidos ao passarem a ser eixos de política. Assim, as Casas de Cultura, das quais uma dúzia foi inaugurada nos anos 1960, simbolizam ao mesmo tempo a força

---

129 LEXTRAIT, Fabrice, et al., *"Une nouvelle époque d'action culturelle"*, relatório entregue a Michel Duffour, secretário de Estado para o Patrimônio e para Descentralização cultural em maio 2001. Relatório que é atualmente conhecido como Relatório Lextrait.
130 SAEZ, Guy. *"Démocratisation"*. In: *Dictionnaire des politiques culturelles*, op. cit., p. 202.

produtiva do seu "inventor" e também a reafirmação da problemática de *malhas* e de equilíbrio que deveriam doravante levar em alta consideração os responsáveis pela política cultural nacional.

As dificuldades que se seguiram a este período eram relativas tanto aos financiamentos quanto aos modos de gestão, mas também ao que nos diz respeito, mais estritamente, ao que Philippe Urfalino nomeia como a confrontação entre duas compreensões de democratização cultural. Com efeito, as Casas de Cultura inauguravam uma modalidade de cogestão de base associativa como uma espécie de "Parlamentos culturais"[131] com a representação de grupos associativos e sindicais, eleitos locais, representantes do Estado. Na prática, no entanto, esta cogestão desagradava aos diretores dos estabelecimentos porque dificultava as decisões diárias sobre os projetos.

Sobre os dois modos de democratização, trata-se do embate entre as ideias preconizadas, de um lado, pelos inspetores do novo ministério, atentos às cidades médias, de província ou subúrbio; de outro, as ideias vindas das estruturas associativas destas cidades ainda muito ligadas às prerrogativas da educação nacional. Estas estruturas associativas praticavam e defendiam um modelo que Urfalino[132] qualifica de "democratização por contiguidade", confiando numa coexistência saudável entre as manifestações artísticas amadoras, as manifestações de caráter cultural dos grupos locais, ao lado das eventuais apresentações ou exposições artísticas já reconhecidas em Paris. O segundo modelo é certamente aquele visado por Malraux, em que o principal objetivo é oferecer às populações um conjunto mais ou menos estável de obras de arte, consideradas exemplares e pos-

---

[131] Idem, ibidem.
[132] URFALINO, P. *L'invention de la politique culturelle*, op. cit.

suindo uma carga inequívoca de "revelação estética", que por seu turno Urfalino traduz como modelo do "choque eletivo".

Mas é no dia seguinte aos acontecimentos de 1968 que apareceram críticas mais estruturais, com a emergência da temática da participação do público como único meio de renovação engajada da arte; é o momento da elaboração das críticas de Guy Debord, Baudrillard, Pierre Bourdieu. Quanto à participação radical dos não artistas, Debord será aquele que apoiará mais fortemente as experiências artísticas nos espaços cotidianos e no espaço urbano público. Nesta perspectiva em que vida e arte devem ser confundidas, e em que uma hegemonia dos gostos artísticos burgueses é atacada, começa-se a relativizar a ideia de fixar lugares e assim institucionalizá-los para fazer arte, base de todo o programa das Casas de Cultura de Malraux.

Numa inversão de sentidos, é toda a política cultural que vê a sua legitimidade posta em dúvida quando surge a percepção de que o objetivo inicial de "democratizar" não somente não teve êxito mas, pior, que um público tradicional e abastado passou a monopolizar o acesso às instituições culturais. Como alternativa a este estado de coisas, duas posturas que iriam perdurar até os dias atuais foram engendradas: uma parte dos artistas afirma a liberdade da arte, querendo destacar-se de qualquer ingerência dos poderes governamentais sobre as suas criações; uma outra parte é convencida de que falta uma pedagogia sob medida para tornar possível atrair o público para suas criações: trata-se de instaurar todo um conjunto de atividades "esclarecedoras", o que desembocaria em novas instâncias de mediação sob o nome "de animação cultural."

Em 1968, aproveitando os locais preexistentes, nasce uma segunda geração de estabelecimentos culturais após as Casas de Cultura, que são os Centros de Ação Cultural – CAC. Mais modestas, mas seguindo os mesmos princípios das Casas de Cultura, a sua missão é orientada essencialmente para a animação, em colaboração com outras instituições culturais, socioculturais ou educativas.

Também em 1968, num famoso encontro em Villeurbanne, diretores de teatros populares e de Casas de Cultura reunidos num grande comitê chegaram a um diagnóstico que redefinia os termos da problemática de público a ser atraído pela democratização cultural. Ao invés de continuarem na oposição preexistente entre "público real" e "público potencial", eles constatavam e anunciavam pela primeira vez a existência de um "não público", que era descrito como "uma imensidão humana composta de todos aqueles que não têm ainda nenhum acesso nem alguma chance de aceder, num horizonte próximo, ao fenômeno cultural sob as formas que persistem em revesti-lo na quase totalidade dos casos"[133].

O cenário de descentralização em termos de equipamentos e projetos culturais havia começado a se delinear a partir da esfera central, pela criação em 1977 das 28 Direções Regionais de Assuntos Culturais (DRAC). Com um papel estratégico no *"aménagement du territoire"* ainda hoje, elas atuam sob a autoridade dos prefeitos das regiões (conjunto de cidades com representação civil) e são o canal legal para subvenções do Estado nas diversas áreas culturais. Seu trabalho organiza-se em torno de quatro eixos principais: valorização das componentes do patrimônio nacional,

---

133 ABIRACHED, Robert. *"Politique du théâtre"*. In: *Dictionnaire de politiques culturelles de la France depuis 1959*, op. cit., p. 582.

difusão da criação, abertura dos estabelecimentos culturais a um público amplo e apoio aos artistas. Na prática representam o principal interlocutor dos artistas para solicitação de subvenções de projetos e indutores da *"maillage"* de equipamentos culturais.

Reforçando o papel de organização do espaço das DRACS, em 1979 foi criado o Serviço Departamental da Arquitetura e do Patrimônio (SDAP), que, embora administrativamente ligado ao Ministério da Cultura, intervém igualmente para o Ministério de Equipamentos, Transportes e Habitação e para o Ministério do Território e do Meio Ambiente. Também neste ano, o ministério, agora nomeado dos Assuntos Culturais e da Comunicação, sob o comando de Jean-Philippe Lecat, cria uma Missão de Desenvolvimento Cultural.

Em 1981, com a chegada de Jack Lang ao Ministério da Cultura no início do duplo mandato de François Mitterrand e, em 1982, a partir da criação da Direção do Desenvolvimento Cultural – DDC (que prossegue a Missão de mesmo nome anterior, de 1981 até 1984, mas com um orçamento multiplicado por sete), são assinados os primeiros convênios de desenvolvimento cultural com as cidades, os departamentos e as regiões. O DDC será o principal intermediário[134] entre o Ministério da Cultura e as autarquias. Com isso, busca-se atingir novos públicos: jovens, classes trabalhadoras, bairros desfavorecidos.

Em 1988, devido à reeleição de François Mitterrand como presidente da República, Jack Lang retorna como ministro da Cultura, da Comunicação e dos "Grandes Trabalhos" (*Grands Travaux*).

O nosso segundo momento situa-se em 1992, quando o Ministério da Cultura recebe um relatório que visa a instauração de

---

134 Ela é formada por: Subdireção das Intervenções Culturais, que, para cobrir os novos campos culturais e atingir novos públicos, reagrupa vários serviços: cultura científica, audiovisual e novas tecnologias, universo trabalhador, jovens, bairros desfavorecidos, imigrados, meio carcerário, cultura regional, circuitos habituais (casas de cultura, CACs); Divisão de Descentralização (política de convencionamento...); Serviço dos Assuntos Internacionais; Serviço dos Estudos e Pesquisas.

um novo Ordenamento Cultural do território, cuja tonalidade preponderante é entrelaçar políticas específicas de ordenamento do território a um desenvolvimento cultural, reafirmando a política das cidades e dos subúrbios e a política de desenvolvimento das zonas rurais frágeis. Vejamos o que diziam os relatores:

> Vários eleitos insistem, por exemplo, na eficácia de investimentos culturais nos bairros em dificuldade. Reconhecem, certamente, que o futuro destes setores exige o tratamento de três problemas pesados: o emprego, a moradia, a qualidade urbana e arquitetônica. Mas as respostas a estes problemas de fundo são lentas, incertas e dispendiosas. A ação cultural de revalorização dos espaços e das pessoas pode ter efeitos imediatos sem ser superficial. Esta contribuição fundamental da cultura não é solicitada suficientemente. Deveremos aprofundar as razões (...) (LATARJET, B. *L'aménagement culturel du territoire*. Paris: La Documentation Française, 1992).

Entre os fundamentos que a política de ordenamento cultural do território pretendia fazer vicejar, a responsabilidade dos arquitetos e dos eleitos[135] era fundamental. Com efeito, neste ponto o relatório não trai a crescente valorização mundial das imagens arquitetônicas, valorização que na França é particularmente assumida pelo poder público, desde a entrada de Jack Lang no Ministério da Cultura e os empreendimentos dos "Grandes Trabalhos" iniciados sob o governo de François Miterrand. Espera-se que o arquiteto crie novos marcos e até novos patrimônios, suscitando igualmente novas identidades na cidade. Por seu turno, cabe ao prefeito um olhar atento às possibilidades de tirar proveito de toda operação ligando o urbano ao cultural na escala municipal.

---

135 O texto alude aqui a três exemplos: 1) O programa de encomendas de obras a artistas sobre temas da cidade contemporânea lançado em 1991 pela Fundação de França; 2) a escultura monumental do artista Takis em Beauvais é um exemplo da escolha de "excelência artística" num projeto de requalificação de um bairro; 3) a "Cidade da criação", em Oullins, conforme página 62 do relatório.

A terceira vertente após aquelas de criação arquitetônica e artística é uma política de qualidade urbana: implantação dos "grandes equipamentos culturais". O exemplo dos teatros do subúrbio parisiense é repetidamente citado. Trata-se de "fabricar novos centros na periferia", valendo-se de realizações culturais de grande alcance simbólico: catedral de Evry, projeto da Cidade das Artes sobre o perímetro do antigo forte de Aubervilliers, futuros museus de sociedade, escolas de arte.

Dois anos depois, por ocasião do seu discurso em setembro de 1994, o ministro Jacques Toubon, anunciando uma nova fase "na história das políticas culturais de ordenamento do território", sublinha a importância da concertação entre o Estado e as autarquias locais[136]. Assim, para além de um programa que visa grandes equipamentos culturais em região (que substituíram os grandes projetos parisienses), o ministro afirma também a sua preocupação com a escala local e, uma vez mais, o subúrbio faz par com a área rural como alvo "de um serviço cultural básico, em torno de um pequeno equipamento, frequentemente multidisciplinar, capaz de oferecer o primeiro patamar de serviço, de valorizar o patrimônio local e de promover a educação artística".

Em contraste com um estudo de Friedberg e de Urfalino [137] sobre as políticas culturais das grandes cidades, no qual aqueles autores constatavam constrangimentos ligados ao estatuto urbano mais do que diferenças importantes de procedimentos, e onde havia sido consagrada a noção de "catálogo", ao qual os serviços culturais municipais poderiam recorrer para escolher as ações culturais e artísticas, Bernard Gilsonn sublinha que, para as cidades médias, as diferenças de expedientes locais são for-

---

[136] TOUBON, J. *"Discours de Jacques Toubon, Ministre de la Culture et de la Francophonie, sur l'aménagement culturel du territoire"*, 27 septembre 1994. Archives de la Documentation française, sem número.

[137] FRIEDBERG, E.; URFALINO, P. *Le jeu du catalogue: les contraintes de l'action culturelle dans les villes*, Paris: La Documentation Française, 1984.

tes e posicionam-se sobre um eixo passivo/ativo. Na polaridade passivo/defensivo, a prioridade à cultura como distração pessoal e a preocupação em responder ao máximo de pedidos predominava, enquanto na polaridade ativo/prospectivo encontram-se os objetivos de desenvolvimento econômico e de comunicação pública. Tratar-se-ia de uma cultura da imagem da cidade.

Na sua amostragem, Gilsonn tenta ainda localizar os objetivos esperados da ação cultural em cada cidade, relacionando-os às filiações políticas, e sublinha ainda que, se os estudos anteriores afinavam-se ao concluir que o dinamismo dos prefeitos e secretários não era determinante nas variações das políticas municipais das grandes cidades, na sua investigação a impressão é o contrário: ou seja, as cidades médias (como Aubervilliers) são muito dependentes da "performance" dos seus gestores públicos.

Da nossa parte, acrescentaríamos a pergunta: uma política cultural pode ser estudada fora de um espaço determinado, sobretudo quando nos aproximamos da contemporaneidade[138] – aqui compreendida a partir dos anos 1980? Neste sentido, vislumbramos algumas consequências imediatas. Em primeiro lugar, que aos objetivos meramente culturais acrescentam-se objetivos ou ainda "necessidades" que se originam cada vez mais do domínio até então compreendido como do "território" e assim de outras áreas de políticas públicas. Em segundo lugar, tudo isto também nos sugere a premissa – nem sempre ressaltada – que a compreensão da evolução mesmo de uma cidade teria muito a ganhar se incluísse o papel das políticas culturais e a arte lá desenvolvidas[139].

---

138 A respeito da primazia do espaço sobre o tempo cabe lembrar, na linha de análise pertinente à crítica cultural de uma controversa 'pós-modernidade', as análises de Frederic Jameson.
139 Me aproximei em certa medida da afirmação de Giulio Carlo Argan, para quem a história da cidade pode se compreendida também pela intermediação da história da arte.

SUBÚRBIO, POLÍTICA CULTURAL E HOSPITALIDADE

Nos subúrbios, via de regra, o lugar possível de habitação para populações imigradas, a relação territorial como relação de pertencimento não é absolutamente algo que ocorre por si mesmo. Pelo contrário, o espaço territorial foi o ponto de partida, o lugar que se deixa, mas para aonde se sonha retornar. As relações sociais, longe de serem do mesmo tipo daquela dos bairros ditos "mais estáveis", mostram vários constrangimentos culturais[140].

Durante o início dos anos 1980 podíamos ainda encontrar na França análises que incumbiam ao poder público a tarefa de vincular "democracia cultural" e "interculturalidade"[141], esperando que as culturas minoritárias fossem assumidas no seu pleno estatuto e possibilidade de exercício. Não podemos aqui nos furtar a uma discussão sobre a diversidade e a sua acepção na visão de filósofos que nos guiam, posto que se trata de uma constatação básica em torno da pergunta do acolhimento do estrangeiro, como para Lévinas:

> A casa escolhida é todo o contrário de uma raiz. Ela indica uma liberação, uma errância que a tornou possível, a qual não é não um dado a menos em relação à instalação, mas um excesso da relação com o outro ou da metafísica (Lévinas, E. *Totalité et infini*, p. 147, citado por Derrida, *Adieu à Emmanuel Lévinas*. Paris: Galilée. 1997, p. 164).

Se nós guardarmos, como elemento decisivo do contexto de desencadeamento de ações culturais nos subúrbios no seio de ações transversais, "a invenção" da Política da Cidade em

---

140 A presença da mulher no espaço público sendo quase rara, quando a cultura muçulmana é muito presente.
141 Para retomar os termos empregados por P. ESTÈBE et E. REMOND, *Les communes au rendez-vous de la culture – pour des politiques culturelles municipales*. Paris Syros, 1983. Os autores englobam nesta categoria três grandes conjuntos: culturas operárias, culturas regionais e culturas dos trabalhadores imigrados, p. 42.

1981, que sucedeu aos acontecimentos de violência urbana em vários subúrbios, e se levarmos em conta a análise de Donzelot, segundo a qual os principais objetivos deste modo francês de "fazer sociedade" privilegiam sobretudo uma qualificação do território em detrimento de uma emancipação do indivíduo[142], podemos detectar as superposições, mas também as lacunas de uma ação pública na cultura nascida no subúrbio sob os auspícios de tal "missão" interministerial. Esta emancipação do indivíduo defronta-se, mais especificamente no contexto dos subúrbios, com os modos formais de acolhimento ao imigrante, que nos conduz à impressionante dificuldade de algum vestígio de hospitalidade que emana do quadro institucional. De tal maneira que o respeito para com o outro, estrangeiro ou pobre, como proposto por Lévinas, se restringe a ponto de perder completamente o seu sentido perante a prerrogativa da chamada "integração" do imigrante, que não é nem mais nem menos que a total indução ao abandono da alteridade cultural em proveito da garantia de homogeneização ou, enfim, a manutenção do "mesmo" que a lógica reflexiva exalta.

Se o subúrbio foi certamente o território de experimentações artísticas nos anos 1960 (por exemplo, as "situações" de Guy Débord em Aubervilliers), a partir dos anos 1980 os artistas começam a intervir, não para uma escolha ética ou estética, mas, principalmente, sendo convidados (no dispositivo conhecido como os 1%, no âmbito os DSQ, Políticas da Cidade[143]) e, em seguida, colocando suas candidaturas entre outras, seja num quadro de Desenvolvimento Cultural[144] ou, mais recentemente,

---

142 DONZELOT, J. *Faire Société. La politique de la ville aux États-Unis et en France*. Paris: Seuil, 2003.
143 A título específico da arte no espaço público, a parcela de 1% desencadeou uma série de instalações urbanas na década de 1970, sobretudo nas cidades-novas. DSQ é a abreviação de Desenvolvimento Social dos Bairros. Ver: Ministère de la Culture et de la Communication. *L'art et la ville –art dans la vie*. Paris: La Documentation Française, 1978.
144 A ideia de desenvolvimento cultural vigorou sobretudo nos anos 1970 e na segunda metade dos anos 1980, tendo merecido células específicas no seio do Ministério da Cultura e preservando muito do espírito inicial de democratização cultural, vislumbrando

no contexto de concursos de projetos culturais[145], visando o reinvestimento das *friches* industriais. De acordo com Virginie Milliot:

> Durante os anos 90, um espaço intermediário entre o social e a arte foi desbravado nos subúrbios populares e cultivado a serviço de diferentes projetos, por trabalhadores sociais, artistas, moradores, bem como pelos militantes e associações locais (...). Terreno de experimentação para uma 'política de reconhecimento' à francesa, tentativa política de redefinição do papel da arte e de seus mundos subvencionados, instrumento de renovação do público dos teatros, espaço de resistências semânticas onde habitantes destes bairros tentam reapropriar uma palavra e uma definição (...) (Milliot, Virginie. *"Culture, cultures e redéfinition de l'espace commun: approche anthropologique des déclinaisons contemporaines de l'action culturelle".* In: METRAL, J. [Coord]. *Cultures en ville*. Paris: Editions de l'aube, 2000. p 143).

Consequentemente, houve uma importante transformação na relação do artista com estes espaços da cidade, passando, eventualmente, do caráter contestador ou revolucionário e independente para uma modalidade que gira frequentemente em redor de uma problemática social preestabelecida, na qual o artista é supostamente apto a dinamizar. Pode-se argumentar que esta perda de perfil revolucionário não é específica dos investimentos artísticos nos subúrbios, e que este era mesmo um vestígio de distinção, dentre outros, que estabelece a passagem da arte moderna à arte contemporânea. Em contrapartida, o regresso do artista ao subúrbio, a partir dos anos 1980, não poderá escapar muito a uma dimensão de utilidade social, que o precede. Assim, as intervenções artísticas em espaços como as *friches*, que pode-

---

de maneira inédita contemplar públicos 'especiais', como os imigrantes e jovens em bairros desfavorecidos.

145 Como foi o caso de um concurso público para projetos culturais para a *friche* Anis Gras em Arcueil, subúrbio do sul de Paris.

ríamos situar à margem de um circuito oficial, são tudo, menos marginais. Revela-se um quadro complexo, no qual diferentes visões de mundo e preferências artísticas, ou mesmo conflituosas, parecem enfim coexistir entre os protagonistas sociais que concordam, porém, com uma expectativa edificante da arte. Esta expectativa pode oscilar entre, num extremo, a defesa da autonomia da arte e da potência da obra por ela mesmo e, no outro extremo, uma crença na sua função "regenerativa" dos laços sociais.

Será possível existir uma arte específica do subúrbio, como "programa"? Ou, ainda, será que um artista pode ser considerado realmente como tal ao se dedicar exclusivamente a intervir nos espaços periféricos? Seria ele, então, um "artista-específico"?

Parece-nos que responder afirmativamente a estas hipóteses seria anular definitivamente a própria singularidade do artista que, além disso, tem como "território" de ação um mundo supostamente mais aberto ou, ao menos, possuindo um maior número de redes.

Em contrapartida, é evidente que, se há uma especificidade nesta ação, ela vem da parte imaterial. Assim, apesar da não "redutibilidade" de um artista a um território enquanto critério, nós mostraremos no próximo capítulo exemplos de experiências artísticas no subúrbio para tentar compreender alguns fundamentos próprios.

FRICHES INDUSTRIAIS: ESPAÇOS ESPECÍFICOS, TRUNFOS PARA OS SUBÚRBIOS?

A busca de um lugar e de uma programação que acolham e sejam hospitaleiros, no sentido levinassiano, mais do que somente atrair a diversidade de culturas presentes nos subúrbios, será por conseguinte um desafio, dada a defasagem de visões de mundo entre os conceptores das programações culturais e os receptores,[146] moradores em geral. Menos explícito do que no circuito de lugares institucionais, este desafio não deixa de estar presente, mas será abordado de modo totalmente diferente (como veremos nos projetos instaurados em Aubervilliers pela iniciativa dos Laboratórios de Aubervilliers). Para mostrar que esta singularidade "outra" é o registro da hospitalidade, devemos apresentar o contexto prévio dos espaços culturais que souberam acolhê-la e que ficaram conhecidos como *friches* culturais.

---

146 Poderia retomar também a questão do 'gosto' analisada por Pierre Bourdieu no livro *La distinction – critique sociale du jugement*. Paris: Les Editions de Minuit, 1979.

O RELATÓRIO LEXTRAIT

O ano de 2001 marca o nosso terceiro momento e localiza a entrada da problemática das *friches* culturais nas preocupações do poder público sobre a cultura. Se até então vários lugares artísticos com princípios e vocações semelhantes existiam efetivamente constituindo um circuito à margem dos grandes eixos da política cultural nacional, tratava-se, no início do século XXI, de mapeá-los.

Em outubro de 2000 um relatório foi encomendado por Michel Duffour – então responsável pelo Secretariado de Estado ao Patrimônio e à Descentralização Cultural – e coordenado por Fabrice Lextrait, e deu lugar, em 2002, a um colóquio que propunha reunir o maior número de operadores do meio nacional e internacional. Uma vez que minha chegada à França foi concomitante ao lançamento do relatório, pude perceber ao longo do período de pesquisa um momento de valorização das *friches* (setembro de 2001 até março de 2002) e uma fase de declínio, após a eleição presidencial, e uma inflexão das prioridades precedentes.

Constatando uma fraca incidência dos processos de descentralização política sobre o domínio cultural até ao fim dos anos 1990, o estudo assinala que as ações encontradas em campo foram instauradas por atores locais sem que o Estado desempenhasse um papel central. Contudo, também é enfatizado que há efetivamente por parte dos iniciadores dos projetos uma nítida ideia do que seria desejável esperar do Estado neste campo específico:

Este papel não é mais representado como o de um poder central potente que possui um saber transferível sobre um território, mas antes como o de um poder regulador, ancorando, apoiando o desenvolvimento engendrado por um território e levado por atores locais. A reivindicação assim colocada é de permitir um reequilíbrio entre as formas instituídas e as formas que instituem (em movimento), bem como um reequilíbrio entre o que é chamado no sentido comum o centro e a periferia (Paris/Provença, centro histórico/ bairro...). (LEXTRAIT, F. *Une nouvelle époque de l'action culturelle. Rapport à Michel Duffour. Secrétariat d'Etat au Patrimoine et à la Décentralisation Culturelle*. Deuxième volume: Étude. Mai 2001, p.4)

Esta caracterização nos parece muito importante, pois oferece parâmetros de comparação para as tomadas de posições dos atores que pude entrevistar no estudo de campo em Aubervilliers. Com efeito, na minha abordagem de terreno pude constatar, com surpresa, a recorrência, na palavra de vários atores, de uma representação e uma espera muito evidentes, frequentemente sobre um tom ambíguo, da relação destes lugares com o poder municipal, ao passo que a relação com o próprio Estado surgiu mais raramente. Por outro lado, tendo um acesso privilegiado aos diversos setores "culturais" oficiais, os relatores detectam neles certo despeito em face destes projetos, tornando dificilmente concebível uma "ação descentralizadora de baixo pra cima", cuja implicação no real não seria suficiente como legitimação. Ele remete assim ao paradoxo intrínseco da "difícil dialética entre o princípio de igualdade republicano e a indispensável adaptação aos contextos reais" (idem, p. 4). Ora, os projetos e os lugares atestam de uma maneira ou outra os benefícios que poderiam se consolidar por um engajamento adequado do poder público municipal, e é numa preocupação de manter a liberdade que finalmente se invoca o valor da intervenção do Estado. Este seria, por conseguinte, um mediador, impedindo os riscos de desvio indesejáveis. Trata-se, de acordo com o relatório, de uma combinação contemporânea em que se invertem – ou pelo menos se ultrapassam – os modos de decisão clássicos operados num equipamento cultural (nomeação, financiamento, avaliação). Este é um ponto em comum com o projeto Lonas Culturais, no Rio de Janeiro.

AS BASES COMUNS

Os fundamentos comuns destacados no relatório são divididos em territoriais, culturais, institucionais, sociais, locais, estruturais e artísticos.

Ao lado do fundamento artístico, outro pré-requisito aparece e parece-me, com efeito, revelar a razão mais estrutural para que as assim denominadas "aventuras" sejam alçadas ao patamar de assunto de pesquisa de um relatório oficial. Trata-se da reutilização frequente e preferida das construções industriais, doravante rebatizadas como *friches* pelo vocabulário cultural.

Em 1981 havia sido criada, no Ministério da Cultura, uma missão encarregada de valorizar os resquícios de construções industriais, até então sem valor patrimonial. O relatório dos "espaços intermediários" mostra bem que o fenômeno das *friches* começou por volta de 1985, quando as ações em favor delas não dispunham ainda de recursos próprios significativos. Em 1990, uma outra forma de investimento ganhava relevo para ações mais vastas. O fim dos anos 1990 marca, por conseguinte, uma convergência para o Ministério da Cultura entre, por um lado, urgências procedentes do problema fundiário suscitado nas antigas zonas produtoras esvaziadas e, potencialmente, "lares de marginalidade", e, por outro lado, a percepção dos movimentos artísticos espontâneos à procura de lugares de trabalho. A fusão destas duas tensões por meio de uma única solução não poderia deixar de ser útil.

O relatório previne que, se nem todas as práticas analisadas tinham uma inscrição física fixa, por outro lado "elas têm todas uma relação com um território em *friche*". Ultrapassando a noção de localização como dado absoluto para privilegiar a noção de um "porquê" flexível e relacional, indicado então como um certo pré-requisito, pode-se dizer que,

quer este território seja econômico, social, artístico, cultural ou urbano, é o vazio, a ausência de outras intervenções que abriu um campo aos agentes destes projetos. Entre estes territórios que abordaremos ao longo de todo o nosso estudo, o território urbano é dominante (Idem, p. 5).

A distinção que pôde ser estabelecida pelo relatório indica dois grandes grupos de situações territoriais, sendo o primeiro formado por espaços nos centros urbanos ricos, sob a pressão quer de reservas de especulação imobiliária, quer por um valor patrimonial. Trata-se sobretudo da região parisiense e de algumas grandes cidades.

É em torno do segundo grupo – marcado pela inserção em territórios golpeados pelas consequências da desindustrialização e do êxodo rural e pela crise dos anos 1980 – que me interesso em especial, sabendo ao mesmo tempo que há frequentemente uma correlação entre o que se passa no centro e que se passa na periferia.

Neste segundo grupo encontram-se os casos de espaços gigantescos que acarretam certamente desafios para a reurbanização de vastas áreas inteiramente esvaziadas de atividade industrial, onde há uma década fazem-se projetos urbanos ambiciosos cujo tema da *mixité* (mistura de classes sociais) não é menos controverso.

Mas neste grupo há também os casos de "pequena superfície", resultantes de espaços liberados pelo comércio ou pequenos armazéns, localizados em vilarejos e em subúrbios populares. Não dispondo do potencial midiático dos casos do centro da cidade e não participando, em geral, das profundas transformações urbanas como aqueles das grandes superfícies, estes casos formam o grupo menos visível. Frequentemente dependentes da instância do poder municipal, continuam a ser um desafio dificilmente assimilável nas suas necessidades "culturais" específicas, ainda mais suspeitas porque estão ao lado de necessidades críticas de habitação, estas sim inquestionáveis, incomparáveis ao seu semelhante no centro da cidade e aos de grandes superfícies. Dentre os lugares citados como pertencentes a este grupo, está efetivamente a *friche* dos *Laboratórios de Aubervilliers*, cuja equipe diretora, na ocasião da pesquisa do Ministério, não quis, no entanto, ser incluída como "monografia" no estudo[147].

FUNDAMENTOS HISTÓRICOS

Procurando os fundamentos históricos das experiências analisadas, a inserção deste fenômeno é sublinhada na história recente dos movimentos artísticos e das políticas culturais. De toda evidência ela indica, no entanto, o equívoco de interpretá-lo como eclosão espontânea ou como etapa do desenvolvimento cultural. A grande diversidade de propostas e de filiações políticas encontradas sobre o terreno teria como fator global o contexto francês da exceção cultural. Além disso, de acordo com a análise do relatório, existiriam, com efeito, alguns movimentos precursores na França, três dos quais são acentuados. Primeiro,

---

147 Esta informação foi dada pelo próprio Fabrice Lextrait na ocasião de uma conversa em dezembro de 2001, que explicou o medo da equipe em ser "etiquetada" enquanto *friche*. Posteriormente, quando de uma entrevista com a diretora dos Labos d'Aubervilliers, Catherine Leconte, pude testemunhar a mesma argumentação.

resulta da área do teatro como pilar dos processos de descentralização artística durante o pós-guerra. Desta época retornariam as modalidades de relação ao território, para além das propostas dos diretores de criar novos espaços de encontro com o público.

O segundo marco histórico refere-se mais a uma atitude dos artistas, durante os anos 1970, de criar lugares singulares contrastando com os equipamentos "oficiais" que forçavam as suas intenções e investigações estéticas. Nesta linha, a principal experiência que permanece como paradigma é a do Théâtre du Soleil, criado por Ariane Mnouchkine, que soube vincular o seu nome aos experimentos singulares nos quais alguns diferenciais são o modo de acolhimento do público, a utilização do espaço e o processo de criação ancorado num trabalho sempre "em bando" e, por último, desencadeando a transformação de antigos depósitos de cartuchos de armas num polo de teatros.

O terceiro momento relevante é o conhecido como "alternativo", no fim dos anos 1970, na França, e dez anos antes no norte da Europa, e marcou-se por contestações sociais, de gênero e culturais. Os *squats*, por exemplo, foram um espaço possível onde músicas novas estavam sendo experimentadas e onde teceram-se relações com atores sociais mais diversificados, pondo em cena uma postura política como inerente ao artista.

FUNDAMENTOS INSTITUCIONAIS – A RELAÇÃO COM A INSTITUIÇÃO

Geralmente as iniciativas localizadas mostram todas um posicionamento no que diz respeito a uma instituição muito enfática, seja contra qualquer tipo de relação, seja sobre o papel que devia desempenhar. Esta representação, sendo muito contraditória, não impede que todos tenham um ponto em comum, o de busca de legitimidade política.

Haveria uma vontade destacada de posicionar-se enquanto "instituinte" em detrimento do "instituído", em que o primeiro termo é proposto por Castoriadis:

> O instituído: as instituições, as leis como existem, como as recebemos em herança. O Instituinte: designa a atividade política que remodela estas instituições, estes princípios (Castoriadis, C. *La montée de l'insignifiance*. Apud Lextrait, F, op. cit, p. 11).

FUNDAMENTOS SOCIAIS

Situando as experiências encontradas no período entre 1985 e 2001, o relatório vincula a uma sociedade em crise social e econômica repercussões como o reforço da segregação social e étnica, de onde ao mesmo tempo emergem "sistemas de ordem". Detecta que os modos de organização nestes espaços são resultados mais de compromissos locais que das políticas oficiais de coesão social:

> Nestes espaços, um trabalho social está em movimento, não na acepção dos trabalhadores sociais, mas na acepção de reinterpretações de convenções sobre perguntas como as que se organizam em torno da luta contra a exclusão. O ponto gravitacional ao redor do qual as ações se passam seria "uma cultura da urgência", o trabalho empreendido que dá a grupos sociais abandonados "um direito de cidade, mas também um direito à hesitação". Trata-se, então, de um trabalho feito por profissionais da cultura para "desfolclorizar" as culturas percebidas como culturas de subúrbio.

Estas práticas se aninham nas brechas das estruturas sociais, permitindo assim um verdadeiro trabalho político das comunidades (...). (Lextrait, F., op. cit., p. 12)

FUNDAMENTOS ESTRUTURAIS: QUEM ESTÁ NA ORIGEM DESTAS INICIATIVAS?

Para qualificar a origem das experiências, o relatório apontou três tipos principais de composição nos quinze projetos analisados: um pouco mais da metade era o resultado de iniciativas de artistas geralmente agrupados em coletivos ou grupos; um terço foi lançado por uma ou várias autarquias locais; e menos de um quinto foi lançado por operadores culturais e membros da sociedade civil. Uma segunda caracterização importante refere-se aos perfis das equipes que não têm a possibilidade de uma análise estatística quando se elege o parâmetro de idade (variável de vinte a sessenta anos).

No que diz respeito aos contextos específicos, antes raros na amostra analisada, quando há o apoio dos eleitos para o início de algumas experiências, o relatório precisa que este apoio depende mais do personagem político que da política cultural municipal majoritária, dando lugar àquilo que poderia ser nomeado de "política intermediária". Quando este apoio existe apesar das prioridades oficiais, é resultado de uma certa liberdade da personalidade política perante os circuitos instituídos.

Acrescento, no entanto, de acordo com a minha pesquisa de campo, outra espécie de postura no que diz respeito ao apoio público. Ora, posto que estes personagens podem perder o seu mandato, estabelece-se uma relação muito complexa que os coordenadores de projeto às vezes evitam deliberadamente. Esta relação é, de resto, várias vezes fonte de críticas sobre relações potencialmente instrumentalizáveis que daí podem aflorar.

FUNDAMENTOS ARTÍSTICOS

No campo artístico, haveria uma insatisfação com os lugares e práticas instituídos como cerceadores de novas "aventuras" que teriam como cerne uma relação entre o público e o criador contestadora dos formatos herdados, perante a mercantilização da arte, da patrimonialização das artes vivas e visuais. Quanto a esta identidade pela negação, não podendo dar consistência a uma proposta realmente inovadora, o que entra em jogo é uma aposta no papel do artista na sociedade contemporânea, cujos desdobramentos são sublinhados no relatório enquanto eminentemente políticos.

Esta componente política foi apontada na análise de Lextrait como principal fundamento comum dos projetos pesquisados.

Este expediente legitima-se a si próprio, sobretudo, por enfatizar que este questionamento é compartilhado com a população, o público. O artista não seria mais depositário único da missão das vanguardas? Além disto, sempre cabe a ele ousar conteúdos, não necessariamente novos, mas antes em consonância com a apreensão contemporânea. Assim, o diretor da *friche* de Alfortville é citado no relatório:

> Parece-me que trabalhamos sobretudo sobre uma representação contemporânea do mundo, e não sobre uma reprodução incansável do que se chama clássica ou repertório. (...). Perante a perda de sentidos, estamos na obrigação de

reencontrá-los através do questionamento da nossa época. Questionamento que é ao mesmo tempo o nosso, o do público e da população. É para isto que há uma adequação entre nossos procedimentos e o público (BENEDETTI, Christian, citado por LEXTRAIT, F., op. cit., p. 2).

As *friches* e os outros lugares intermediários teriam a particularidade de ser receptivos tanto ao artista como ao cidadão vizinho, desencadeando novas relações entre o indivíduo e a comunidade.

Mas esta busca vai também em direção ao autoconhecimento do próprio artista, o que resulta frequentemente em ser interpretado como egocêntrico, colaborando exatamente para desvalorizar a contribuição para a população que podem trazer certas propostas instauradas nos espaços intermediários. "Sinceramente, não tenho a pretensão de estar desencadeando novas estéticas. A pretensão é mais levar os artistas a reaprenderem a ser livres, abrir o seu campo de trabalho, de reflexão, o seu campo de materiais poéticos"[148].

O ponto de base importante é constatar que, nos "lugares intermediários", as equipes encarnam uma relação específica com a arte, onde formas também específicas de trabalho "não são reivindicadas enquanto instrumentos, mas enquanto dispositivo artístico articulado a um pensamento artístico"[149].

Três eixos principais destas necessidades diferidas de trabalho são detalhados: 1. Os tempos de trabalho incompatíveis com o ritmo de programação dos lugares institucionais. 2. A natureza dos espaços de trabalho e de divulgação. 3. Modos relacionais com as populações.

---

148 LAMARRE, Chantal, citada por LEXTRAIT, F., op. cit., p. 24.
149 LEXTRAIT, F., op. cit., p. 17.

Me aproximo mais dos dois últimos eixos, pois, contendo em seu cerne as premissas do primeiro, constituem chaves de análise para os casos de Aubervilliers e do Rio de Janeiro.

OS ESPAÇOS DE TRABALHO E DE DIVULGAÇÃO

Estes espaços apresentam toda uma série de possibilidades artísticas, culturais, políticas e urbanas que precipitaram propostas, aceleraram tomadas de posição. Estes espaços têm sido encarados simultaneamente como espaços de investigação cenográfica, como espaços de trabalho e como espaços de relação política com as populações (idem, p. 19).

A arquitetura destes lugares, frequentemente amplos, provoca problemas de conforto acústico e térmico, e atesta o fim de uma época, a obsolescência de um modo de produção industrial. Neste sentido, estes lugares representavam, antes do investimento dos artistas, presenças "fantasmagóricas" problemáticas para o seu território de inserção, mas também aglutinavam potenciais de invenção arquitetônica. O estudo nota que estas paisagens também foram utilizadas em produções cinematográficas e em espetáculos ao vivo. Após o investimento dos artistas, as *friches*, mesmo sem renovação completa, tornaram-se lugares de usos múltiplos onde às vezes uma contingência inicial de coexistência transformou-se em solução econômica no que diz respeito aos elevados custos de manutenção de tão gigantescos espaços.

Se os artistas encontraram estes espaços "vazios", é porque estes eram realmente fantasmas gigantescos cujos trabalhos de renovação e normatização técnica somente poderiam ser resolvidos por orçamentos importantes. Com efeito, o relatório observa o seguinte:

É a simultaneidade de uma evolução cultural e uma disponibilidade fundiária que transformou a nossa paisagem cultural. Se tivesse sido necessário projetar, há dez anos, o que estas práticas representam hoje sobre o terreno, é o equivalente de um programa da monta dos "Grandes Trabalhos" (de Miterrand) que teria sido necessário implantar. Os dez ou quinze anos ganhos pela prefiguração, a exploração, devem agora ser valorizados para que estes lugares e outros sejam transformados de modo que cesse a extrema precariedade reinante (idem, p. 20).

Pelo conteúdo deste último parágrafo, podemos concluir que apenas por meio de uma vontade política forte, como foi o caso para os "Grandes Trabalhos", com François Mitterrand, as ações locais efetuadas em *friches* poderiam tornar-se objeto de investimentos pesados.

OS MODOS RELACIONAIS COM AS POPULAÇÕES

Dentre as características dos "lugares-projeto" e dos "projetos sem lugares" sublinhados pelo relatório, há a relação com as populações mantidas pelas equipes encontradas.

Esta característica me interessa (tão ou mais) pelo fato de preceder a instauração de uma noção de hospitalidade que empregarei na análise de meu estudo de caso. Esta relação mantida nas experiências repertoriadas no relatório, ora com a população, ora com público, é interpretada como rompendo com uma figura de artista na qual o público não exerce papel importante. Esta postura é vivida de duas maneiras, quer seja negando o público e recusando assim as políticas que visam aproximar as obras do público, quer seja encarando o público tão somente no seu potencial de consumo. Nos dois casos de figura, é o ciclo artista-obra-público (população incluída) que é abalado. Em contrapartida, nas experiências estudadas e, a meu ver, sobretudo nos "lugares-projeto", uma vez que são oriundos de uma apropriação continuada em territórios complexos e em tecidos sociais, um fundamento crucial é precisamente "que o artista reencontra-se no centro do processo, que reencontra a relação com a sociedade, com o real".[150]

Este posicionamento singulariza-o no universo de espaços culturais pelo fato de criar um potencial de permeabilidade, de fluidez da *friche* com os habitantes, lembrando que esta fluidez não é nem esperada nem invocada nos equipamentos tradicionais, nem nos bairros "abastados". Esta argumentação pode valorizar o público, categoria mais vasta, mas já conhecida nas correntes estéticas modernas, ou valorizar mais precisamente a população, categoria normalmente mais empregada por agentes públicos com preocupações socioeconômicas. Ora, o relatório observa que:

> O emprego do termo *população* é metafórico da evolução de uma relação que procura sair do eventual para tentar uma rearticulação entre as práticas artísticas e os grupos sociais concretos situados num território. Esta rearticulação, que pode fazer-se apenas com base nos novos compromissos políticos que previamente enunciamos, necessita de novos meios de produção que não

---

150 Idem, ibidem.

são ou que deixaram de estar disponíveis no campo da produção artística instituída (Idem, ibidem).

A "produção" é analisada no relatório como uma concepção global de produção relativa ao processo que vai da escrita à socialização do trabalho. Ela torna possível a análise das práticas associadas a cada etapa de produção dos espaços intermediários, que são descritas pelos atores consultados como resultantes dos esforços coletivos onde o público está também presente. Desta maneira estes "produtores" – termo que o estudo interroga também[151] – saem da lógica de produção tradicional e inserem-se no que é interpretado como "interatuação permanente". O estudo sublinha que este elemento da produção é, com efeito, um dos pontos principais dos desafios das novas formas artísticas, na medida em que influencia a postura dos atores sociais envolvidos.

"A produção é desafio de autonomia, não na acepção da autonomia artística preconizada pela arte moderna, mas na acepção da autonomia política proposta por Cornelius Castoriadis"[152]. Realmente, este debate põe em cena as engrenagens da gestão econômica tradicional sempre que há financiamento e onde a interface entre o orçamento e os artistas passa pela figura já estabelecida na economia cultural, do intermediário. Tratar-se-ia de um apelo a uma autogestão, de reduzir a tecnocracia. Este apelo certamente engendra questões sobre os limites eticamente toleráveis quando se trata de financiamentos públicos, e por isto mesmo indica uma outra dimensão suscitada pelas equipes, que é a das censu-

---

[151] O relatório desenvolve uma distinção entre produtor e programador que não julgo pertinente detalhar aqui.
[152] LEXTRAIT, vol II, p. 23.

ras e dos mecanismos de legitimação. Mecanismos que veremos explicitados, num outro capítulo, pelas negociações em face das diversas instâncias públicas, com as quais teve de se deparar a equipe envolvida na realização da proposta do "Museu Precário Albinet" pelo artista contemporâneo Thomas Hirschhorn em Aubervilliers.

OBRAS E PROCESSOS EM QUESTÃO

Distante de negligenciável, um traço que marca experiências encontradas sobre o terreno pauta sobre a dimensão mais especificamente estética. Com domínios artísticos diferentes, os participantes destes "espaços-projeto" têm relações com a arte que desestabilizam a ideia de obra como objetivo principal. Esta desestabilização não seria historicamente inédita, mas obtém contornos contemporâneos saindo de espaços instituídos e de certa rede com uma atitude consensual da arte.

E esta desestabilização da obra é acompanhada por uma valorização das etapas construtivas e, sobretudo, da sua divisão com outras pessoas, que podem ser também artistas ou não. Tratar-se-ia sobretudo de um desejo pessoal, não necessariamente numa preocupação de democratizar o processo de criação e de escrita, dando ao público o direito à opinião, mas apenas de ver o que aquilo produz como debate. A meu ver, esta questão é fundamental e o relatório expõe efetivamente os paradoxos da abordagem do público, que às vezes é encarado como cooperando com o procedimento artístico, e outras vezes é apenas testemunho. De qualquer modo, há uma certeza quanto à iniciativa: esta está intimamente ligada às vontades do artista e do produtor e à vontade do público de cooperar na experiência de criação.

A exposição do Museu Precário Albinet nos dará a ocasião de tocar num caso onde este desejo assume uma forma soberana. Com efeito, é também a expectativa de uma finalização perfeita que é posta em xeque: o artista reivindica um tempo de trabalho mais estendido, onde pesquisa e experimentação assumem valores autônomos e se tornam momentos especiais, como a residência temporária para artista, visando o cruzamento entre o artista e a população.

Este cruzamento com a população parece gerar um largo campo de singularidades e equívocos, que terei a oportunidade de abordar na análise de experiências em Aubervilliers. É que o termo "população" é demasiado genérico para caracterizar a dinâmica e os desafios que se perfilam para cada caso. Frequentemente, trata-se de populações que poderiam raramente assemelhar-se a um "público" de perfil comum. Os espaços intermediários que pertencem ao segundo grupo-tipo, são aqueles marcados pela inserção em territórios golpeados economicamente, via de regra inseridos no seio de populações procedentes de imigração de diferentes países. As intenções e os resultados podem apresentar, por conseguinte, desvios importantes perante a presença mais ou menos significativa dos grupos de populações com referências culturais específicas, supostamente um não público.

As experiências destes lugares obrigam com efeito uma reconsideração dos limites entre dois domínios que se estabeleceram para fins ao mesmo tempo de gestão pública e necessidades de afirmação da autonomia artística, que se encontram entre a "criação artística" e "a ação cultural". Esta última faz alusão implícita ao equilíbrio territorial das ações públicas (nos anos 1960 e 1970) para com a cultura e aos objetivos de democratização cultural na segunda metade dos anos 1990.

É a partir deste posicionamento ao mesmo tempo artístico e político, acarretando consequências no cotidiano, no *modus operandi* nos espaços-tempos das *friches*, que se colocam, a meu ver, as substâncias realmente singulares de uma "revolução minúscula" se passando nestes lugares há vários anos, sem propaganda nem alarde.

A QUESTÃO DA DIVULGAÇÃO

Nestes espaços, trata-se certamente também de tornar possível um contato com uma "obra", nas diferentes disciplinas, apesar da valorização dos processos de criação. O relatório assinala que uma das produções que estes espaços deixam entrever provém daquilo que se chama "amador", quase raramente acolhido no circuito tradicional. A esse respeito, estes espaços contribuem claramente para a divulgação da criação regional e a divulgação da jovem criação. Outro tipo de produção que lá acha lugar refere-se aos projetos sem base fixa, para os quais o tipo de espaço e o tipo de funcionamento das *friches* podem trazer diversas contribuições e sinergias. Ao lado das obras das equipes mais ou menos "visitantes", oriundas destes dois tipos de produção, encontra-se a divulgação das obras dos artistas que fazem realmente parte da equipe "âncora", que irá completar o reconhecimento já empreendido quando dos encontros, dos estágios, e de todas as formas de abertura do processo de criação. Por último, estes espaços oferecem condições especiais de divulgação, abrindo assim "cenas" inesperadas e também períodos de apresentações mais flexíveis que os lugares dedicados à otimização de bilheteria.

Em suma, é efetivamente uma atitude da "filosofia da ação", como traduziu Loïc Touzé, que demarca esse espaço intermediário e que exemplificarei subsequentemente neste livro, por meio de projeto no campo das artes visuais em Aubervilliers.

> Esta abordagem da divulgação, que se refere às artes plásticas, ao espetáculo vivo ou ao audiovisual, faz toda uma série de perguntas sobre os modos da

divulgação da arte hoje (...) Ela aponta, neste domínio talvez mais que noutro lugar, os efeitos perversos da organização instaurada na França, que calibrou a produção, ao mesmo tempo em que calibrava os públicos. As tentativas que são efetuadas de uma outra relação com o público, menos instrumental, mais qualitativa, menos quantitativa é uma urgência, se não se quiser ver uma parte sempre constante e sempre idêntica frequentar as obras contemporâneas (idem, p. 27).

A RESIDÊNCIA ARTÍSTICA

Entre a atitude singular da qual falava Touzé acima, no que toca às relações instauradas nas *friches*, incluo a prática das residências artísticas descrita pelo relatório como igualmente importante para os projetos nômades.

> Estas práticas que recolocam os artistas no coração dos processos de desenvolvimento local permitem voltar a dar uma visibilidade social, econômica e cultural aos artistas na sua cidade e no seu país. A residência artística tende, nomeadamente nas políticas de reinscrição territorial do ato artístico, a valorizar o trabalho dos artistas e este recurso excepcional que é a competência artística (idem).

Haveria duas modalidades principais de residência que se distinguem sobretudo por tempos de inserção (curtos ou longos) e meios empregados.

A primeira família de residências refere-se a projetos com um tempo determinado, frequentemente relativo a uma cocriação e afirmando uma forte relação com o território, podendo envolver igualmente profissionais e amadores. O tipo de projeto que tem lugar nesta família de residência pode às vezes pautar sobre prioridades de políticas territoriais específicas e assim contar com certas ajudas frequentemente disponibilizadas pela mediação de atores institucionais.

A segunda família inclui os projetos a médio e longo prazo, contratando artistas, coletivos de artistas ou produtores, e a residência pode consistir no simples fato de se beneficiar de um abrigo para desenvolver um projeto que esteja ou não relacionado ao território. Neste tipo de residência, a existência de uma equipe "anfitriã" com competências de gestão, de animação e de pilotagem revela-se determinante para o resultado dos trabalhos, como veremos especificamente no capítulo dedicado às *friches* de Aubervilliers.

Muito importante no que diz respeito especialmente às propostas de ações no espaço público, os talentos individuais e as relações prévias desta equipe de acolhimento podem ser realmente indispensáveis; em outras palavras, não se trata de nada menos que uma capacidade política. É o que confirma o relatório, ressaltando que, uma vez alcançada esta "sinergia", os projetos podem desencadear verdadeiros processos de desenvolvimento cultural local, em consequência ou da preferência do artista por este lugar, ou de uma sugestão dada pela equipe que, por seu turno, tem normalmente uma melhor perspectiva do quadro municipal e das margens de manobra para a difícil e estratégica tarefa de levantar todos os recursos necessários.

A VISÃO DE CLAUDE RENARD

Em entrevista em abril de 2004, Claude Renard, encarregada da missão sobre os Novos Territórios da Arte, célula no interior do Instituto das Cidades, resultante do Relatório Lextrait, dá seu testemunho sobre os desafios iniciais aos quais se propôs o Ministério da Cultura. Ela reconhece que a necessidade de reencontrar elos entre a arte de uma parte das populações e os territórios que pudessem renovar-se e, de outro lado, uma vontade de participar na invenção de novas formas de relação e de elo social, exerceu um importante papel na valorização destas iniciativas:

> Claro, dado que o que veio da emergência foi nomeadamente muito mais sustentado no âmbito dos bairros mais carentes, dado que lá havia certamente esta política da cidade que oferecia os recursos, por conseguinte, como de qualquer modo, esta política da cidade tomava como entrada o fato de que era necessário lutar contra a exclusão, a coesão social, em algum lugar instrumentalizada ligeiramente, as ações artísticas e culturais, naturalmente, houve algo que foi abundante, mais importante do se tinha conhecido até então.[153]

Alerta, por último, que esta percepção do caráter novo que se perfilava com esta expansão não foi suficiente para desencadear no Ministério da Cultura uma elevação deste tema ao nível de verdadeira política estrutural, no seu direito comum, no seu olhar de Ministério:

---

151 A questão das ações paralelas e simultâneas do Ministério da Cultura e do Ministério da Cidade, e o emprego usual da palavra "bairro" como critério para apoiar uma ação, não nos era clara. Pareceu-nos que uma confusão semântica fazia-se em redor de uma categoria primeiramente geográfica. O nosso interlocutor por conseguinte efetivamente precisou-nos que o uso da palavra bairro na França cobria-se do sentido de "desfavorecido e com necessidades de investimentos concentrados". Com efeito, acontece aqui um processo similar, e mesmo complementar àquele que transformou a palavra cidade pela conotação que cobriu-o na expressão "Política da Cidade".

Bairros que têm características de desemprego, grandes conjuntos habitacionais, de população intercultural, multicultural, isto são critérios que desenham no território francês bairros ditos prioritários[154] para as ações da política da cidade, e esta prioridade certamente é exercida, foram concedidos créditos dos Ministérios, nomeadamente o da Cultura para levar a cabo ações que deviam vir, é o que se chamou de discriminação positiva, que devia vir certamente reforçar as ações na direção destas populações.

---

154 Foi o Ministério da Cidade que encomendou mapas com perímetros que são circunscritos e que definem o início e o fim de um bairro, é uma política setorial, territorializada e setorial onde há mapas com bairros desenhados, das zonas francas e das zonas de revitalização urbana.

A CAPACIDADE ORGANIZACIONAL DOS ARTISTAS E A TENDÊNCIA INSTITUCIONAL

Um tema importante do seu testemunho aborda sua percepção de uma falta de capacidade mobilizadora e organizacional na duração da parte destes atores do mundo das *friches* e as artes de rua. De acordo com a minha interlocutora, haveria uma grande dificuldade de passagem das reivindicações individuais às ações coletivas englobando linguagens diferentes. É esta passagem "faltosa" que se desdobraria de uma real compreensão da posição política sobre um território.

O que consistiria verdadeiramente numa afirmação de vontade de alterar um *status quo* – aqui o de funcionamento da política cultural – seria que estes artistas fossem "capazes de criar solidariedades entre si para sair, quebrar os dispositivos que o Ministério da Cultura mantém". A entrevistada considera que espaços intermediários "poderão existir apenas se o Estado mudar de método no que diz respeito a eles e se, por outro lado, não se considerar que há apenas o Ministério da Cultura que pode apoiar estes lugares, estes lugares deveriam ser apoiados de maneira interministerial".

Prosseguindo, a entrevistada explica que, na França, apesar dos modos de organização alternativos, tal qual aquele advindo do associativismo, ou os que se organizam em colegiados tendo modalidades organizacionais um pouco diferentes daquelas relativamente tradicionais, não se trata tampouco de cooperativas, nem de comunidades, como foi o caso na Alemanha:

É mais, é um movimento cultural, é um movimento reivindicativo no que diz respeito às formas tradicionais de organização do Ministério da Cultura, é um movimento de fundo que certamente, no fim das contas, faz perguntas políticas, da relação econômico/privado, que vem desestabilizar um certo número de coisas, mas que não parte de uma verdadeira cisão política como foi o caso de *Ufa Fabrik*[154], por exemplo.

---

154 Ufa Fabrik é uma famosa *friche* alemã em Berlim que serve muitas vezes de paradigma. Para uma análise sociológica comparativa entre ela e outras *friches* francesas e suíças, ver: RAFFIN, Fabrice. "Du nomadisme urbain aux territoires culturels: la mise em culture des friches industrielles à Poitiers, Genève et Berlin". In: METRAL, Jean (coord). *Cultures en ville ou de l'art et du citadin*. Paris: Editions de l'Aube, 2000. pp. 51-68.

CONCLUSÃO DO CAPÍTULO

À guisa de conclusão, gostaria de desenvolver dois pontos, retomando o título inicial deste capítulo (a questão dos mil tentáculos institucionais na área da cultura): o primeiro aborda a questão da confluência entre política cultural e política urbana na França, e o segundo diz respeito aos "modos relacionais com as populações", tal como analisados no Relatório Lextrait a respeito das *friches*.

Pensando no primeiro ponto, neste momento poderia ser relevante fazer a pergunta seguinte: será que as passarelas que podem ser estabelecidas entre política cultural e política urbana podem ser feitas sem que nenhuma delas seja completamente instrumentalizada pela outra?

Parece-nos que, em vez de uma potencial troca recíproca que poderia estabelecer-se entre a política cultural e a política urbana, só a primeira absorverá imperativos de "reciclagem" ou, mais precisamente, de "discriminação positiva", agindo como um complemento das medidas de planos urbanísticos. Passa, doravante, a ser uma parte importante, uma rubrica mesma no diretório da gestão urbana. A partir deste momento se coloca a questão dos tentáculos institucionais, pois, através do que vimos ao longo deste capítulo, pelos documentos e pelo testemunho de Claude Renard, é uma relação bastante ambígua que se estabelece entre os agentes deste "mundo das *friches*" e os horizontes de absorção pelos "tentáculos" institucionais.

> A necessidade da política cultural mais tida em conta na ocasião das grandes decisões dos "Planos" é, provavelmente, aquela relativa à necessidade de

equipamentos físicos, o que se repete nas prioridades dos prefeitos. Forçoso é constatar que, para chegar a ter uma influência nos procedimentos de um outro domínio qualquer, a política cultural não apresenta ainda uma autonomia de objetivos que a distingue dos objetivos guiados pelas preocupações de um planejamento urbano interminável, ele mesmo mais ou menos duplicado pelos imperativos sociais. Esta busca de autonomia é, no entanto, ainda muito ambígua e pode confundir-se com o problema da legitimação de instâncias de decisão. Neste sentido, uma via procurada é a da realização das enquetes junto aos habitantes que, se certamente responde também a uma preocupação de otimização econômica, tem por outro lado o mérito de deixar captar desejos insuspeitos. No mais, o método de enquetes não pode nunca ser meio exclusivo de traçar uma política cultural, arriscando não ser evolução, mas sim uma reiteração, uma anulação mesma da possibilidade de garantir a política cultural como fiador da liberdade de criação artística e da oxigenação destes conteúdos no contato com o público.

Ora, as *friches* ou espaços intermediários podem também existir, ainda que mais raramente, no centro da cidade, mas é mais precisamente o papel que elas desempenham no subúrbio que pode provocar uma especificidade: os mecanismos inerentes ao domínio de uma produção artística e cultural seguem uma lógica própria quando se estendem no subúrbio, extremamente sujeitos às pressões que provêm das urgências do ordenamento urbano do território.

A minha segunda interrogação pauta sobre o lugar do público no mundo das *friches*. Em conformidade com que acabei de mostrar neste capítulo, é numa relação ambivalente com as políticas culturais formais[156] que se moldam os discursos de legitimação dos

---

156 Que não estão menos presentes na preocupação da vertente internacional da política cultural do Estado. São, com efeito, os argumentos que criticam o atraso da França em relação à Europa na matéria "reabilitação de *friches*" e sobretudo o enfraquecimento da arte francesa no mercado internacional, que serão enfatizados mais ou menos explicitamente diante dos diferentes representantes do Ministério da Cultura e alguns atores do meio das artes plásticas. Conforme LOMBARD, Alain. *Politique Culturelle Internationale. Le modèle français face à la mondialisation*. Paris Maison des cultures du monde, 2003.

atores do "mundo" das *friches*. Nesta perspectiva, um dos pontos invocados como legitimadores é o face a face com os habitantes.

A possibilidade de uma participação ativa dos habitantes – diferente e talvez mesmo em contradição com a ideologia da integração –, levando em conta suas culturas originais, defronta-se ainda na escala municipal, no meu entender, com dois elementos principais, ainda mais perversos porque são da competência da tradição mesma do espírito republicano francês, que assume contornos específicos no âmbito das políticas culturais.

O primeiro elemento faz alusão ao perigo do separatismo que estas populações representam, para além dos incidentes de violência que marcaram a imagem destes bairros "sensíveis". É aqui que residem as contradições da aplicação dos princípios gerais da política cultural francesa no subúrbio, dada a conotação que envolve o sentido de território no contexto dos ideais republicanos franceses muito preocupados pelas suspeitas de separatismo.

> O segundo elemento, mais sutil e mais complexo, reporta-se à valorização do artista na história da França, ainda fortemente sustentada e legitimada pelo Estado e todos os serviços culturais. Citando os sucessos da ação do Ministério da Cultura, apesar das esperanças públicas desiludidas com uma suposta diminuição das desigualdades sociais por meio da arte e da cultura, Urfalino conclui que:
>
> > A existência de tal ministério, a ação do Estado e as autarquias locais têm uma justificação simples mas menos exaltante: ser sobrevivência e existência mesmo de uma vida artística tendo um mínimo de autonomia nos diferentes níveis da sociedade francesa. Numa sociedade onde 50% da riqueza nacional passa pelo poder público, esta deve assegurar as condições econômicas da

vida artística. (DUBOIS, Vincent; e URFALINO, Philippe. *"L'epopée culturelle en sédiments"*. In: *Culture publique opus 1: L'imagination au pouvoir*, p. 83. Paris: SKIT/Sens & Tonka, 2004)

A conjuntura de política cultural nacional a partir dos anos 1980 introduz também outro elemento que contribui para explicar as condições de emergência do reconhecimento dos artistas[157] e, consequentemente, a sua inserção no circuito das *friches* culturais: trata-se da profissionalização dos artistas. Focalizando o movimento dos profissionais autônomos do espetáculo (conhecidos como *intermittents* em francês), Urfalino fala da injeção de dinheiro e de um discurso que sobrevalorizava as atividades artísticas a partir de 1981 como fatores para atrair uma "massa de candidatos", crescente até os anos 2000, que não pôde ser absorvida.

Ora, após ter posto tanto em relevo a nova atitude, ou mesmo o "voluntarismo" artístico que teria tomado o lugar do voluntarismo do Estado em face da cultura, é o momento de desviar o ponto focal e de interrogar-nos se não é precisamente neste "não público" singular que reside uma condição *sine qua non* do resultado destes investimentos artísticos em *friches* culturais.

Efetivamente, a pista que quero explorar é que estes lugares contam com um valor pouco contemporâneo, a hospitalidade, oferecida mais pelas pessoas de diversas culturas lá existentes do que pelos próprios artistas. Com isto não quero dizer que os artistas não são capazes de oferecer esta hospitalidade, mas creio que ela é desencadeada primeiro por este público mesmo e, em seguida, correspondida pelos artistas – seria o caso de uma "contaminação positiva". Entretanto, este processo não é automático!

---

[157] No que diz respeito à função da política cultural em criar campo de trabalho para os artistas, uma comparação desmistificadora é dada por Durand, que assinala que nos Estados Unidos, país onde a ação federal na cultura sempre foi compreendida como mais prejudicial do que benéfica à liberdade de criação, foi instalado um "programa emergencial do governo federal americano intitulado *Public Works of Art Project* – PWA –, que beneficiou com subsídios e encomendas de ordem variada nada menos do que quarenta mil artistas, abrandando os efeitos do desemprego e da depressão econômica desencadeada com a crise de 1929". Ver: DURAND, José Carlos. *Política e gestão cultural: Brasil, USA e Europa*. São Paulo: EAESP-FGV, 2000. Relatório de pesquisa n. 13/2000, p. 15.

CAPÍTULO 4

Aubervilliers

ESTUDO DE CASO

CONTEXTO HISTÓRICO: DA DEFINIÇÃO DE UMA POLÍTICA À SUA INSERÇÃO NA CIDADE

Tudo se passa como se a política cultural fosse uma esfera neutra sem a influência do espaço-tempo, a ser aplicada em toda parte de acordo com noções pretensamente consensuais como a liberdade do artista, sua universalidade, a superioridade da arte sobre a cultura. Dessa premissa depreendem-se dois outros consensos: primeiro, que a periferia não pode criar seus próprios modelos; segundo, que o que se passa nela não escapa a uma instrumentalização, seja pelo clientelismo inerente às políticas culturais locais, seja pela recuperação dos artistas.

Buscando desvendar estes fenômenos sem apriorismos, me debruço sobre meu estudo de campo[158] francês, a cidade-subúrbio Aubervilliers, ao norte de Paris, neste e no próximo capítulo.

---

158 O tipo de trabalho associado a esta etapa que chamo *Estudo etnográfico para levantamento das questões* foi um trabalho clássico por entrevistas e por observação, com objetivos qualitativos e não quantitativos. Vários tipos de atores locais foram encontrados.

AUBERVILLIERS, A MÍTICA CIDADE VERMELHA

Aubervilliers é uma típica cidade da periferia, que deve seu desenvolvimento ao crescimento industrial do século passado e, como tantas outras cidades na França, não conseguiu superar os efeitos da desindustrialização sofrida durante a primeira metade do século XX.

Com 50 usinas em 1901, concomitantemente a esse começo de industrialização, surgiram, em meio operário, importantes movimentos sindicais reivindicativos, que farão dessa cidade um lugar reconhecido na trajetória do militantismo comunista. As raízes desses movimentos são retraçadas em livros sobre as lutas operárias do "cinturão vermelho" de Paris, expressão que faz alusão a certa "consciência da periferia"[159], que se desenvolveu com a ascensão do comunismo.

As condições de insalubridade dos meios de trabalho e de moradia provocaram, na virada do século, um forte movimento sindical que teve por consequência o engajamento crescente dos operários no PCF – Partido Comunista Francês. Durante as duas guerras, Aubervilliers eliminou centenas de combatentes; na Segunda Guerra ela foi um centro comum da Resistência.

Depois da Guerra de 1914-1918, espanhóis que haviam imigrado sozinhos voltaram com suas mulheres e filhos e portugueses chegaram também. Apesar dessa chegada massiva, havia ainda uma falta de mão de obra que, por volta de 1925-1930, atrairia uma nova onda de imigração masculina, dessa vez da África do Norte.

Os anos 1960 marcam o início da desindustrialização, com consequências sobre o conjunto da atividade econômica. De

---

159 (PINSON, Daniel. *Des banlieues et des villes, dérive et eurocompétition*. Paris: Les Editions Ouvrières, 1992, pp. 76-82)

1958 a 1968, cinco mil empregos desaparecem. Os operários de Aubervilliers participaram ativamente das manifestações e greves de 1968. Na verdade, no 1º de maio de 1968 havia 96 usinas em greve, das quais 78 estavam ocupadas por operários.

É dessa década que data também o início da política do "reagrupamento familiar" que viria encorajar a vinda das famílias desses operários, sobretudo argelinos que, como os espanhóis, haviam chegado sozinhos para trabalhar.

Como em muitas outras periferias industriais, a presença da indústria se fez acompanhar de moradias precárias.

Desde a Liberação até 1972, a maior parte dos investimentos se destinou ao problema da moradia. Começou então a aparecer um elemento marcante da paisagem de Aubervilliers: a construção massiva de moradias sociais, torres e prédios horizontais de tipologias arquitetônicas diversas.

Se esse retrato se distingue de outras periferias ditas "industriais", o caráter miserável dos primeiros operários será imortalizado no romance *Aubervilliers, de Léon Bonneff*, lançado em 1949. Na verdade, em contraste com as cidades desenvolvidas em torno das indústrias têxteis ou automotivas, que durante algum tempo se beneficiaram de uma imagem de desenvolvimento econômico[160], o perfil de Aubervilliers oferecia à cidade apenas uma imagem de pobreza e insalubridade.

É com esse "pano de fundo" e contra essa imagem estigmatizada que se estabelecerá a ação de um político – Jack Ralite – que iria marcar a história administrativa de Aubervilliers na segunda metade do século XX.

---

[160] Como é o caso de Roubaix, no norte da França, exemplo ao qual recorrerei ainda, de acordo com a nota a seguir.

Somente às vésperas dos anos 1980, com o Plano de Ocupação do Solo de 1979, a municipalidade começou a colocar em prática medidas visando a coordenação do desenvolvimento econômico e urbano. Foi de fato a implantação da Política da Cidade no plano nacional (como vimos no capítulo anterior) que lançou novas esperanças para Aubervilliers, assim como para outras cidades "desfavorecidas".

JACK RALITE E A "INVENÇÃO" DA POLÍTICA CULTURAL EM AUBERVILLIERS

Se 1959 marcou a criação do Ministério da Cultura e a implantação das ideias fundadoras de André Malraux, marcou também a entrada precoce desses assuntos no seio da municipalidade de Aubervilliers, com a chegada de Jack Ralite à Secretaria de Cultura deste subúrbio.

Foi na ocasião das eleições municipais de março de 1959, quando André Karman foi reeleito reforçando a preferência da comuna pelo partido comunista francês, que Jack Ralite, 31 anos[161], foi eleito pelos conselheiros municipais para o cargo de secretário para as questões culturais e escolares.

Investido de total liberdade pelo prefeito, Ralite recebeu a missão de implantar uma verdadeira política cultural na cidade. Pessoalmente apaixonado pelo teatro, foi nesse campo que ele ancorou suas ações e lançou as bases daquela que seria, quarenta anos depois, considerada uma "política cultural totalmente paradoxal"[162]. Em 1959 Aubervilliers contava com:

- o clube esportivo municipal de Aubervilliers, criado em 1948;
- o conservatório municipal;
- o escritório municipal da juventude de Aubervilliers (OMJA);
- um centro de artes plásticas;
- uma biblioteca municipal (com acervo de 20.000 livros);
- bibliotecas associativas;
- alguns cineclubes;
- um salão de festas do século XIX.

---

161 Nascido em 1928 em Châlons-sur-Marne, filho de um taxista, Jack Ralite adere aos 19 anos, em 1947, ao PCF. Em Stains, cidade da Seine (dirigida por comunistas desde a Liberação), onde se instalou e se tornou funcionário municipal, entrou rapidamente para a carreira jornalística no jornal JCA (*Journal du Canton d'Aubervilliers*), passando depois ao Humanité Dimanche." Cf. SEAUX, Frédéric. *La politique théâtrale de la municipalité communiste d'Aubervilliers 1945-1985*. Mémoire de Maîtrise, Université de Rouen, Faculté des Lettres et Sciences Humaines, Département d'Histoire, 1998, p. 53.

162 Expressão empregada pela responsável do serviço cultural em 2004, entrevista à qual voltarei nos próximos itens.

Acerca do início do seu mandato como secretário de cultura, Jack Ralite relatou o contexto da época e a "fonte" que guiava suas convicções sobre o tema:

> Quando em 1959 fomos eleitos, nós tínhamos decidido nos consagrar muito mais à cultura, pois os primeiros anos do pós-guerra foram consagrados às emergências. Era preciso sair (...) Villar dizia que existiam três coisas a respeito da cultura que não se devia esquecer: primeiramente, a liberdade de criação – inevitável! Segundo, que a cultura é comunicação – conhecer de forma apurada as necessidades das pessoas: dos que viviam nos povoados mais distantes e também nos bairros populares. Terceiro: que é um problema de sociedade (*"Aubervilliers: un point avec Jack Ralite"*, in: *Hexameron* – magazine inter-régional de l'investissement culturel, n° 7-8, Região Ile-de-France, julho de 1987).

As fontes vinham do meio teatral, que consistia na época o núcleo do debate sobre o papel democratizante das Casas de Cultura, as quais estavam de certa maneira atreladas à estrutura física primordial da política proposta por Malraux.

Ralite participou do movimento criado em 1960 pelos representantes de 51 municipalidades que, em consequência de um congresso, deu origem à Federação Nacional dos Centros Culturais Comunais (FNCCC). Essa federação sustentou – em contraste com a democratização cultural proposta por Malraux, essencialmente baseada em uma rede de Casas de Cultura regidas pelo Estado – o protagonismo das cidades na multiplicação de um outro tipo de infraestrutura cultural, que seria o centro cultural comunal, que teria na prefeitura seu principal financiador. O secretário municipal da cultura de Aubervilliers se posicionou então a favor de um voluntarismo municipal, que nesse primeiro momento se opunha ao voluntarismo do Estado.

Seaux, no seu estudo sobre o Teatro da Comuna[163], destacou a ausência do teatro nas festas populares e indicou que ela "provém certamente de uma escolha cultural com consequências ideológicas inegáveis, fazendo da cultura um objeto político no centro da luta de classes"[164]. O autor sublinhou assim o caráter inovador que teria a implementação posterior de uma política cultural voltada para o teatro.

---

163 SEAUX, Frédéric. *La politique théâtrale de la municipalité communiste d'Aubervilliers 1945-1985*. Mémoire de Maîtrise, Université de Rouen, Faculté des Lettres et Sciences Humaines, Département d'Histoire, 1998.
164 Idem, p. 37. Segundo sua análise, a municipalidade é guiada pela antinomia entre cultura operária e a cultura elitista.
165 DUPRAT, Marie. *Gabriel Garran et le Théâtre de la Commune d'Aubervilliers: 1965-1985*, Université Paris 1-Sorbonne, Mémoire de maîtrise d'Etudes Théâtrales.

O TEATRO DA COMUNA DE AUBERVILLIERS

Em 1965, Ralite conseguiu empreender o que seria a "pedra angular" de seu longo período na prefeitura de Aubervilliers. O novo secretário da cultura estava em sintonia com a visão transformadora sobre o papel do teatro que na época tinha como principal defensor Jean Vilar. Para ele, as periferias eram terrenos potenciais para o despertar das consciências proletárias, lugares ao mesmo tempo desprovidos de infraestruturas teatrais que se concentravam na capital e cheias de operários já sensíveis às causas comunistas. No entanto, o teatro não era uma atividade comum em Aubervilliers. Sobre os propósitos políticos ou artísticos da "aposta teatral" de Ralite, duas visões se confrontam: Duprat defende que, sendo herdeiro da tradição proletária russa, Ralite via o teatro como o meio político para atingir o seu alvo: a classe operária[165]. Por outro lado, Seaux indica um objetivo bem mais abrangente que o do secretário, valorizando um sentimento de "paixão" pelo teatro, sentimento que prevalece sobre os objetivos estritamente oriundos do partido e permitiria supor que "não é exagero afirmar que ele quis antes de tudo propagar a sua paixão a toda a população local"[166].

Para colocar em prática o seu projeto teatral, Ralite procurou um diretor de teatro que compartilhasse os seus sentimentos pelo teatro, quer dizer, que sentisse o teatro como um elemento propulsor de educação cultural.

Gabriel Garran foi então o parceiro que Ralite encontrou para transformar em realidade o seu caro projeto e legitimar a

---

165 DUPRAT, Marie. *Gabriel Garran et le Théâtre de la Commune d'Aubervilliers: 1965-1985*, Université Paris 1-Sorbonne, Mémoire de maîtrise d'Etudes Théâtrales.
166 SEAUX, Frédéric, op. cit., p. 56.

maneira "albertvillariana" de descentralização teatral, naquele momento mais na teórica do que efetivamente. De fato, Garran, comunista também, já tinha um anteprojeto de implantação de um teatro permanente popular às portas de Paris e tinha efetivamente procurado todas as municipalidades da periferia parisiense – comunistas ou não –, para levar a cabo sua experiência. No entanto, os secretários encontrados não se mostraram interessados pelo projeto.

Além de seu conteúdo inovador e do desafio implícito que os prefeitos e secretários deveriam levar em consideração, o projeto de Garran tinha o mérito de ter uma visão de longo prazo (ou *estratégica*, para empregar o vocabulário contemporâneo). Ele partia da premissa de colocar a população de Aubervilliers no centro das ações teatrais. Ele previa três fases principais: primeiro, a formação de uma escola de arte dramática e de uma movimentação local como pré-requisito, para, num segundo momento, implantar um coletivo de atores profissionais e terminar, enfim, com a construção de um teatro permanente. Assim, André Karman, o prefeito, e Jack Ralite, então Secretário da Educação, acolheram Gabriel Garran, que, apesar de ter uma concepção do papel político do teatro um pouco diferente da de Ralite, se espelhava assim como ele no projeto de Vilar de fazer construir teatros na periferia a fim de contribuir para o seu desenvolvimento.

O caminho escolhido para atrair o público local foi a realização de festivais. Assim, de 1961 a 1964, os quatro festivais realizados atraíram um público de 21.500 espectadores[167], mas foi graças ao voluntarismo de Jack Ralite que se decidiu

---

167 SEAUX, Frédéric, op. cit., p. 74.

construir um teatro sem que o público operário fosse efetivamente assíduo.

Uma outra área da política cultural implantada por Jack Ralite foi, sem dúvida, a da música. Ele apoiou a retomada dos festivais a partir da primavera de 1975 até 1984. Contrariamente aos festivais de verão do final dos anos 1960, quando o público era majoritariamente local, o final dos anos 1970 assistiu à chegada de um público parisiense.

CULTURAS IMIGRANTES EM AUBERVILLIERS

Depois de ter participado do plano nacional de reinclusão do direito dos estrangeiros a criar associações, Jack Ralite estimulou no seu próprio "território político" o crescimento associativo.

Tendo como objetivo principal "reconciliar a comunidade argelina com ela mesma, e em seguida lhe incitar a se reinventar"[168], a Associação da Nova Geração de Imigrantes – conhecida como ANGI, criada pelo grupo teatral La Kahina em 1977 – desenvolveu, a partir de então, um leque de atividades, definidas por eles mesmos como socioculturais. Em 1983, a associação organizou o Festival National de la Jeunesse (um festival da juventude oriunda da imigração), que se estabeleceu na programação da cidade com uma galeria de arte, ART'O, onde os artistas plásticos também davam aulas. Dando prioridade aos jovens, às mulheres e às "vítimas do não direito ou da discriminação", o espaço soube multiplicar suas ações em favor dos imigrantes, beneficiando-se de financiamentos públicos diversos. Hoje a ANGI conta com o apoio do Fundo de Ação Social da Prefeitura de Aubervilliers e da Prefeitura da região de Seine-Saint-Denis, Missão para a Política da Cidade.

A ART'O existe desde 1985 e produz várias exposições. Próxima de um outro centro artístico, a galeria dispõe também de um espaço de 250 m² na Cité de la Maladrerie e favorece a diversidade cultural dos artistas. Seus desafios são assim descritos:

Profissionalismo e vontade de confrontar os públicos próximos com obras de arte contemporâneas deveriam fazer da galeria ART'O não um centro de arte

---

[168] ESTÈBE, P.; REMOND, E. *Les communes au rendez-vous de la culture*. Paris: Ten Syros 1983, p. 47.

contemporânea que caiu de paraquedas na periferia, e sim um espaço de democratização da arte contemporânea, implantado e aberto ao bairro e a seus habitantes, a todos os aubervilliano e a todos os públicos das periferias de Paris (Material institucional da ANGI, atividades de 1999).

Durante a década de 1990, outros atores sociais começaram a participar do processo iniciado na década anterior. Assim, ao constatar a presença de muitos prédios industriais, de depósitos e hangares vazios devido à evasão das antigas companhias, artistas e mediadores culturais procuraram diretamente, ou por meio do serviço cultural do município, se instalar e desenvolver projetos artísticos e culturais. Com uma vocação de múltiplas utilizações, esses grandes e vetustos espaços, testemunhos de uma época industrial da cidade, passaram a ser convertidos e ocupados temporariamente ou, mais raramente, em definitivo. A reocupação desses espaços chamados *friches* industriais, convertidos em *friches* culturais, iniciou-se timidamente e às vezes de forma ilegal. Os grupos ligados às *friches*, apesar dos seus projetos particulares, tinham em comum um argumento de total independência em relação à política cultural municipal, ao mesmo tempo em que questionavam a existência de tal política.

A visão do prefeito de Aubervilliers em 2000 sobre os "lugares intermediários" citados no Relatório Lextrait é a que segue: "Nesses lugares se coloca a questão essencial da alteridade, e esse movimento nos confronta com uma hibridação inédita entre os especialistas artísticos e os especialistas do cotidiano, entre os artistas e a população. Essa hibridação é necessária porque, quando não acontece, os dois se olham como cães de briga, e a batalha pela criação se torna uma batalha abstrata"[169].

Jack Ralite ainda soube associar sua imagem às recentes discussões sobre a mudança do *status* intermitente do espetáculo[170], dessa vez no papel de senador, defensor dos artistas e, sobretudo, da exceção cultural francesa.

Didier Bezace, por sua vez:

Nós tentamos continuar não somente com o que deixaste com tua vontade de fazer desta casa como ela é, onde ela é, mas com uma ambição que vem da grande tradição republicana, a de partilhar a arte com o maior número de pessoas possível num lugar onde a vida nem sempre permite que a arte tenha os seus direitos reconhecidos[171].

Didier Daeninckx faz coro:

O salão de festas se transformou no Teatro da Comuna. Nós éramos uns vinte adolescentes que arrastávamos nosso tédio em volta de caminhões de móveis (...). O que eu quero lembrar esta noite é que sem essa utopia de um teatro plantado no meio do nada, utopia levada adiante por Jack Ralite, nós seríamos muitos a não ter tido a coragem de atravessar o céu. Esse teatro, para toda a geração de filhos de operários, foi um formidável catalisador de sonhos. Ele mudou a vida e sem ele, eu não escreveria, Marc Perrone não comporia (...) Lounès Tazairt e Patrick Catalifo não jogariam com tanta garra... (Didier Daeninckx, escritor. In: *Aubermensuel*, op. cit.).

---

169 Apud LEXTRAIT, F., op. cit.
170 Essa defesa tem paralelo com o contexto das ideias comunistas para uma política cultural nacional, segundo uma pesquisa feita pelos principais candidatos às eleições presidenciais de 2002, pela revista *Beaux Arts*, sobre suas propostas. Assim, Robert Hue, além de dobrar o seu orçamento no Ministério da Cultura e de defender a exceção cultural, anunciou que pretendia "criar um estatuto dos escritores e artistas plásticos, e defender o estatuto dos intermitentes do espetáculo". *Beaux-Arts*, n° 215, abril de 2002, pp. 102-121.
171 BEZACE, Didier, diretor do TCA. In: *Aubermensuel, op. cit.*

OS ARTISTAS EM AUBERVILLIERS

Notamos, nas frases abaixo, retiradas de entrevistas realizadas com os agentes culturais, que existem diferentes visões e expectativas acerca do que seria uma política cultural.

> Na minha opinião, vocês escolheram uma cidade que não tem nenhuma política cultural e menos ainda uma política de desenvolvimento urbano... Já houve alguma coisa, mas isso já faz trinta anos... (...) (fotógrafo e professor, morador de Aubervilliers há vinte anos, entrevistado em novembro de 2002).
>
> Mas é preciso saber de qual política cultural estamos falando... Numa cidade como esta, existem muitas culturas, é preciso saber de qual política cultural nós queremos falar (responsável pelo Observatoire de la Société Locale d'Aubervilliers [Observatório da Sociedade Local de Aubervilliers], entrevistado em janeiro de 2003).

Existem, pelo menos, duas políticas culturais no sentido amplamente reconhecido na França: uma de domínio do Estado e uma outra compreendida enquanto "conjunto de atividades culturais", construída pelas associações locais. Segundo meu interlocutor nessa entrevista, é nessa política feita por associações que reside o sentido mais próximo de uma hospitalidade. Entretanto, as festas das associações culturais são quase exclusivas para os grupos que pertencem a uma mesma origem cultural, o que contraria o princípio de base de Lévinas de acolhida a um outro completamente diferente, "que não fala a mesma língua", pois, se falasse, não seria mais realmente estrangeiro e não seria uma verdadeira hospitalidade.

Por exemplo, ele [o prefeito] se interessa pela cultura portuguesa, mas se interessa por coisas como Saramago e a literatura, mas os portugueses que vivem aqui, eles não têm essa cultura, eles têm a sua própria cultura (...). Ele tem essa ideia de "dar a cultura" às pessoas. Para mim a cultura é como o ar: todo mundo a tem, e todo mundo precisa respirar, mas há os que respiram somente com um pulmão, os peixes respiram por membranas... (responsável pelo serviço das associações, entrevistado em janeiro de 2003).

Nosso desafio principal em relação à cidade era levantar um pouco o teatro, havia um público pequeno, um grande problema de público, e sobretudo era necessário refazer uma imagem do teatro na cidade. Muita gente da cidade pensava, devido certamente aos erros da equipe precedente, que o teatro não era feito para eles, que era um teatro para parisienses e que os subsídios da cidade não diziam respeito ao público da cidade, e assim eles não compareciam, ou compareciam muito pouco. Nosso primeiro trabalho, e tivemos um trabalho duro, foi continuar a ter uma atividade nacional, as turnês, as criações de alto nível e, ao mesmo tempo, conseguir tocar o público local. Então nós arregaçamos as mangas e fomos a toda parte, os comitês de bairro, as associações, os clubes de desempregados, as escolas... Nós andamos por toda parte, toda... (equipe do TCA – Centro Dramático Nacional, entrevistada em fevereiro de 2003).

> Para ilustrar minha tendência a combinar estratégias espaciais e argumentos culturais em Aubervilliers, retomo no próximo item e no capítulo seguinte dois projetos culturais, em dois momentos recentes: o projeto da Cidade das Artes de 1991 e o projeto da Villa Mais d'Ici – *friche* cultural de proximidade[172].

---

172 Este item se baseia no documento *"Villa Mais d'Ici - Friche Culturelle de Proximité. Renouvellement urbain à Aubervilliers e 2003".*

A CIDADE DAS ARTES

O projeto da Cidade das Artes de Aubervilliers – desenvolvido em 1991 por uma equipe formada por políticos locais, representantes do Ministério da Cultura e do Ministério de Habitação e Urbanismo, arquitetos e artistas locais – tinha como principal objetivo lançar um importante processo de dinamização da área ao redor do forte de Aubervilliers, uma antiga fortificação, até então sem uso perene, que servia de estacionamento e era usada por uma estação de metrô, situada nos limites de quatro cidades.

Em relação à sua adequação às prioridades culturais nacionais, o prefeito da cidade e principal defensor do projeto, sem deixar de ressaltar as raízes operárias locais como um cimento para o potencial espaço público, observou:

> Esta cidade, bem situada sobre as estradas da Europa, sensível por sua história a questões do Sul, muniu-se de numerosas infraestruturas, todas conquistadas por sua população. Ela, portanto, encontrou naturalmente as conclusões da relação de Pierre Musso com Jack Lang de criar na França um lugar em que se experimentassem e se enriquecessem mutuamente a criação artística, os avanços tecnológicos e científicos e a inovação social (Serviço Cultural de Aubervilliers [1991]. "La Cité des Arts d'Aubervilliers". Missão de Prefiguração).

Com efeito, a implicação da prefeitura pontuou o que nós poderíamos considerar uma "oportunidade política" para um grande projeto urbano, uma vez que os objetivos apostavam na criação de um novo bairro. Segundo os termos de prefiguração do projeto, havia uma tripla ambição:

1. favorecer a criação contemporânea, desenvolvendo relações entre a imaginação artística, a pesquisa, as novas tecnologias e a inovação social;
2. criar na periferia, nas portas de Paris, um novo bairro acolhedor e estimulante para os artistas;
3. contribuir a dar um novo dinamismo ao nordeste da Île-de-France.

Com relação à terceira ambição anunciada, emergiu também uma situação precária que resultou do registro da dicotomia centro-periferia ativada, sobretudo, pelas preocupações espaciais, mas que não estavam ausentes (como veremos mais adiante) nas argumentações artísticas. A relação de força entre Paris e as periferias limítrofes foi evocada como pano de fundo, a concentração dos investimentos nacionais em Paris é o atrativo que a capital exerce sobre as populações das periferias próximas:

O nascimento, em Aubervilliers, de um novo bairro artístico, com uma significativa originalidade e uma grande reverberação, será um convite a considerar a periferia com uma dignidade igual a Paris e a aproximá-las em uma mesma dinâmica respeitosa para com suas especificidades. (Serviço Cultural de Aubervilliers [1991]. "La Cité des Arts d'Aubervilliers". Missão de Prefiguração, p. 3).

O projeto fazia alusão também a um outro processo em andamento nas localidades do nordeste da Île-de-France: o de implementar *coletividades* estabelecidas entre as cidades vizinhas de um mesmo distrito (*départament*), com a finalidade de potencializar os investimentos em infraestrutura, que assim seriam pensados em função da criação de redes.

Quanto ao discurso artístico assumido, as intenções não eram menos grandiosas: se a prefeitura sonhava com sua Villa Médicis[173], a equipe artística, por sua vez, salientava que "Trata-se, de certa forma, de revisitar o expediente do Bauhaus na era dos eletrônicos, oferecendo um lugar e um instrumento de trabalho aos criadores"[174]. Tudo aconteceria também de forma a valorizar a contribuição da população vizinha, caracterizada por uma diversidade cultural, que seria convidada a um novo espaço público, aberto à expressão popular:

> A arte contemporânea será assim confrontada com as realidades da vida social urbana, particularmente com aquela da periferia. O ponto central da inovação social, da crítica e da expressão popular encontra-se na periferia das grandes cidades do mundo inteiro, onde os entrecruzamentos de populações e de culturas são uniformes e permanentes. As periferias urbanas são, ao mesmo tempo, lugares de crise, de revoltas, de críticas, de expressão social e cultural, *melting pots* de inovações (Serviço Cultural de Aubervilliers [1991]. "La Cité des Arts d'Aubervilliers". Missão de Prefiguração, p. 6)

Tendo, com efeito, uma visão multidimensional da ancoragem de uma estrutura como essa que era almejada, os autores do projeto reservavam um lugar importante para a presença de artistas previstos no quadro de residências de criadores internacionais, em uma alusão direta à Villa Médicis e, por outro lado, pretendia-se um "Novo Montmartre". Entretanto, como se tratava de uma prefeitura ainda comunista e já conhecida pelo lançamento dos Estados Gerais da Cultura, a presença de artistas deveria se conciliar com a presença cidadã; por isso, estava pre-

---

173 A Villa Médicis em Roma, rica construção de 1560, contornada de esculturas e jardins pomposos, é desde 1803 a sede da Académie de France e funcionava, desde então, como uma pensão especial para artistas e arquitetos franceses agraciados com prêmios. No fim do ano 2000, o Ministério da Cultura da França lançou um grande programa de renovação dos espaços de exposição, de ateliês e de moradia. Hoje em dia a seleção dos "alberguistas" da Villa Médicis contempla também artistas não franceses, mas destina-se a europeus em geral, trabalhando nas mais variadas linguagens.
174 Serviço Cultural de Aubervilliers [1991]. "La Cité des Arts d'Aubervilliers". Missão de Prefiguração, p. 5)

visto que o espaço acolheria uma câmara dos Estados Gerais da Cultura da mesma forma que teria um lugar de reuniões para as "associações públicas de cidadania".

Para justificar a escolha de Aubervilliers para esse tipo de projeto existia uma premissa de base que considerava as periferias, em parte, como "espaço contemporâneo do desenvolvimento urbano", mas também como depositárias de questões sociais, premissa também relacionada à atenção pública despertada por esses lugares, há pouco tempo.

A Cidade das Artes de Aubervilliers também reclamava para si objetivos buscados pela Política da Cidade, inscrevendo nas premissas de melhoramento do quadro físico da cidade urgências culturais.

A Política da Cidade não pode se limitar a remediar os problemas mais temidos de bairros em dificuldades, mas também deve criar ações potentes para contribuir com a melhoria da qualidade de vida da periferia das grandes aglomerações. A Cidade das Artes, cuja vocação seria nacional e internacional, permitiria, com efeito, criar um grande fôlego criador e dinâmico (idem, p. 10).

ANOS 2000: A HERANÇA DE RALITE E AS IMPLICAÇÕES TERRITORIAIS

A sucessão de Jack Ralite, "o homem da cultura", por Pascal Beaudet, ex-secretário e vice-presidente da Plaine Commune (a comunidade de aglomeração da qual Aubervilliers faz parte com mais seis outras cidades: Saint-Denis, Villetaneuse, Stains, Epinay, Île Saint-Denis, Pierrefitte), mostrou uma mudança significativa no curso das implicações territoriais e urbanísticas. Na verdade, encarregado pelos agenciamentos comunitários da aglomeração, o novo prefeito representava um consenso sobre a prioridade do desenvolvimento urbano.

CASA DE PROJETOS

No início de 2003, uma *Casa de Projetos* foi criada em Aubervilliers no intuito de melhor informar os moradores sobre os projetos arquitetônicos e urbanos presentes e futuros. Poder-se-ia dizer que se tratava de uma iniciativa que tentava minimizar certa falta de "cultura do espaço", mas os objetivos a ultrapassaram:

Na verdade, o argumento mais forte é que o balanço feito depois de cinco anos do comitê de consulta era para falar sobre os grandes projetos, e existem grandes projetos em Aubervilliers, o comitê de consulta não conseguia fazer com que os moradores fossem consultados sobre os projetos de planejamento e, por conseguinte, foi preciso desenvolver outra coisa. Pensou-se então em criar um *meeting* para lançar a ideia (Depoimento de uma funcionária do serviço municipal responsável pela Casa dos projetos, entrevista realizada em julho de 2003).

Podemos ver aqui uma extensão da relação entre o urbano e o cultural, fixando expedientes que invertem a tradicional recorrência à arquitetura, que seja preferencialmente espetacular e abrigue obras de arte. Parece que é o próprio urbano, ou o urbanismo, que se impõe enquanto "conteúdo" e obra a ser vista. Trata-se de "fazer com que as pessoas participem" dos expedientes urbanísticos, oferecendo-lhes um quadro ideal perene no qual as informações fiquem concentradas e disponíveis para todos e para cada um que se interesse.

Mantendo um aspecto de herdeiro das Casas de Cultura, a Casa de Projetos também tinha uma finalidade pedagógica que fazia uso de mediadores que deveriam traduzir em uma linguagem comum as muitas questões em jogo que estavam "escondidas" nos planos e nos desenhos frequentemente enigmáticos e codificados. Essa mensagem, entretanto, acabaria também por se mostrar um problema para os próprios agentes ligados à construção civil, como se pode deduzir da explicação seguinte:

> Existe um trabalho com os responsáveis pelos projetos (...) a gente ajuda eles, os moradores, a fazer uma espécie de comitê de pré-consulta, fazendo com que eles participem ativamente das consultorias sobre os projetos, onde isso se encontra, onde isso vai ser, do que se trata, o que vai ser feito, quando isso vai começar, porque se faz isso exatamente (...) Então, em primeiro lugar tem isso, e em segundo lhes são oferecidos outros pontos de referência, como encontrar os arquitetos, os agentes que já estão por dentro do assunto (...) dar seus pareceres aos eleitos... Isso quer dizer que os eleitos vão decidir, não simplesmente executando os pareceres dos moradores, simplesmente porque às vezes os moradores não têm opinião a dar sobre seja lá o que for. Então é preciso de alguém que deve estar ali para resolver, mas que seja bem informado. Eu acho que os moradores acham isso bom (idem).

Se, no domínio espacial, a busca por um desenvolvimento urbano segue uma lógica que elegeu o espaço da capital como modelo, na vida cotidiana a distinção entre o "local" e o "parisiense" também está presente. Isso foi o que pude observar na ocasião de uma vernissage, organizada pelos Laboratórios de Aubervilliers, quando um documentarista, morador da cidade desde a sua infância, comentou ao chegar às salas: *"A gente vê que não são pessoas daqui... A gente vê que são parisienses..."*.

A VISÃO DO CONTEXTO PELA DIRETORA DE ASSUNTOS CULTURAIS[175] DE AUBERVILLIERS EM 2004

A visão da dinâmica e do contexto geral aos quais Aubervilliers está submetida é bem descrita por Corine Poulain, Diretora dos Assuntos Culturais da Prefeitura. Logo que comecei a entrevista, ela observou que o problema da cultura na França está obrigatoriamente ligado às questões de financiamento. A cultura teria "migrado", portanto, justamente para os projetos da Política da Cidade via coletividades locais que, no atual contexto, são o agente cultural dominante na França.

Em relação às problemáticas entre cultura e planejamento urbano, o ponto decisivo é provavelmente o horizonte próximo da "comunidade de aglomeração" da qual Aubervilliers faz parte, a já citada Plaine Commune. Nesse quadro vão ser "solidarizadas" as decisões em vários domínios.

Com o objetivo de solidarizar, mas também de aperfeiçoar as infraestruturas culturais existentes, uma tendência possível é, na verdade, a eliminação de algumas. Assim, paradoxalmente, a oferta teatral que fez de Saint-Denis e de Aubervilliers um eixo reconhecido de qualidade é, de certa forma, pressentida como ameaçada.

Prontamente haverá uma reflexão sobre a rede, por exemplo, de bibliotecas que não vai mais ser uma rede municipal e passará ao domínio intermunicipal. Existem dois centros dramáticos nacionais no mesmo território, o Teatro da Comuna, em Aubervilliers, e, em Saint-Denis, o Teatro Gerard Phillipe. Portanto, *a priori*, como são contratos com o Estado, pode-se dizer que não

---

[175] Cargo técnico diferente do cargo político *"djoint au maire pour la culture"*, que corresponderia a um vereador.

existe razão para se suprimir um. Ao mesmo tempo, dois centros num mesmo território também não é justificável, e se um dia o Estado se retira, isso traria consequências tão pesadas quanto esse processo.

Os particularismos percebidos e reiterados constantemente concernem à existência de problemas econômicos, educativos e sociais e, sobretudo, à presença de origens culturais variadas. Os argumentos são colocados avante para justificar a necessidade de certa "distinção" de tratamento, algo que, no limite, seria incompatível com o *modus operandi* de uma comunidade de aglomeração.

> Em cidades como a nossa, a questão da educação artística é muito mais importante, enfim não é mais importante, mas também não é de forma alguma da mesma ordem que aquela da imagem. Pode-se decidir fazer uma política da imagem mas, para mim, consequentemente, é uma política de relação pública, de comunicação. Não é preciso que isso se transforme na política cultural de um território. A política cultural de um território como o nosso deve necessariamente levar em consideração a diversidade da população, sua pobreza, sua diversidade cultural e uma intenção política forte. Para todos os efeitos, esse foi o caso em Aubervilliers com Jack Ralite.

A HERANÇA DE JACK RALITE: UMA POLÍTICA PARADOXAL

Compreender o papel da cultura em Aubervilliers e seus modos de funcionamento passa obrigatoriamente pela presença de Jack Ralite. A herança que ele legou tem suas vantagens incontornáveis, mas impõe também desafios aos atuais agentes da cultura que, já bastante atentos às implicações espaciais contemporâneas que pesam sobre a cultura, esforçam-se para se manter a par das decisões do planejamento urbano. Poulain declara:

Se Jack Ralite nos deixou uma herança extremante pesada, ele conseguiu, graças a uma força política, mesmo que arbitrária, implantar certo número de coisas em Aubervilliers que jamais se poderia ter de outra forma.. Graças a isso a gente tem uma política cultural na cidade que não custa quase nada. Tem o Teatro da Comuna, que o Estado é em parte responsável, os Laboratórios de Aubervilliers também, o Teatro Zingaro. Isso não custa nada, é uma subvenção municipal de 300 mil francos. Por outro lado, se você tem um teatro municipal, isso custaria três vezes, cinco vezes mais caro.

O que está em jogo atualmente tem como ponto de partida uma gestão específica dessa herança que se assevera como resultado de uma aposta política e de um acerto financeiro que conseguem superar as transformações que surgiram desde sua implantação nos anos 1960.

É uma política completamente paradoxal, ou seja, as pessoas imaginam que se gasta muito dinheiro em Aubervilliers, não necessariamente para a população, porque eles veem essas grandes estruturas prestigiosas, mas na verdade essas estruturas têm uma programação independente, o que é relativamente normal porque elas não são majoritariamente financiadas pela cidade.

A conjugação entre cultura e preocupações espaciais é muito sensivelmente percebida por Poulain, nas suas implicações de legitimação, outro elemento ao qual me referi a respeito das dificuldades inerentes aos subúrbios:

> Mas o elo com a cidade não foi trabalhado o bastante. Eu acredito que o que está em jogo hoje, para que não se perca essa herança, que talvez tenha suas falhas, mas apresenta, mesmo assim, vantagens por estar aqui, é como se faz para ancorá-la, legitimá-la junto ao restante da população. Existe um cinema de arte e de experimentação que continua em atividade, enquanto os demais da Île-de-France são suprimidos pouco a pouco. É um esforço cofinanciado por outras cidades, mas é uma escolha política! Portanto, no caso dessa política cultural ambiciosa, cuja herança deve ser levada adiante, com dificuldades financeiras, na cidade que não permite... Enfim, vão nos obrigar a fazer escolhas. Eu penso que se a gente não se integrar à dimensão do *planejamento urbano*, todas as problemáticas urbanas, a gente não vai sair delas.

A POLÍTICA CULTURAL ENTRE OS MUITOS PERIGOS DE INSTRUMENTALIZAÇÃO: O PLANEJAMENTO URBANO E A INTERMUNICIPALIDADE

Poulain percebe, no entanto, a complexidade para se alcançar a integração supracitada.

A gente vê a cultura como um elemento estruturante de um lugar, de um território, de um bairro. Não é de forma alguma o exterior... Isso pode ter uma repercussão, mas a ideia é a de que a cultura faça parte das reflexões estruturantes sobre a cidade, que ela não seja unicamente conjetural, que não seja unicamente uma manifestação. Existe um potencial de desenvolvimento enorme ligado a outros e isso me permite voltar às *friches*... Existe uma insignificante população, ao mesmo tempo muitos prédios baixos, zonas de indústrias, zonas industriais, que não foram utilizadas, que encerraram suas atividades nos anos 80, começo dos 90, e que não foram reabilitadas, frequentemente por causa de processos, de propriedades e também de poluição do solo, problemas múltiplos que freiam muito o planejamento, a reabilitação dos lugares.

Ela acredita, também, que a saída de Jack Ralite da prefeitura marca o fim de uma época, e esse panorama torna a questão das *friches* ainda mais complicada para a prefeitura.

De acordo com ela, não existiria mais margem de sustentação política para a implantação de novas infraestruturas na cidade. Em primeiro lugar, a cidade possui, em relação às outras da periferia, um bom número de equipamentos. Por outro lado, subsiste uma atitude da municipalidade de subvencionar, de institucionalizar, de ajudar lugares em construção, tal como foi o caso dos Laboratórios de Aubervilliers.

Também reconhece a complexidade das margens de ações no que diz respeito à política cultural e lembra que Jack Ralite sempre foi criticado, uma vez que toda decisão exige necessariamente ser feita em detrimento de outra. Ela reconhece que se trata, nesse caso, de uma escolha de prefeito como qualquer outra.

> Estar em uma função pública, ser prefeito, é ter uma visão transcendente. Pois aqui existe um equilíbrio, que eu espero encontrar, que está entre o reconhecimento dessa vida das associações, muito rica e detentora de práticas culturais diferentes, e a sequência dessa herança. O que fazer dessa herança para que ela seja uma vantagem para todos. A gente vai começar a refletir sobre isso em nossa pequena equipe, mas o que está em jogo hoje para mim é isso: minha preocupação *é a Plaine Commune, porque a gente corre o risco de praticar uma políti*ca cultural que sirva unicamente à imagem do território. É essencialmente isso, e depois os problemas financeiros que nos cercam.

UMA IDEIA DE HOSPITALIDADE NO ÂMBITO DA POLÍTICA

Nossa interlocutora introduz a questão da diversidade cultural de Aubervilliers vista pela ótica institucional, onde se percebem os obstáculos cotidianos que dificultam a hospitalidade. Nos parágrafos abaixo, ela apresenta ligações entre alteridade cultural, política pública e desemprego.

Porque de um lado se nega, se diz que 30% da população são estrangeiros em Aubervilliers: é verdade na esfera cartográfica, mas existem também muitas outras pessoas, e é preciso que se possa também levar em consideração essa presença na definição de nossa política. Pessoas que são de origem estrangeira, seja porque adquiriram nacionalidade recentemente, seja porque seus pais são estrangeiros; os pais imigraram por razões econômicas e eles, tendo nascido em solo francês, são franceses. Mas, mesmo assim, não é a mesma coisa quando você está com um pé cá e outro lá entre uma cultura oral e outra escrita. Se seus pais vieram nos anos 60 ou 80, por exemplo, se são malianos, se você os encontra, mais ou menos, no gueto do Landy, por exemplo. Se você é demitido do seu primeiro emprego, se você se chama Mamadou Kawaté, não é exatamente a mesma coisa. Eu acho que a gente deve levar isso em consideração, eu acho isso positivo. Se estou nessa cidade é porque acho que existem pessoas que vêm de toda parte, e existem histórias várias, e em Aubervilliers 30% é pouco.

ACESSO À BIBLIOTECA PARA AS DIFERENTES CULTURAS PRESENTES

A questão da leitura e da escrita em uma cidade como Aubervilliers, com várias nacionalidades, apresenta sempre desafios particulares. Segundo Poulain, no momento em que foi convidada a trabalhar na biblioteca, ela trabalhava por conta própria e não fazia projetos para fora. O que sua equipe tentou desenvolver foi uma "política fora dos muros", com programações no ano todo.

Na época em que estava na coordenação da biblioteca municipal, ela construiu um acervo em línguas estrangeiras, o que politicamente não foi evidente, pois "uma vez que o Estado francês oficialmente não reconhece a prática de outras línguas em seu território, ele fica extremamente reticente ante as línguas minoritárias". Poulain continuou bastante envolvida nesse projeto em 2004, de forma que adquiriu uma das mais interessantes bagagens no que diz respeito à diversidade:

> Para mim, simbolicamente é extremamente forte ter livros em tâmil, em chinês. Primeiramente a gente desenvolveu isso no bairro La Villette, em função das comunidades presentes; lá a gente encontra basicamente as línguas tâmil, árabe, chinês. No bairro Landy, a gente lê livros em bambara! O mais complicado foi a mediação. A ideia era fazer com que o desenvolvimento desses acervos, a compra dos livros, seu tratamento, pudessem ser feitos em parceria com associações locais, e o que se pôde fazer é o que acho interessante.

Com o apoio dessas associações que ajudam a traduzir os livros e da subvenção do contrato de cidade, essa iniciativa continua, ainda que lentamente. Além disso, um outro fator que contribui nesse sentido é uma rede em Seine-Saint-Denis que se chama "Biblioteca em Seine-Saint-Denis", na qual um grupo trabalha com línguas estrangeiras como o grupo Aurora, em Aubervilliers, que se ocupa da língua tâmil, já que existe uma das maiores comunidades tâmil em Seine-Saint-Denis. Além disso, existe também uma pessoa que se encarrega do chinês.

É exatamente por meio dos eixos dessa "política de leitura" que se vê os traços mais próximos de uma hospitalidade, de uma acolhida ao outro que não fala a mesma língua, e essa acolhida é tanto mais meritória que, para Lévinas, se o outro já falasse a mesma língua não se trataria de uma alteridade; o que leva ao "transcendente" é a aceitação da própria diferença. Vê-se claramente que essa hospitalidade se entrechoca, mais do que nunca, com as engrenagens institucionais, no caso de sua vertente "neoadministrativa" de uma pretensa política cultural compartilhada entre cidades.

Mas no patamar das discussões com as bibliotecas, eles dizem *"não é nossa missão. Nós nos encarregamos da difusão da língua francesa"*. E a gente propunha uma jornada sobre a cultura tâmil, no começo todo mundo estava de acordo, agora em Seine-Saint-Denis a gente está sozinho. Mas pouco importa, a gente vai continuar fazendo isso sozinho.

Nesta última declaração, quando Poulain afirma que a Biblioteca de Aubervilliers continuará fazendo sozinha a jornada da cultura tâmil, destaco a presença da coragem para realizar o *face a face* com o outro, tal como colocado por Lévinas no desafio da hospitalidade.

CAPÍTULO 5
O espaço da hospitalidade

DUAS FRICHES EM AUBERVILLIERS

Neste capítulo exemplifico dois casos de *friches* culturais em Aubervilliers, para, a seguir, aproximar o foco sobre trabalhos de três artistas, Esther Shalev-Gerz, Majida Khattari e Thomas Hirschhorn. Finalmente nos debruçaremos sobre o que julgo constituir a singularidade do ato artístico tão realçada no Relatório Lextrait: uma combinação entre postura etnográfica e irrupção de hospitalidade.

Nesses trabalhos, os expedientes adotados seguiram uma linha bastante próxima de um trabalho de etnologia, passando pela conquista de uma confiança para com "o investigador-artista" e pela escuta dos depoimentos.

Esse expediente de comunicar e tornar visível a palavra dos moradores situa-se numa zona intermédia entre a arte e a etnologia. Poderia ser o trabalho de um etnólogo visual, mas não chega a ser um trabalho social, uma vez que leva a imagem até o público sem retornar nem propor soluções aos "moradores". No entanto, ele é legitimado provavelmente pelas urgências e pela situação marginal que se presume atenuar com sua própria realização. E, nesse tipo de proposta artística, sustentada em *friches* culturais, há um outro registro que engloba e ao mesmo tempo excede a postura etnográfica que aproximo da noção de *hospitalidade*.

ESPAÇO PÚBLICO, POSTURA ETNOGRÁFICA E HOSPITALIDADE NA ARTE CONTEMPORÂNEA

Uma maneira encontrada pelo artista de responder às novas expectativas, emergindo de uma fusão entre disposição estética e destinação social nos anos 1980, é aquela que pode ser interpretada como uma postura etnográfica, conforme vimos anteriormente na análise de Hal Foster[176].

A crise social dos anos 1980 incumbiu uma nova tarefa aos artistas, requerendo sua consciência e a sua responsabilidade cidadã. Nessa conjuntura, o artista assume um novo papel, absorvendo a visão crítica que o arquiteto e o urbanista não exercem mais! Assim, ele se confronta com o desafio de conceber ou reconceber uma dimensão espacial, o que se presume ser a base de uma reconquista de cidadania.

Mas, de acordo com Jeudy, a relação entre o artista e essas destinações sociais será tratada, sobretudo da parte da instituição, da mesma maneira que outros domínios: ela pertencerá à ordem da gestão. A seguir, essa relação é acrescida pelas contradições de uma reflexividade difícil, uma vez que a arte não faz parte, de forma alguma, do reino do "consenso" que a gestão reflexiva opera.

O lugar da política na arte, que já foi muito discutido nos anos 1960, ganha um pouco mais de fôlego[177] a partir dos anos 1990.

Um dos acontecimentos mais reconhecidos da arte mundial, a Documenta de Kassel, comprova bem a (re)emergência do debate e consagra a pertinência contemporânea da imbricação entre a vida cotidiana e o ato artístico, que era lugar-comum do artista

---

[176] FOSTER, Hal. *The return of the real: the avant-garde at the end of the century*. Cambridge, MA: MIT Press, 1999.

[177] Acontecimentos recentes nos sugerem ainda outros aprofundamentos sobre "a era do pós-11 de setembro", com vários conflitos multiculturais. Grandes linhas de projetos internacionais, não por acaso, confiam uma missão à cultura face aos "desafios" de paz: basta examinar os objetivos dos projetos da Unesco e o conteúdo da conferência de Estocolmo sobre as políticas culturais para desenvolvimentos e sobre o direito à cultura.

Allan Kaprow dos anos 1960. Tendo passado das "Poéticas Políticas", em sua versão de 1997, às "Plataformas", sua 11ª versão, em 2002 o curador desta megaexposição, Okwui Enzewor, optou significativamente por "um paradoxal porém necessário movimento crítico, por começar com uma série de desterritorializações que não apenas intervém na histórica localização da Documenta em Kassel, mas também é emblemática por seus mecanismos que fazem do espaço da arte contemporânea aquele de múltiplas rupturas"[178].

O meio artístico brasileiro tampouco está indiferente a esta temática, o que se confirmou na Bienal de São Paulo em 2006, quando foi escolhido o tema gerador *"Como viver junto"*, e foram abolidas pela primeira vez as delegações artísticas impostas diplomaticamente. Nesta nítida integração brasileira na retomada mundial da problemática entre arte e política cabe frisar que o artista Thomas Hirschhorn, do qual falarei ainda neste capítulo, veio ao Brasil pela primeira vez para participar desta que foi a 27ª Bienal. Inspirada no modelo de Kassel, a curadora propôs também uma série de debates preparatórios ao longo do ano de 2006. O próprio tema, *"Como viver junto"*, foi assumidamente inspirado em título de seminários ministrados por Roland Barthes no Collège de France, em 1976 e 1977, o que alude à defasagem desta absorção em terras brasileiras. Havia também um objetivo de uma "extensão geográfica" por meio de um Programa de Residência Artística, o qual trouxe dez artistas estrangeiros para diferentes cidades. Enfim, esta bienal, cujo encerramento "celebrou a influência da música africana no repertório brasileiro", exibe em seu próprio tema a relevância do desafio da

---

178 ENZEWOR, Okwui. "Introduction" in: Documenta 11 – le Catalogue, 2002. Nos termos originais do catálogo, a Bienal era dedicada a "specters of another turbulent time of increasing cultural, social, and politics frictions, transitions, transformations, fissures, and global institutional consolidations". As plataformas precedentes ao evento em si propuseram as seguintes temáticas: "Democracy unrealized, Experiments with Truth: Transitional Justice and the Processes of Truth and Reconciliation; Creolité and Crealization; Under Siege: Four African Cities: Freetown, Johannesburg, Kinshasa, Lagos".
179 Como colocado pela curadora Lisette Lagnado na introdução do guia da Bienal. Ver 27ª. *Bienal de São Paulo: Como viver junto: Guia* / [editores Lisette Lagnado, Adriano

hospitalidade frente à alteridade cultural, misturando a postura etnográfica do artista e engendramentos políticos.

Em um livro dedicado a certo desenvolvimento da arte africana contemporânea, Jean-Loup Amselle[180] parte da hipótese de que a arte em geral é um dos registros que provam as relações de força internacionais contemporâneas. Nesse sentido, ele utiliza a arte africana menos para tirar novas teorias do que para "saber se a arte, ou antes a estética – ligada à questão fundamental do patrimônio – não fornece os delineamentos de uma nova ordem mundial"[181].

Amselle nos oferece uma visão crítica sobre o "multiculturalismo", conceito que, no entanto, conscientemente decidi não empregar neste livro. O que interessa aqui é retomar suas alusões à noção de *friche* que ele emprega como "analisador" de seu tema principal, a arte africana. Assim, é a ambivalência do termo que lhe serve para a situação da arte africana no mundo moderno europeu.

> No espaço semântico da *friche* urbana, manifesta-se, com um vigor particular, a ideia segundo a qual a ruína, o desintegrado, o destruído, o degringolado, o devastado, o desmantelado, o desativado são a própria condição para o rejuvenescimento, a revivescência, para a renovação (idem, p. 13).

Em sua introdução teórica, Amselle situa também os processos de conservação e de "vitrificação" do mundo que transpassam e incidem sobre três conotações de *friche*: "frescor", "incultura" e "abandono". Segundo ele, a vitrificação equivale aos processos também chamados de estetização ou reificação do

Pedrosa]. São Paulo: Fundação Bienal, 2006.
180 AMSELLE, Jean-Loup. *L'art de la friche: essai sur l'art contemporain africain*. Paris: Flammarion, 2005
181 Idem, p. 16.

planeta; e, no plano de fundo de *friche*, ele distingue três noções complementares: a reciclagem, o primitivismo e o *kitsch*.

Tendo como objeto de estudo as *friches* da África, a ponto de fusionar o nome desse continente ao conceito de *friche*, como veremos logo a seguir, sua análise não deixa de tangenciar alguns elementos que transpassam as *friches* tratadas aqui:

> Nas *friches*, toma lugar, portanto, um processo artístico análogo a um motor a explosão para quem o ar será fornecido pela vitrificação da era industrial e cuja essência seria representada pelo contato com as outras culturas. (...)
> É na reciclagem do outro distante – portanto na conjuntura do popular, do industrial e do selvagem – que fermenta a arte contemporânea, e é a existência desse caldeirão de cultura que explica, por sua vez, a onipresença, no campo artístico atual, das noções de hibridismo e de mestiçagem (idem, p. 14).

Mantendo os limites de uso que o autor faz do termo *friche*, parece-me, entretanto, que ele repousa sua argumentação, de maneira análoga à desenvolvida aqui, sobre aquilo que ele detecta como uma vitrificação generalizada (o que para mim sustenta-se no registro da reflexividade em seguida a uma etapa irreversível de espetacularização) no mundo da arte. Ele descobre nesta categoria espacial, quase utópica, da *friche,* a possibilidade de um modo de funcionamento diferente (o que chamo de "hospitalidade", mais em consonância com uma postura do que com o lugar em si).

A visão de *friche* de Amselle é evidentemente mais restrita do que aquela que emprego. Ele menospreza as *friches* certificadas como tais no famoso Relatório Lextrait, que, segundo ele, seriam as *pseudofriches* de primeiro grau (assim como o Palais de Tokyo) e as *"pseudofriches* de segundo grau"[182]. Ele as opõe aos *clubbings* clandestinos dos congoleses da região parisiense, que, para ele, seriam *friches* relativamente autênticas.

> Não declaradas, temporárias e desconhecidas pela polícia, essas boates noturnas, instaladas nos lugares mais inesperados possíveis, fornecem a resposta efetiva de uma população amplamente clandestina às tentativas de reciclagem do *trash* e do *destroy* realizadas pela elite artístico-cultural (idem, p. 35).

Para concluir o fio teórico de minha premissa de hospitalidade como margem alternativa à reflexividade – reino dos expedientes consagrados aos processos de patrimonialização –, que acredito ser similar à ideia de um antídoto contra a "vitrificação" descrita por Amselle, é preciso ainda inseri-lo ao lado de uma crença subjacente em uma escapatória qualquer:

> O 'popular' e o 'refinado', doméstico ou exótico, são apenas rótulos provisórios e questões disputadas entre os agentes sociais, o que faz com que o 'hype' e o 'desclassificado', enquanto valores, sejam objeto de negociação e de reorganização constantes entre as diferentes partes envolvidas na paisagem cultural. Impõe-se, portanto, a ideia de que não existe nem começo nem fim da(s) cultura(s), o que torna perfeitamente injustificável uma obsessão por um fim da diferença cultural, exatamente como é aquela de uma vitrificação total e definitiva do mundo. Com efeito, sempre existe uma *friche* qualquer susceptível de representar e funcionar como um lugar outro ou como uma alteridade da arte e da sociedade (idem, p. 42).

---

[182] Especialmente sobre o Palais de Tokyo, Yves Michaud tece uma crítica detalhada acerca do que ele descreve, não sem acidez, como uma "ilustração encantada" de uma pequena etnografia do mundo da arte contemporânea parisiense no livro *L'art à l'état gazeux: essai sur le triomphe de l'esthétique*. Paris: Hachette Littératures, 2004.

VILLA MAIS D'ICI – UMA FRICHE CULTURAL DE PROXIMIDADE

Em 1999, indicada pela municipalidade, a companhia de marionetes gigantes Les Grandes Personnes ["As Grandes Pessoas"] ocupou os locais disponíveis dos antigos depósitos da Companhia dos Armazéns e Lojas Gerais de Paris, nos limites entre Aubervilliers e Paris. Sua ocupação durou três anos, após os quais a equipe procurou um novo local e, pela segunda vez, o município indicou outra *friche* industrial, no entanto pouco adequada às necessidades técnicas do grupo. Este segundo lugar, chamado Casanova e vizinho da Maladrerie (um HLM já frequentado por artistas), foi investido por outros grupos de artistas, mas continuaria sob administração de um diretor da companhia Les Grandes Personnes.

Em 2003, a companhia de marionetes associou-se enfim a outros agentes culturais e, juntos, conceberam um projeto para a ocupação de um antigo depósito de madeiras e carvão, datado do fim do século XIX e desocupado desde 1999, que pertencia a um proprietário privado. Para gerir o projeto, estabeleceu-se uma nova associação chamada Villa Mais d'Ici, que deveria ser o organismo administrativo "âncora" do contrato de aluguel do imóvel, além de captar outros parceiros investidores e selecionar diversos ocupantes temporários e permanentes do espaço, que dispõe de mais de 2000 m², contando com pátio central descoberto de 500 m². Com uma gestão associativa, o projeto previa a adesão de múltiplos parceiros para se desenvolver:

o proprietário privado de espaço, para o qual a associação propôs um contrato de longa duração em condições compatíveis com o andamento do projeto;

as sociedades residentes, membros da associação que investiriam ao longo do tempo sua energia e seus recursos;

as coletividades territoriais, a Cidade de Aubervilliers, a comunidade de aglomeração, o Conselho Geral de Seine-Saint-Denis, Região de Ile-de-France, bem como o Ministério da Cultura e da Comunidade Europeia, à qual foi pedida uma ajuda financeira;

as sociedades locais e os agentes econômicos privados, aos quais foi pedida uma ajuda sob forma de mecenato de sociedade;

as estruturas e as associações locais existentes (...) com as quais a Villa Mais d'Ici pretendia construir uma parceria duradoura.

Além disso, a Villa Mais d'Ici queria inscrever-se em diferentes redes nacionais e europeias que solidarizam com outras *friches* culturais.

Com uma proposta que se ancorava no uso misto entre ateliês, escritórios e alojamentos, o grupo inicial fundou uma nova associação batizada Villa Mais d'Ici, para gerenciar o projeto em uma alusão significativa à Vila Médicis. A intenção continuava clara no prospecto de apresentação: tratava-se de uma "renovação urbana em Aubervilliers". Com o subtítulo *"friche* cultural de proximidade", o grupo responsável enfatizou sua singularidade, a de inserir-se no bairro Quatre Chemins, considerado "sensível" pelos critérios socioeconômicos, e a de abrir um canal permanente com os moradores. Ora, essa tarefa não era das mais simples: a população do bairro é marcada por uma grande diversidade étnica, chegando a 30% de estrangeiros, 80% dos quais são originários de países de fora de Comunidade Europeia; as origens mais frequentes são magrebinos, africanos e asiáticos.

O projeto retomava alguns pontos previstos no projeto não realizado da Cidade das Artes. Segundo o *folder* da Vila Mais d'Ici, as características e as particularidades compartilhadas e invocadas pela equipe como formadoras da originalidade da associação são "uma forte ancoragem local, um compromisso importante na vida cidadã e cultural de Aubervilliers; uma disposição de intervir no espaço público e no espaço social; uma abertura sobre a cultura e as práticas sociais dos países do sul; uma inserção nos meios culturais nacionais e internacionais". Essas "disposições" seriam acionadas e reiteradas pelos diferentes agentes que entrevistei, numa busca de legitimação da função artística numa periferia "de memória e de futuro em que comunidades vindas do mundo inteiro procuram trocar e integrar-se, em que artistas procuram exprimir-se, inventar uma nova arte de cidade".

A propósito de como se define uma *friche* cultural de proximidade, os objetivos são: "um lugar de trabalho e de invenção pluridisciplinar, um lugar de difusão e de trocas interculturais, um lugar de desenvolvimento de práticas participativas aberto ao bairro e à cidade".

Uma das atividades já realizadas foi um encontro paralelo ao Fórum Social europeu, que recebeu o nome de Fórum Social Local, além de festas de bairro. Há diversos encontros, peças de teatro, cursos, além das atividades de trabalho nos ateliês propriamente ditos e salas de associações.

Uma outra característica destacada pelos coordenadores do projeto era certa independência em relação à prefeitura de quem, contudo, era esperada uma ajuda financeira e que expressara a sua "simpatia" para com o perfil social do projeto na ocasião do seu lançamento no setor cultural de Aubervilliers.

MOTIVAÇÕES E DINÂMICAS: ALGUNS DEPOIMENTOS

Após ter introduzido as "missões" que a equipe da Villa Mais d'Ici se atribuíra no início, irei a seguir retomar e comentar, a partir de entrevistas realizadas, as motivações e a dinâmica dos agentes sociais no seio dessa *friche* cultural.

Conhecemos a Villa Mais D'Ici através de Martine Mounier, artista e socióloga residente permanente da *friche*. Em nosso primeiro encontro, Martine descreveu esta *friche* como sendo um "complemento não institucional" à *friche* Laboratórios de Aubervilliers.

Como trabalhou anteriormente no OMJA (Serviço Municipal da Juventude de Aubervilliers), seu encontro com a equipe inicial do projeto, um grupo de marionetes gigantes, aconteceu quando ela trabalhava para um festival de música em Aubervilliers em 2001, e recorreu ao casal Jean e Babette, que vive e trabalha em Aubervilliers há vários anos, para cenografia e restauração. Mounier recorda que, desde esse primeiro momento, ela apreciou a convivialidade e a maneira de ser do casal. Em seguida, viajou para o exterior por dois meses, para Burkina Faso, um dos países da África com o qual ela trabalha em sua associação Ethnoart. O tema das culturas estrangeiras seria precisamente um dos motivos para conciliar seus interesses e os interesses das "Grandes Pessoas", quando se encontraram no início de 2003.

Como outras *friches*, a Villa Mais D'Ici surgiu também como resultado da conjunção e da mobilização dos agentes que tinham uma relação anterior com a cidade, quer de trabalho, quer de residência. Essa relação é um dos fatores que explicam a possibilidade mesmo de encontrar um espaço como esse. Atualmente, acontece a conjugação descrita no Relatório Lextrait entre a adequação da grandeza arquitetônica e as necessidades de produções dificilmente contempladas nos lugares tradicionais.

Os depoimentos fazem alusão também às redes que, de acordo com o Relatório Lextrait, existiam há uns quinze anos no local antes da descoberta do Ministério da Cultura.

Com a associação Ethnoart eu queria organizar um encontro sobre Burkina Faso, tinha ido lá recentemente e tinha coisas a dizer. Portanto, eu convidei o grupo 'Grandes Pessoas', Jean e Babette, para testemunhar a sua experiência lá. Por consequência, penso que Jean viu certa potencialidade para a associação e me propôs de vir morar aqui, de tomar um lugar na Villa. Na verdade, isso faz tempo, foi há 11 meses. E formalizei o pedido, fui à Câmara Municipal, procurei ajuda[183]...

Vemos aqui, igualmente, de forma muito clara, o desejo de etnógrafo tal como descrito por Hal Foster, neste caso muito objetivado por sua incorporação no nome de associação "Ethnoart".

---

183 Entrevista com M. M., da associação Ethnoart, em dezembro de 2003.

POTENCIALIZAR A DIVERSIDADE CULTURAL

De acordo com Martine, a programação da *friche* devia dar prioridade aos projetos que abordassem a especificidade do bairro no que se refere à presença multicultural. Esse elemento assume, por conseguinte, uma razão determinante na escolha da equipe de Ethnoart de se instalar ali, tendo dentre seus objetivos "abrir" as comunidades mauricianas das festas comunitárias no programa "África Negra".

> Para a associação isso fez muito sentido, instalar-se aqui em vez de na província onde há menos multiculturalismo. É um verdadeiro desafio e isso corresponde a uma preocupação, a das nossas culturas locais, e é uma forma de observação. E a gente diz que estamos vivendo uma transformação radical da paisagem humana aqui, na região parisiense, por exemplo, é completamente perturbado e temos contato com norte-africanos, chineses, pessoas de naturalidade europeia também. E em relação a isso, o que encontramos aqui é uma verdadeira mistura.

O depoimento de Mounier é particularmente rico por conter uma visão do mundo bem informada e também por sua passagem precedente pela academia[184]. Há uma teorização, ainda mais valorizada na sua associação e no conjunto dos residentes da *friche*, que, por sua vez, têm uma trajetória artística de "campo". Devido à sua inserção na cidade de Aubervilliers através do OMJA e, a seguir, dos projetos do Ethnoart, além das viagens para países da África, ela mostra um conhecimento mais detalhado dos contextos sociais presentes nessa periferia.

---

184 De fato, minha interlocutora obteve um DEA na EHESS (Escola de Altos Estudos em Ciências Sociais) em Etnografia antes de criar sua associação.

As pessoas não se conhecem muito bem entre elas. Os tamils e os sul-africanos não se falam. E é extremamente difícil fazê-los se interessar por outras culturas. Portanto, de todas as formas, a ideia é contribuir para uma espécie de tolerância, de antirracismo, porque conhecer as outras culturas me faz participar de uma forma de despertar para outra pessoa, que faz parte de um multiculturalismo. Porque a gente está em uma compreensão das práticas culturais.

Porque em Aubervilliers as comunidades não se falam. Há muitos encontros, principalmente os encontros municipais de culturas estrangeiras ou dos espanhóis, uma vez por ano, que têm suas próprias festas. Você vai a uma festa mauriciana e se encontra três brancos... É a felicidade. Mas as pessoas não são de Aubervilliers, é uma iniciativa da associação que traz pessoas da região parisiense e faz grandes eventos como estes.

> Podemos detectar, nesses dois últimos fragmentos do depoimento de Martine, não apenas as características da diversidade cultural presentes em várias *friches,* tal qual se percebe no Relatório Lextrait, mas também os traços específicos que em cada contexto local vem matizar as motivações das equipes que trabalham em sinergia numa mesma *friche* cultural. Além do mais, a componente sociocultural de Aubervilliers, sublinhada por Mounier, revela os desafios intrínsecos do encontro com o *outro*, com a alteridade, a dificuldade de aceitação entre os diferentes, tal como preconizada por Lévinas, pano de fundo que, ao mesmo tempo, imprime o tom assumido por uma associação como Ethnoart e destaca a brecha que, ante as instituições que gerem a "questão do imigrante", provocará alternativamente as singularidades de abordagem do público das *friches* e as potenciais solicitações de subvenção.

UM EXPEDIENTE SINGULAR – A VISÃO DO COORDENADOR DA FRICHE

Para preparar o projeto da *friche*, tarefa para a qual é necessário possuir competências específicas, Alain Feffer foi convidado, no fim de 2002, por seus relacionamentos. Ele possui as características que, de acordo com o grupo, faltavam realmente ao projeto, porque "ele tem relações com as instituições, é necessário ser capaz de sustentar o mesmo discurso... Conhecer pessoas e, ao mesmo tempo, [ele] conhecia os moradores".

> Da nossa parte, nós não temos de forma alguma a lógica de dizer: o que é financiável? Então, o que iremos fazer? Nós temos o princípio de nos perguntar o que é que a gente quer fazer, e depois nós vemos o que podemos encontrar. Não temos de forma alguma uma estratégia oportunista de dizer 'veja, aí está uma oportunidade, circo... e a gente vai fazer porque tem dinheiro'. Tivemos uma postura completamente diferente. Primeiro se constituiu uma coletividade, a gente viu o que as pessoas queriam fazer e quais sinergias que a gente podia construir, a gente trabalhou com aquilo que a gente podia dar um ao outro. E só depois vimos como isso poderia ser financiado. É o contrário.
>
> Em relação à cidade, à prefeitura, talvez dentre aquilo que temos vontade de fazer e o que a prefeitura poderia financiar, eu acho que há uma dimensão que é importante, que é a da proximidade. A gente tem a intenção de ser uma *friche* cultural de proximidade, *friche* porque é pluridisciplinar, não tem apenas teatro, existem outras competências artísticas. Existe o lado da criação, da produção, da pós-produção e tudo... Ora, tem a especificidade, mas queremos que isso seja realmente de proximidade. Ou seja, implicá-los, incluir os moradores de Aubervilliers, convidá-los e conduzi-los a vir aqui para frequentar, para encontrar estágios. O fato de Aubervilliers ser uma cidade

cosmopolita com muitas comunidades étnicas diferentes, nós não somos indiferentes a isso, queremos fazê-los se comunicar com os artistas, isso é parte integrante do projeto!

Mas também a gente construiu proximidades e essa proximidade é algo que a prefeitura deveria financiar, porque se tem uma forma de delegação cultural que contribui para dinamizar esse bairro, contribui para a renovação urbana, algo que deve, deveria normalmente estar ao encargo da prefeitura (...). Não nos pediram nada, deixaram-nos fazer, a cidade de Aubervilliers não nos pediu nada, e agora que isso se faz, se a gente precisar, a gente vai efetivamente pedir.

> O coordenador salienta a abertura da *friche* para os grupos sociais do bairro, incluindo programas mais próximos ao que é considerado "sociocultural".
>
> Por último, para continuar minha abordagem acerca das *friches* culturais de Aubervilliers, é relevante evidenciar o fato de que a equipe "âncora" ou "de acolhida", longe de se apresentar como alternativa, põe-se como vínculo fundamental entre as produções que têm lugar na *friche* e a vizinhança, que é ainda mais especial por conter o "pluricultural". O percurso dessa *friche* revela igualmente todo um entrelaçamento de relações com os agentes públicos municipais, sem se furtar a incorporar em seu benefício prioridades que às vezes são mais pertinentes aos serviços sociais, quando estes últimos se revelam mais adaptáveis ao seu apoio que os serviços culturais.
>
> Numa primeira etapa, é a disponibilização das salas que viabiliza, ainda que precariamente, a gestão financeira do espaço. Será também nesse domínio que as "redes" serão ativadas e,

para fazer isso, tratar-se-á de ganhar um pouco mais de visibilidade com o tempo. Enquanto isto, a friche joga fortemente com sua possibilidade de acolhida de eventos e de abertura às comunidades "pluriculturais" locais, o que me conduz a ver a vontade do encontro com o Outro, aqui ao mesmo tempo o vizinho pobre e o imigrante.

Enfim, é fundamental observar de que maneira os aspectos ditos culturais são constantemente colocados em destaque como fator de legitimação da *friche* Villa Mais d'Ici. É um "modo de fazer" que se quer similar ao método etnográfico, inclusive com a residência no terreno do "outro", ressaltada de forma a me aproximar daquilo que vimos Hal Foster chamar de "política cultural da identidade". O ponto mais controverso, muito bem ilustrado pela Villa Mais d'Ici, diz respeito aos limites entre as práticas amadoras e as práticas sociais, conforme observado no Relatório Lextrait, uma vez que a *friche* não apenas não se quer um lugar voltado para uma determinada disciplina artística, mas orienta fortemente sua própria identidade enquanto um lugar de "instrumento de renovação urbana".

Vejamos a seguir como esses aspectos se apresentam numa outra *friche* de Aubervilliers, que se pretende mais artística que cultural.

UMA FRICHE EM BUSCA DE PRESTÍGIO: OS LABORATÓRIOS DE AUBERVILLIERS

Os *Labos*, abreviação de *Laboratórios de Aubervilliers*, são uma *friche* industrial reinvestida por artistas desde 1994. O lugar era uma antiga usina de roldanas que se mudou para a Holanda. A partir de um encontro entre o prefeito Jack Ralite e François Verret, coreógrafo que buscava um lugar de trabalho, o espaço sofreu algumas reformas de restauração para se tornar um "lugar de criação". Ao contar esse encontro fundador, Catherine Leconte, coordenadora do espaço na época de sua abertura, relembra as palavras de Ralite, que queria "ver na cultura uma fonte de renovação moral e econômica".

Em um documento, as linhas de trabalho dessa primeira fase da *friche* são assim descritas[185]:

É primeiramente um lugar de acolhida de artistas que vêm trabalhar com criações. O ponto em comum entre todos os artistas é trabalhar em uma transversalidade das artes. Eles podem ser coreógrafos, artistas de circo, de teatro, de música, de artes plásticas (...).

Existe um ponto forte que se chama 'acervo público de livros e filmes' em que o princípio é acolher pessoas que trabalhem com diferentes temas. Isso vai desde a revolução psiquiátrica à situação no Timor Leste, passando por pessoas que puderam escrever livros sobre *princípios de hospitalidade*[186] ou sobre a memória, sobre preocupações, discussões que nós temos – os artistas e a equipe dos labos – e que se definiram em termos de projetos.

A ligação com os moradores, o trabalho dito de proximidade. Aqui é uma cultura que vai ao encontro das pessoas pobres para reaprender a viver junto.

---

[185] Relatório para uma exposição pública, produzido por Catherine. Transcrevi as palavras com o objetivo de manter as expressões que serão retomadas e comparadas com as linhas de outra *friche*.
[186] Grifado por mim.

Tenta-se ter um expediente bastante voluntário sobre Aubervilliers: temos fichas de 3000 pessoas, dentre as quais hoje somam entre 500 a 600 de Aubervilliers. Há um trabalho cotidiano a fazer com eles, principalmente com nossos vizinhos. Os *Canteiros de Obras – Criação* sempre estão associados a eles, ou seja, o conjunto dos projetos sempre tem uma dimensão de ligação com a população (...).

Há uma outra linha de trabalho que se chama 'espaço de figuração local': o objetivo disso é acolher artistas que têm sistematicamente um projeto que se baseie na participação do público (...).

Na primeira parte desse projeto, cujas questões enfocadas eram descritas como "a questão do espaço exterior de proximidade como tradicional e cênico", a artista plástica e arquiteta Anne Coutine encontrou uns vinte moradores do bairro Quatre Chemins, onde fica a *friche*, e lhes pediu para falar sobre memórias que eles tinham do bairro. A seguir, a artista construiu uma espécie de cenário do que lhe fora contado. De seu conteúdo, sei que "suas falas são fragmentadas, problemáticas: o bairro é anunciado como um lugar de amargura ou de realizações, de conflito ou de busca, de porto ou de exílio. A cada uma dessas pessoas corresponde hoje um objeto (um porta-memória) que baliza o terreno da esplanada". Yves Jeanmougin, por sua vez, deu sequência à segunda parte do trabalho tirando fotos das pessoas entrevistadas para fazer uma exposição permanente nos Labos com os fragmentos de suas falas.

Já Maguy Marin, coreógrafa conhecida também por sua visão do papel social da dança, que ancora seu "laboratório" na periferia de Lyon, abriu um ensaio às associações locais de Aubervilliers oferecendo uma prática de dança.

SEGUNDA FASE DOS LABOS

A partir de 2000, uma nova equipe substitui a equipe fundadora. Essa nova fase será marcada pela busca da afirmação do lugar acerca da excelência artística, em contraste com os propósitos anteriormente voltados para a sensibilização de um grande público. Em termos de perfis profissionais, a nova direção artística conta com dois críticos de arte e curadores de exposição e um coreógrafo. A produção de artes visuais ganha um lugar mais preponderante e novas obras são realizadas por financiamento da Comunidade Europeia.

O objetivo da nova direção dos Laboratórios de Aubervilliers, segundo uma pessoa da direção, é propor projetos de arte de qualidade sem diferença em relação ao centro de Paris. A arte é vista como pesquisa, como experimentação. Nessa lógica entra o papel de acolher artistas renomados, o que é assinalado como ponto de distinção do espaço em relação àqueles repertoriados no Relatório Lextrait: uma preocupação com a excelência que o diferencia também das proposições da equipe anterior. De acordo com uma pessoa da nova direção artística,

Ao decidirmos transformá-lo num espaço para arte, as ligações que foram nutridas pelos Laboratórios com o público não poderiam tão cedo ser questionadas. O projeto da nova direção (da qual eu faço parte) não é construir uma fortaleza. Mas ele parte do princípio de que a relação que a arte nutre com o real não se define senão em função das obras. Proceder de outra forma vem a desvirtuar o trabalho dos artistas, em outras palavras, a instrumentalizá-lo. Igualmente, pretender conhecer as expectativas do público é estabelecer uma relação de hierarquia. Cabe a nós, portanto, para que um espaço como esse seja legítimo, encontrar as palavras (o verbo), as ferramentas para acompanhar a realização e a midiatização (as duas fases/faces) das 'obras' que os atravessarão (CHAPUIS, Ivane in: KHATTARI, Majida. *En famille, catalogue d'exposition*. Ecole Nationale Supérieure des Beaux Arts; Les Laboratoires d'Aubervilliers/Ville d'Aubervilliers, 2001, p. 7, note 4).

Mesmo negando qualquer compromisso perante certa expectativa prévia ditada pelos organismos institucionais e, mais especificamente, pelos atores engajados no movimento das *friches* culturais, acerca da valorização da questão do território, a equipe sustenta, entretanto, que essa questão pode emergir legitimamente como preocupação no seio dos trabalhos de qualquer artista convidado.

Uma outra linha importante de ação proposta pela associação é um programa de residências artísticas, em relação ao qual os parceiros financeiros têm frequentemente uma expectativa de ancoragem no território.

Esther Shalev-Gerz, Majida Khattari e Thomas Hirschhorn, três dos artistas escolhidos pela direção dos Laboratórios de Aubervilliers, têm um elemento em comum: todos têm uma preocupação com o espaço público e têm um olhar que leva em consideração o contexto cultural do bairro em que será realizada a proposta artística efêmera. Todos invocam, mais ou menos nitidamente, sua visão sobre o lugar contemporâneo dos artistas diante das expectativas que lhes são impostas e todos empregam os *modus operandi* impregnados pelo "desejo etnográfico" analisado por Hal Foster. Aproximemos nossa lente sobre eles, em seguida!

ESTHER SHALEV-GERZ E "OS RETRATOS DAS HISTÓRIAS"

Pelas suas exposições, com todas as mudanças de língua, de nacionalidade, de cultura e de modo de vida, essas pessoas têm um senso de valores contemporâneos[187].

O primeiro exemplo escolhido foi o da artista plástica Esther Shalev-Gervz, convidada pelos Labos para trabalhar sobre Aubervilliers em 1999. Como tinha experiências anteriores com intervenções em espaços públicos, ela desenvolveu projetos acerca de uma noção de memória. Para realizar *Os retratos das histórias* [Les portraits des histoires], trabalho de vídeo e de foto, a artista pediu ajuda aos moradores do bairro Quatre chemins, e de outros bairros de Aubervilliers. Desta vez, os moradores foram solicitados a responder: "Qual história é preciso contar hoje?". O trabalho seguiu etapas de encontro com as pessoas, de filmagem e, finalmente, de projeção e edição de um livro. Os moradores-participantes tinham total liberdade para contar fosse uma história imaginada, fosse uma história de suas vidas. As histórias resultaram em mais de dez horas de filmagem, das quais somente duas horas e meia foram utilizadas no vídeo final[188].

A partir desses pressupostos[189] e do *modus operandi* da artista em seu trabalho, considero ao mesmo tempo sua singularidade e seu pertencimento as tendências mais generalizadas. Sua singularidade retém, a meu ver, uma combinação de suas longas narrações que trazem à luz uma ideia de memória de herança coletiva e os rostos num plano fechado. Por outro lado, detecto um recurso aos expedientes e às metodologias de etnografia reperto-

---

[187] Entrevista da artista Esther Shalev-Gerz com Alice Laguarda, em *Visuel(s)*, primavera de 1999, p. 7.
[188] O vídeo está disponível nas bibliotecas municipais de Aubervilliers.
[189] A análise aqui proposta apoia-se no filme de 2 horas e 25 minutos, no livro, nos escritos do artigo, bem como em artigos da imprensa e em entrevistas com operadores culturais envolvidos e, por fim, em algumas entrevistas com os moradores "personagens" do filme.

riados por Hal Foster, difundidos nos *site-specific*. Quanto ao que revela mais especificamente escolhas formais e estéticas, penso no valor dado aos rostos que ocupam quase a totalidade da tela no vídeo. A partir daí, o que emerge é o rosto como sede primeira da memória. Não estamos muito longe do rosto enquanto manifestação do respeito invocado por Lévinas: o rosto como ponto de acolhida de um outro por excelência.

Assim, o expediente da artista – baseado em algumas entrevistas filmadas com os "moradores-expectadores" – prova um olhar historiográfico diante de seu espaço de intervenção, o que vem a reforçar o valor próprio do processo participativo, independentemente da obra "resultante".

A noção-chave – memória – no coração das intervenções e das reflexões da artista tampouco é especificamente original: ela é também aquilo que legitima a maior parte das intervenções "urbano-culturais", o que traz à tona a ação pública sobre os espaços centrais das cidades.

Quando se trata de experiências no espaço público, todas as artes são levadas em conta, uma vez que contribuem também para refazer a imagem da cidade. É o que Augoyard nos relata na análise sobre o potencial artístico e estético do espaço urbano por intermédio da noção de "ação artística urbana", que, dentre outros objetivos, visa fundar uma ação conjunta entre política cultural e gestão urbana no espaço público:

> Três hipóteses começam a se delinear depois de dois anos de trabalhos. Os espetáculos de rua podem primeiro ser considerados reveladores em um sentido quase fotográfico (...) a ação artística seria portanto uma embreagem de

revelações ou de 'oferenda', afetando as percepções de formas construídas, mas implicando também os ambientes no que eles podem ter de mais imaterial. (...) O segundo traço comum às ações artísticas urbanas é a capacidade de recontextualização. (...) Terceiro traço: as ações artísticas imprimem no urbano traços objetivos ou subjetivos que são elementos importantes na evolução da imagem da cidade.[190]

>Quando Augoyard faz alusão à capacidade de recontextualização, não estaria falando de memória?
>
>Além da memória, existiriam outras premissas guiando o expediente de Shalev-Gerz, nesse caso longe dos espaços urbanos? Vejamos o que a artista diz:

Por seu percurso, sua atitude, eu considero que essas pessoas estão no coração do movimento do mundo contemporâneo. Indo ao encontro deles, com essa simples interrogação que coloca em questão o processo mesmo da criação artística, o campo é deixado aberto para uma reflexão sobre o engajamento. Sua participação é fundamental para criação dessa obra. Assim, o expectador, antes passivo, é convidado a participar desde a sua primeira fase da construção da uma obra (SHALEV-GERZ, Esther. *Les portraits des histoires*. *Aubervilliers*. Ecole Nationale Supérieure de Beaux-Arts de Paris, Les Laboratoires d'Aubervilliers et la Ville d'Aubervilliers, 2000, p. 92).

>Shalev-Gerz lança aqui uma discussão sobre a produção, tema recorrente, inaugurado por Walter Benjamin que, aliás, atravessará os discursos e as opiniões das propostas artísticas que veremos a seguir. O campo, do qual isso parte, é nitidamente o da implicação política do artista contemporâneo e de sua habi-

---

190 AUGOYARD, J.F. "L'action artistique dans l'espace urbain" in: METRAL, J. (coord.) *Cultures en Ville ou de l'art et du citadin*. Paris: Editions de l'aube, 2000, p. 27. Trata-se especificamente de "Arte de rua", gênero recente que manifesta também uma preocupação com a vida real nas manifestações artísticas.

lidade em deslanchar processos de envolvimento do "público", aqui um público singular que já está "no coração do movimento do mundo contemporâneo"; ou o público mais considerado como "não público". O artista organiza seu trabalho acerca da tessitura entre a valorização da memória do outro, nesse caso compreendida em sua alteridade essencial.

> Através da contribuição, do dom, se desenha um espaço público que permite nos transformar, manter fluida nossa memória indissociavelmente ligada ao outro. O interesse da criação de tais situações, quer sejam as representações da instrução, o registro dos retratos das histórias ou da construção da coluna de Harbourg, reside sempre na tomada de responsabilidade coletiva que se manifesta através de um ato, de uma experiência pessoal e sensível, em uma renovação da noção de ritual (idem, p. 94).

O exemplo tem por enquadramento uma tendência, iniciada no começo dos anos 1990, de alargamento dos territórios que fazem parte de medidas de política cultural local das cidades de periferia e, nesse contexto, a chegada de artistas encarregados de desenvolver projetos tidos como potencialmente indutores de uma nova dinâmica da vida dos bairros. Em termos de gestão espacial, é igualmente nos anos 1990 que aparece a noção de *planejamento cultural urbano*.

Partindo do foco colocado sobre a noção de memória por Esther Shalev-Gerz, o vídeo coloca em perspectiva as diversas "vozes" escutadas no terreno e suas receptivas ressonâncias no tempo, além de captar elementos de sua identificação em um espaço ao mesmo tempo simbólico e real, aquele das periferias.

Passando finalmente ao vídeo resultante de *Os retratos das histórias*, o que nos toca, sobretudo, é a escolha do enquadramento muito próximo do rosto de cada morador pela câmera, em que o que é libertado é somente o rosto humano (com a voz humana da narrativa como fundo sonoro), em uma tomada bastante fechada, o que resulta de uma escolha estética e coloca ao mesmo tempo interpretações éticas que relacionamos à aproximação do rosto do outro tal qual mencionado por Lévinas.

Efetivamente, segundo Derrida, um dos sentidos da "abertura" que interessa a Lévinas é aquele do "desnudamento" da pele exposta, a vulnerabilidade de uma pele oferecida, no ultraje e na ferida, à hospitalidade incondicional. Seria nessa vulnerabilidade, ao mesmo tempo passiva, exposta e assumida, que Lévinas aproxima estreitamente subjetividade e hospitalidade[191].

---

191 LÉVINAS, E. *"Subjectivité et vulnerabilité"*. In: *Humanisme de l'autre homme*. Paris: Fata Morgana, 1972, p. 92, apud DERRIDA, J. *Adieu à Emmanuel Lévinas*, op. cit., nota 1, p. 100.

MAJIDA KHATTARI: "EM FAMÍLIA"

No trabalho *En famille* [Em família], a artista Majida Khattari afirma que sua preocupação com a produção de objetos permanece fundamental mesmo que funcione como pretexto para desencadear relações entre os participantes. Nesse projeto, as fotos foram tiradas na casa dos moradores e expostas nas casas de outras famílias moradoras, criando assim uma troca no percurso entre os apartamentos. Ela lida com uma dimensão de fluidez no espaço privado doméstico; em um primeiro momento, como o lugar de acolhida do artista e, no momento final, o lugar de exposição e de encontro entre o público e as famílias anfitriãs.

Com relação aos riscos de indexação de seu trabalho no registro do social, Majida Khattari responde:

> Eu debocho. Essa questão da arte social não me interessa. Eu não sou nem militante nem assistente social. Tenho consciência do que faço e do que devo fazer. Sou artista e tento comunicar, por todos os meios, o que eu tenho a dizer ou o que eu gostaria de dizer. Penso primeiro em termos de forma, mas essa forma pode provir somente daquilo que acontece com o outro. Não se trata de fazer o bem ou de resolver um problema qualquer. Eu tenho meus problemas assim como as pessoas com as quais eu colaboro têm os seus, e ninguém resolverá os problemas dos outros. Isso seria ter a ilusão de pensar sobre o objetivo da arte. Acho simplesmente que os artistas têm interesse em sair do mundo da arte para trabalhar, pois aí reside uma outra forma de ilusão (Entrevista concedida a Yvane Chapuis in: KHATTARI, Majida. *En famille, catalogue de l'exposition*. Ecole Nationale Supérieure des Beaux Arts: Les Laboratoires d'Aubervilliers/Ville d'Aubervilliers. 2001, p. 11).

É interessante colocar em perspectiva esta declaração com o questionamento feito por Manuel Oliveira Paz[192], que acrescenta alguns desdobramentos de sentido:

Para que serve a produção artística se ninguém a entende? A arte deve sair de seu isolamento para se tornar uma experiência vivida e compartilhada. Nós devemos refletir sobre a noção de criatividade. Quando nós falamos do indivíduo criador, nós falamos em geral de uma pessoa que, em seu trabalho, oferece algo de novo, de uma pessoa inovadora, mas isolada do resto da sociedade, frequentemente não compreendida por ela. Então se fala em alguém visionário. Esse conceito de criatividade fica portanto associado à individualidade, a um indivíduo genial, à vanguarda, mas que não tem nenhuma repercussão concreta na sociedade. Ele não ajuda ninguém. Ao contrário, a noção de criatividade que nós devemos defender remete a um fato social, a uma dimensão do saber que será útil no conjunto da comunidade.

A "exposição" de Majida Khattari – na sua proposta singular de estabelecer um caminho-percurso entre os apartamentos de cada participante, em que as fotos eram colocadas nas paredes – presta-se, para mim, a uma análise também ligada às noções-chave de Lévinas. Assim, Derrida lembra que: "O hóspede é um refém na medida em que ele é questionado, obsedado (portanto aprisionado), perseguido, no lugar mesmo em que ele está; ali onde imigrado, estrangeiro, o inquilino de sempre se encontra a domicílio antes de eleger domicílio". Traduzindo para o léxico da hospitalidade, esse traço do rosto seria chamado de visitação: "o rosto é, por si só, visitação e transcendência"[193].

---

192 Responsável por *Hangar*, em Barcelona, intervenção feita durante o colóquio "Nouveaux Territoires de l'art", em Marselha, em fevereiro de 2002 e citada In: LEXTRAIT, Fabrice e KAHN, Frederic. *Nouveaux territoires de l'art*. Paris: Edition Sujet/Objet, 2005, p. 150.
193 LÉVINAS, E. *Humanisme de l'autre homme*. Paris: Ed. Fata Morgana, 1972, p. 63.

O MUSEU PRECÁRIO DE THOMAS HIRSCHHORN EM AUBERVILLIERS

A fim de conhecer o anteprojeto para o *Museu Precário Albinet*, fui encontrar Thomas Hirschhorn no seu ateliê-casa em Aubervilliers, depois de ter pedido por telefone seu consentimento para observar as reuniões preparatórias com os moradores do Complexo Habitacional Albinet, participantes do projeto.

Após pedir para não gravar a entrevista, o artista me propôs assumir uma função nas diferentes fases do projeto em troca da observação ou de uma participação. Assim, dentro de uma lógica de troca e com certa desconfiança, aparentemente em consequência dos projetos similares anteriores, ele me disse: "Mas se vocês querem entrar é preciso fazer alguma coisa! Vejo isso como algo oportunista, porque vocês vêm e tomam alguma coisa para vocês, mas eu não vejo o que ganho com isso".

Como a expectativa de uma observação foi, portanto, frustrada – além do mais, minha vontade foi sugerida por uma pessoa da direção dos Laboratórios de Aubervilliers –, o argumento do artista indicava o investimento pessoal que, sem dúvida, devia ser colocado bem em evidência, em uma postura semelhante àquela descrita por sociólogos como parte significativa de certo "jogo da arte contemporânea"[194].

Ao explicar a intenção de fazer participar os moradores do grande prédio Albinet da instalação de uma estrutura efêmera da exposição, e ao observar o grande desafio inicial de informar e, ao mesmo tempo, formar jovens interessados no projeto, Hirs-

---

194 É o caso das análises de HEINICH, Natalie, em *Le triple jeu de l'art contemporain*. Paris: Les Éditions de Minuit, 1998.

chhorn pôs avante uma preocupação em proteger ao máximo o desenrolar desse contato inicial e o intimismo necessário entre ele e os moradores:

Porque também já é uma coisa difícil, não é simpático (...) as pessoas não querem necessariamente participar (...). A arte para eles não é uma preocupação, eles têm outros problemas. Portanto, se, além disso, eles veem uma outra pessoa que só assiste, eles não vão entender, vão pensar que estão sendo estudados (...). E esse projeto é para eles! É para eles! Não é para trazer gente de Paris. Isso seria fácil, mas não é o nosso objetivo.

Como o projeto tinha por objetivo principal expor em um "museu precário" obras maiores da arte moderna, a fase mais complexa, em termos de organização, era a de convencer os museus proprietários das obras a autorizarem a exposição em um espaço público, não conforme as rígidas normas de segurança. As negociações de seguro das obras tomaram, com efeito, mais tempo do que o previsto e causaram o adiamento da fase da exposição. Por outro lado, as atividades prévias e paralelas de formação de jovens começaram dentro do prazo previsto.

Como havia sido convidado pelos Laboratórios de Aubervilliers e já tinha uma experiência anterior com outras intervenções na periferia francesa, Hirschhorn creditou a associação para a difícil montagem financeira da operação independentemente da ação municipal. Sustentando o caráter político de seu expediente artístico, ele se protegeu da participação de qualquer forma de política cultural em voga, ou politicamente correta:

Estou pouco me lixando para as políticas, para a prefeitura. Eles não entendem nada do que faço. Eles se convidaram para ir na minha casa finalmente para tentar ver o que acontece. Além disso, eles não deram nenhum tostão, o dinheiro nós mesmos providenciamos. Os Labos que providenciaram. Eu não acredito nessas políticas, meu negócio é a arte. Eles dizem: "É preciso que tenha algo de social!". Eu não sou assistente social, eu sou um artista! Mas esse trabalho eu faço politicamente!!! Eu faço esse trabalho para mostrar o que essas obras podem ativar.

O PROJETO-MANIFESTO TAL QUAL INICIALMENTE PROPOSTO PELO ARTISTA[195]

O projeto de fazer um Museu embaixo de um imóvel HLM não é de ontem. Na verdade, depois de minha experiência "Deleuze Monument" em Avignon para [a exposição] *La Beauté 2000*, eu pensei que seria necessário manifestar a importância que pode ter a arte para transformar a vida com um "projeto-manifesto". Eu pensei, é um fato, que a arte pode, a arte deve, a arte quer transformar, sem medo de falar: mudar a vida. Penso a arte, a filosofia como os únicos capazes de mudar a vida. Mudar a vida individual e não coletiva, isso também explica por que a filosofia que se dirige ao coletivo fracassa em mudar, em transformar a vida. "A arte pode mudar a vida" é uma afirmação não utópica, pois ativa. Nessa afirmação está contida a esperança. A esperança só é possível na ação. A passividade, nós sabemos, é apenas cinismo, é se acomodar sem nada afirmar. A ação acarreta o risco da confrontação dessas ideias com a realidade, e é isso que vou propor para o projeto: *Museu Precário Albinet* com os Laboratórios de Aubervilliers.

Eu quero utilizar materiais simples e rápidos para construir um museu, um lugar que pode acolher obras de arte originais de artistas que, através de seus trabalhos, quiseram e mudaram a vida. Eu penso em Duchamp, Malevitch, Mondrian, Warhol, Beuys, Le Corbusier, Léger, Dali.

Não importa se esses artistas são célebres e bem conhecidos hoje, *o importante é que esses artistas mudaram a vida, o mundo ou trouxeram essa afirmação para seus trabalhos*. É por isso que proponho que, no *Museu Precário*, obras originais sejam expostas. Isso será o ponto de partida do meu projeto. É preciso que durante alguns dias *essas obras ganhem vida*. Elas devem dar conta de uma missão não de patrimônio, mas *uma missão de transformação, talvez sua missão inicial*. É por isso que é indispensável que essas obras sejam

---

[195] Documento interno de apresentação do projeto. *Les Laboratoires d'Aubervilliers*, janeiro de 2003. Todas as palavras sublinhadas estão de acordo com o original redigido à mão pelo artista.

deslocadas do contexto do museu para um museu precário debaixo da HLM da rua Albinet. Elas se confrontam assim com a realidade do tempo que hoje outra vez desaparece. Isso pode ser uma reatualização, a obra deve e vai, estou certo disso, afirmar sua força transformadora em um contexto não museológico-patrimonial. Porque o *Museu Precário Albinet* é um Museu-Ativo de Afirmação e de Transformação. Limitada no tempo, toda uma série de atividades sobre as obras expostas serão feitas. Sem compromisso algum com o contexto. Somente conta afirmar e manter em alta a força de transformação das obras de arte e da arte em geral. Trata-se de um projeto artístico que leva em consideração a especificidade econômica, social, política e cultural do conjunto habitacional no qual o projeto está sendo feito. Um grupo de pessoas que mora no complexo habitacional "Albinet" será organizado para supervisionar, transportar, cuidar das obras expostas. Será um grupo de 6-8 pessoas inteiramente disponíveis para desempenhar essa tarefa enquanto durar a exposição. Serão os guardiões. Para cada exposição (durante uma semana), uma pequena *biblioteca* será montada com livros, vídeos e informações sobre o artista e suas obras expostas. Para cada exposição, um *historiador da arte* será convidado para fazer uma *conferência* sobre o trabalho, sobre a importância desse artista para a história da arte. Para cada exposição, *um evento* (um debate, uma visita ao museu, uma viagem, por exemplo: cidade radiosa) será organizado para os moradores do complexo. Enquanto durar a exposição, haverá *ateliês de escrita para as crianças*. O *Museu Precário* permitirá mostrar produtos, essas atividades, porque se trata de produzir (de ser ativo) enquanto durarem as exposições. O *Museu Precário Albinet* produz. O *Museu* terá um lugar para discussões, para ficar, para estar e terá um pequeno bar, uma pequena lanchonete, administrada pelos moradores do complexo. O *Museu* será supervisionado dia e noite. Todas as garantias em relação à sua segurança serão dadas. O *Museu Precário Albinet* será um lugar onde a arte transforma. A arte mudará.

Tomas Hirschhorn também pontuou seu projeto em uma publicação editada para os Laboratórios de Aubervilliers[196], depois das semanas de realização do *Museu Precário*, como resposta aos comentários da imprensa que queriam associar a iniciativa a um cerne social prioritário.

Eu sou artista, não sou um trabalhador social. O *Museu Precário Albinet* é uma obra de arte, não é um projeto sociocultural. O *Museu Precário Albinet* é uma afirmação. Essa afirmação é a de que a arte pode, apenas enquanto arte, obter uma verdadeira importância e ter um sentido político. Essa afirmação é também a de que a arte pode coisas porque é arte. A arte sozinha não exclui o outro. A obra de arte sozinha possui a capacidade universal de estabelecer um diálogo de um a um. Do espectador com a obra e da obra com o espectador. É por isso que eu insisto no fato de que o *Museu Precário* é um projeto artístico. Toda outra interpretação do *Museu Precário Albinet* é um mal-entendido ou uma facilidade. Porque não se trata de restringir a missão da arte a uma missão de programação cultural. A arte não é controlável. O *Museu Precário Albinet* não é controlável, ele pode escapar, todo tempo e a cada instante, ao controle. Eu disse isso ao propor o projeto aos moradores do bairro Landy, disse que o *Museu Precário Albinet* era uma missão. Uma missão impossível que é baseada em um acordo, um acordo entre mim, o artista e o conjunto habitacional de Albinet; o conjunto ele mesmo, o espaço público. Se eu, enquanto artista, eu quero fazer um trabalho no espaço público, eu devo estar de acordo com o espaço público. Na galeria, no museu, no estabelecimento de um colecionador ou em uma exposição, eu não preciso necessariamente estar de acordo. Com um trabalho no espaço público, estar de acordo é uma necessidade que torna esse trabalho bastante difícil. Estar de acordo significa estar de acordo com a missão impossível. Todo tempo e a cada instante, eu

---

[196] *Le Journal de Laboratoires*, n° 2, junho de 2004. Editado pelos Laboratórios de Aubervilliers, pp. 59-70.

devo estar de acordo porque é somente se eu estiver de acordo com minha missão no espaço público que eu posso cooperar. Eu devo cooperar com a realidade para mudá-la. A gente não pode mudar a realidade, se a gente não está de acordo com ela. Enquanto artista, com um projeto no espaço público, eu devo necessariamente estar de acordo com a realidade. Estar de acordo não quer dizer aprovar. Estar de acordo quer ousar afirmar sem explicar, sem se justificar, sem discutir, sem argumentar e sem comunicar. O *Museu Precário Albinet* não é discutível e não é justificável. O *Museu Precário Albinet* é uma afirmação de acordo com seu bairro, seus moradores, sua localização, seu programa, seus visitantes, suas atividades. O *Museu Precário Albinet* não está baseado em respeito, ele se baseia no amor. Porque afirmar alguma coisa não quer dizer respeitar alguma coisa, afirmar uma coisa quer dizer amar alguma coisa. O *Museu Precário Albinet* quer ser um feito. O *Museu Precário Albinet* quer ser um manifesto concreto sobre o papel do artista na vida pública. Esse projeto quer ser a realização utópica de uma prática artística concreta. O *Museu Precário Albinet* carrega consigo a violência e a transgressão. Eu não sou um historiador, não sou cientista e não sou um pesquisador. Eu sou um guerreiro. Eu – eu mesmo –, eu devo a cada instante lutar contra a ideologia do possível, ideologia do que é permitido, e eu devo lutar contra a lógica cultural. Eu mesmo, eu devo lutar contra a ideologia da boa consciência e contra a ideologia do politicamente correto teórico. Eu mesmo, eu devo me encorajar a cada instante por ter tomado a boa decisão, eu devo me encorajar a ficar livre e manter a afirmação do *Museu Precário Albinet*. O *Museu Precário Albinet* é um projeto que não quer melhorar, que não quer apaziguar, que não quer trazer calma. Porque com esse projeto eu quero ousar tocar naquilo que não se pode tocar, o outro. Eu quero estabelecer um diálogo com o outro sem a neutralidade. O *Museu Precário Albinet* não trabalha pela justiça nem pela democracia. O *Museu Precário Albinet* não quer mostrar o que é "possível".

Porque a liberdade do artista e a autonomia da arte não estão a serviço de uma causa. Se a gente prescrever o porquê de o artista trabalhar, o trabalho então não seria arte. O *Museu Precário Albinet* é um projeto em uma real sobrecarga, em uma real exacerbação. Não é senão no excesso e na não-razoabilidade que esse projeto pode, cada dia mais, ser uma afirmação ainda mais exigente para aquele que a recebe, para aquele que a dá.

A cada instante esse projeto afirma sua razão de ser. Ele deve todo tempo defender sua autonomia de obra de arte. Em continuidade o *Museu Precário Albinet* deve permanentemente reconstruir e ser concebido outra vez em minha cabeça e nas cabeças do complexo. O *Museu Precário Albinet* é um projeto carregado de complexidade, de contradição, de dificuldade, mas também de beleza. São instantes curtos, raros e não espetaculares de confrontação que podem engajar a arte por todos os lados, pelo mundo, e em todos os momentos. Jamais diria que o *Museu Precário Albinet* é um sucesso, mas tampouco diria que é um fracasso.

Hirschhorn é conhecido no meio da arte contemporânea pelo uso constante de alguns elementos:

materiais simples e comuns, causando um efeito de construção frágil em uma ambivalência entre o pobre, sem glamour, e o efêmero;

o todo em uma pregnância de uma linguagem gráfica herdada de sua carreira de designer gráfico;

temas estruturados sobre personagens (filósofos/artistas);

o uso do espaço público que assume um elemento essencial, consubstancial à própria obra.

Ao lado desses elementos, uma outra característica acompanha mais especificamente seus trabalhos no espaço público: a participação da coletividade dos grupos durante a montagem e, às vezes, durante outras etapas também. Para além desse recurso à coletividade do processo construtivo, as "realizações" propostas pelo artista têm como objetivo a utilização ou, antes, a apropriação cotidiana da coletividade local. As "obras" são, nesse caso, verdadeiros dispositivos arquitetônicos, pois associam não apenas o olhar do "visitante", mas o visitante em si, todo seu corpo. Trata-se de estruturas, em uma zona limítrofe, entre arquitetura e escultura. Ele introduz no espaço público "objetos" com uma função diferente, por conseguinte, daqueles normalmente mais esculturais, que são realizados com uma duração limitada. Mesmo sem ter este objetivo, Hirschhorn acaba engendrando uma forte crítica não apenas contra a arquitetura, mas também contra o planejamento urbano[197].

Enfim, no trabalho do *Museu Precário Albinet*, construído durante o verão de 2004 no bairro de Aubervilliers, periferia norte de Paris, o artista introduz ainda um novo elemento, que me interessa especialmente neste livro, porque faz uma alusão maior ainda às questões do domínio do planejamento urbano em uma escala mais ampla, no domínio da política urbana e cultural. É o que interpreto como argumento de certa função social local da obra, dessa vez assumida, ainda que em uma ambivalência singular, em uma "arquiteturalidade" mais acabada – um museu!

O argumento de função social, por sua vez, vem se explicar enquanto um elemento que emana do "real", a falta de oportunidade de encontro da população do bairro com a Arte!

A seguir, quero propor uma análise do *Museu Precário Albinet* como paradigma contemporâneo de um registro de *hospitalidade*

---

197 Crítica social que eu poderia associar àquela realizada, não sem ironia, por Krzysztof Wodiczko com seus objetos de design industrial, como os "bastões". Ver: WODICZKO, Krzysztof. *Art public, art critique. Textes, propôs et documents*. Paris: École nationale supérieure de Beaux-Arts, 1995.

em uma intervenção artística na periferia, recorrendo a duas linhas de interpretações da relação entre a arte e a política[198]: uma produtivista e a outra etnográfica. Nossa hipótese é a de que essa hospitalidade permanece como potencial imanente, invocado pelos gestos do mundo das *friches*, e encontra no *Museu Precário Albinet* uma força otimizada que joga ora com elementos "construtivistas", ora com elementos "etnográficos" e por isso nos serve como um caso exemplar.

A constatação de uma essência "produtivista", intrinsecamente exposta no "manifesto" de Hirschhorn sobre o *Museu Precário*, é a base da análise de Rachel Haidu[199], que questiona igualmente o posicionamento contra o Instituto e contra o patrimônio mostrado pelo artista.

Em detrimento da primeira questão, aquela do produtivismo, Haidu prefere desenvolver a segunda, sobre o papel das instituições. Recorrendo ao texto clássico em que Walter Benjamin cita Bertold Bretch, intitulado *"O autor como produtor"*, de 1944, ela argumenta que Brecht teria valorizado especificamente as técnicas a despeito da questão que a preocupa ainda mais, que é a do "papel da instituição na relegação da obra em uma relação mais ou menos 'autônoma' à sociedade"[200].

Haidu observa que, dentre as recorrências à participação "produtivista" dos espectadores feitas pelos adeptos da teoria de Benjamin (precisamente Mondrian, Malevitch, Beuys e Warhol, expostos no *Museu Precário*), todas são permeadas pela possibilidade de emergência de um público coletivo "liberto", para quem as "técnicas" seriam colocadas à disposição. Sendo assim, a ideia sustentada pela autora é precisamente a de que nenhum

---

198 Ou, de acordo com Hal Foster, *op. cit.*, entre a autoridade e a política cultural.
199 HAIDU, Rachel. *"Les utopies précaires de Thomas Hirschhorn"*. In: Le Journal de Laboratoires, n° 3, déc. 2004. Editado pelos Laboratórios de Aubervilliers, pp. 10-17
200 Idem, p. 13.

artista de vanguarda histórica ou de neovanguarda obteve um sucesso tão nítido quanto Hirschhorn, ao fazer da coletividade as próprias questões em jogo de um projeto.

Não menos importante a propósito das decisões estéticas, Hirschhorn demonstra que não importa nem o material nem a forma de estruturar a construção "contenedora": se essa construção abriga obras maiores, ela é um museu: Assim, ele reformula a questão de Duchamp: se a arte é o que o artista faz, o museu é o que abriga o patrimônio, inclusive uma construção feita de contêineres e de materiais comuns. Nessa empreitada, a transgressão que ele opera diz mais respeito à "infraestrutura cultural" do que ao que se poderia nomear um trabalho quase de curador.

Considerado isso, no que concerne à especificidade do *Museu Precário*, ela sustenta também a aposta de artista contemporâneo de expor não só obras contemporâneas, mas obras modernas! Mas Hirschhorn impõe a obra a um singular jogo de reflexividade/espelho sobre a autoridade artística, uma vez que escolhe expor os "pais" fundadores, como descreve Henri-Pierre Jeudy. Falando sobre "a arte e suas palavras", o autor questiona a superexploração da ideia da morte da arte, e o paradoxo que conduz artistas contemporâneos "sobreviventes" a um reincidente lançar mão de artistas que exercem a função de "influenciador/embreagem", na expressão[201]. Para tirar proveito dessa morte da arte, os artistas não cessam de recorrer a esses pais-fundadores, trabalhando em uma tentativa de legitimar o pertencimento a linhas da história da arte. Assim o artista contemporâneo, enquanto sobrevivente,

---

201 CAUQUELIN, Anne. Apud Jeudy, Henri-Pierre, 1999, op. cit., p. 132.

Passa mais tempo refletindo sobre arte e sobre sua significação no mundo contemporâneo do que executando sua obra. Essa reflexão acaba por conferir importância ao seu lugar. O que não o dispensa de fazer homenagens a seus precursores, a todos esses defuntos prestigiados que assombram suas ideias e suas inspirações. O sobrevivente deve mostrar, a fim de ser reconhecido, como o fenômeno do parentesco sempre presente em sua obra torna-se a linha indubitável da continuidade e da transmissão (JEUDY, Henri-Pierre, 1999, op. cit., p. 132).

Podemos notar aqui um jogo de espelhos, não isento de uma ironia às instituições, dirigidas mais especificamente às instâncias municipais de Aubervilliers, conhecidas por uma visão comunista da cultura. Incontestavelmente, há a autoridade artística de Hirschhorn, que, por si só, consegue legitimar toda uma série de riscos, uma vez considerado o caráter "sensível" desse bairro da periferia.

Mostrando sua soberania de artista, ele repetirá que é exclusivamente por conta de seu livre-arbítrio que o museu foi concebido dessa maneira e para esse público especificamente.

No trabalho *Museu Precário Albinet*, as implicações relativas à execução de uma intervenção artística no espaço público urbano apareceram de maneira mais explícita do que nas intervenções precedentes de Esther Shalev Gerz e Majida Khattari. Com efeito, a proposta de Hirschhorn sustenta como condição *sine qua non* a ocupação de um terreno vazio da cidade.

Condicionando a "força" de seu projeto à presença das obras originais de artistas consagrados em um "espaço-problema", Hirschhorn embate-se direta e simultaneamente com vários consensos institucionais.

Creio ser pertinente aqui fazer um adendo para situar comparativamente com o Brasil a raiz de uma ideia de museu também singular, lançada muito tempo antes, como lembrado por Aracy Amaral[202], que vê na década de 1940 um importante divisor de águas no que diz respeito ao teor social na arte brasileira.

Naquela época ressalta uma ideia – que julgo ser uma das pioneiras, se não a pioneira –, que parte de uma preocupação de fundo social e propõe ação concreta para uma política cultural, contemplando especificamente equipamentos culturais. Estou falando da percepção de Mário de Andrade em 1938, da necessidade de "museus populares":

> Escrevendo sobre o assunto em *Problemas*, em época em que nem sequer tínhamos ainda museus de arte contemporânea, ou museus vivos como atividade e centros formativos para impulsionar a criatividade, dois anos apenas após a redação do famoso ensaio de Walter Benjamin, Mário de Andrade já reivindica 'a desaristocratização da obra-prima, do exemplo único, devida aos admiráveis processos de reprodução atuais: todos estes avanços haviam de influir poderosamente no destino do museu (AMARAL, Aracy., op. cit., p. 104).

A ideia de Mário de Andrade de um "museu popular" vinha como uma alternativa a ser empregada na América Latina "sem falsificação de nossa tradição, museu popular 'com destino de pôr as suas coleções ao alcance de qualquer compreensão' através de reproduções" (ibid).

Aracy ainda remonta o que Andrade considerava como a função do museu:

---

202 AMARAL, Aracy. *Arte para quê? A preocupação social na arte brasileira 1930-1970: subsídios para uma história social da arte no Brasil.* São Paulo: Nobel, 1987.

É que o verdadeiro museu não ensina a repetir o passado, porém a tirar dele tudo quanto ele nos dá dinamicamente para avançar em cultura dentro de nós, e em transformação dentro do progresso social. Ao mesmo tempo em que a tradição do verdadeiro nosso, legítima por ser nós, preserva em nossas sociedades aquelas raízes seculares, sem as quais o homem perde o equilíbrio, fica solto, fica bobamente gratuito – um anarquismo (idem, p. 105).

E a mensagem derradeira de Andrade era então endereçada às instituições oficiais, na época poucas, e aos mecenas em potencial:

Em vez de tortuosos museus de belas-artes, cheios de quadros 'verdadeiros' de pintores medíocres, com menos dinheiro abramos museus populares de ótimas reproduções feitas por meios mecânicos. Com todas as escolas de artes representadas por seus gênios maiores e suas obras principais. Museus claros. Museus francos. Museus leais. Com visitas explicadas. Com conferências, com revistas, concursos, plebiscitos. Tudo o mais é antidiluviano como conceito de museu. E é o ridículo esbanjador dos rastaqueras (ibid).

Outra reflexão de Mário de Andrade, feita em 1942 e então mais centrada na estética, que guarda relação impressionante com questões colocadas na obra de Hirschhorn como um todo, reafirmando o caráter genial do intelectual brasileiro, está na sua diferenciação entre arte social e arte política. Para ele, *"toda arte é social porque toda obra de arte é um fenômeno de relação entre seres humanos."* Então, conforme recaptura Aracy Amaral, ele distingue entre *arte social* e *arte política* falando através do personagem do compositor Janjão, e isto se delinearia entre a "concepção do assunto, e a própria técnica". Em seguida, exalta o valor dinâmico do inacabado (que se assemelha sintomaticamente ao discurso de Hirschhorn em 2004!):

> Toda obra de circunstâncias, principalmente e de combate, não só permite, mas exige as técnicas mais violentas de dinâmicas do inacabado (...). O acabado é dogmático e impositivo. O inacabado é convidativo e insinuante. É dinâmico, enfim. (ANDRADE, Mário de. *O movimento modernista*. Rio de Janeiro, CEB, 1942. A partir de conferência pronunciada no Rio de janeiro na Biblioteca do Ministério das Relações Exteriores. Apud. Amaral, op. cit., p. 107)

Por outro lado, percebemos no manifesto de Hirschhorn traços que associamos aos elementos destacados por Lévinas, referentes ao registro da hospitalidade. O artista fala que quer "tocar o outro", ao mesmo tempo em que afirma se tratar de amor. Ora, o amor pelo outro e os fenômenos que este sentimento acarreta são a base do pensamento exposto em *Totalité et infinit* (*Totalidade e infinito*), em que Lévinas distingue sua acepção de disponibilidade ao outro, estrangeiro e pobre, como reveladora de um amor, mais que de uma razão no sentido kantiano. Com efeito, o expediente de Hirschhorn desvela uma hospitalidade redobrada, já que esta última pressupõe a acolhida ao outro que é ele mesmo, em um contexto particular, duplamente "estrangeiro": ele o é enquanto imigrante, portanto a partir de sua essência cultural em primeiro lugar, e o é em função de sua condição de "estrangeiro" em face do próprio objeto "arte contemporânea", esse objeto cujas "regras do jogo" – para retomar os termos de Anne Cauquelin[203] – somente os "iniciados" possuem. Nós voltamos outra vez à distinção de

---

203 CAUQUELIN, Anne. *Petit traité d'art contemporain*, op. cit.

Kant, para quem a hospitalidade estaria submetida à função de comércio internacional, ou seja, tratar-se-ia de um "direito de comércio" e, somente nessa medida, deveria existir hospitalidade entre os Estados. Se Kant, em À paz perpétua[204], fala de direito à visita com um objetivo essencialmente comercial, circunscrito, Hirschhorn, por sua vez, fala de um "direito à visita", direito a todos e a cada um de estar em contato direto – e aqui nós podemos também invocar Lévinas em sua passagem sobre o encontro com o rosto de Outro –, sem intermediações, sem instituição, em uma responsabilidade "de um a um", de indivíduo para indivíduo, com tudo o que ele denota de ético e de político, uma vez que aqui essa postura se sustenta no espaço urbano, público.

Idealizando um museu não apenas como lugar de exposição, mas também como lugar de sociabilidade – já que o acesso é livre, em outras palavras, ele dessacraliza a ideia de museu e despatrimonializa as obras de arte –, Hirschhorn teve, para mim, a grande percepção de substituir o frequente recurso à intermediação explicativa da arte contemporânea por um registro, extraordinário nessa esfera, que é o da hospitalidade, compreendida no sentido de um conjunto de posturas para com a arte, para com o rosto do outro. Hospitalidade que contém um ato de coragem ante esse outro, pobre e estrangeiro às coisas da arte contemporânea. Um ato de coragem, que o artista reivindica em seu manifesto, e de ética, sobretudo, como quis Emmanuel Lévinas. Além disso, Hirschhorn pratica efetivamente essa "acolhida", estando presente cotidianamente nas reuniões preparatórias, nos cursos, na montagem, nas exposições e na desmontagem do museu.

---

[204] KANT, Emmanuel. *Vers la paix perpétuelle*. Paris: Flammarion, 1991.

Fazendo uma abordagem que recorre aos artistas contemporâneos na cidade, Jeudy considera que:

> Quando os artistas e os arquitetos se referem ao vazio, ao nada, ao caos, quando as obras exprimem uma forma ética da negação, a positividade de sua concepção é retirada da relação com o patrimônio. Quanto mais a conversa sobre o patrimonial produz efeitos de petrificação, mais ela autoriza as obras contemporâneas a traduzir para o espaço público uma representação comum da aventura das incertezas ou de toda negação do poder passadista dos patrimônios (JEUDY, Henri-Pierre, *Critique de l'esthétique urbaine*, op. cit, p. 64).

É por intermédio dessa "autorização" sutil e ambivalente que parece operar o trabalho de Thomas Hirschhorn, que, ao construir um objeto temporário, acrescenta a este o vetor do patrimônio através das obras de valor consensual na história da arte. Tanto mais que, segundo o autor, todo efeito de não durabilidade no espaço urbano está em contato também com uma encenação forjada de um sentimento de acidental. De acordo com Jeudy, na lógica da reflexividade patrimonial, torna-se desejável para os gestores urbanos cultivar uma sensação de imprevisto tendo tudo programado *a priori*. A arte e o artista não poderiam, portanto, escapar desses mecanismos, dessa gestão à qual se acrescenta uma ideia de liberdade ligada à incerteza em que, finalmente, "a contingência, o futuro indeterminado se torna produto estético da reflexividade"[205].

---

205 Idem, p. 68.

OS ARTISTAS E A HOSPITALIDADE

Detectei a noção de hospitalidade por meio da valorização dos elementos do vocabulário de Lévinas – o rosto, a acolhida, a responsabilidade para com o outro – nos projetos que os artistas Esther Shalev Gerz, Majida Khattari e Thomas Hirschhorn desenvolveram com a *friche* cultural Os Laboratórios de Aubervilliers. Ainda que esses artistas tenham outros modos de intervenção, é significativo que eles tenham escolhido obras que tratam também da questão do estrangeiro e da hospitalidade nas intervenções em outras periferias ou em outros espaços periféricos. Com efeito, os três artistas tocam temas explorados por Lévinas: o rosto do outro, o outro como estrangeiro e pobre, a acolhida. Além do mais, todos os três artistas são de origem não francesa, eles mesmos sendo estrangeiros na França: Esther Shalev-Gerz é alemã, Majida Khattari é argelina e Thomas Hirschhorn é suíço. O registro de hospitalidade é, dessa forma, duplamente presente, pois colocado por alguém que testemunhou a acolhida que lhe foi ofertada enquanto estrangeiro.

Ao propor obras em que o público não é apenas um espectador, mas um coautor (como dizia Benjamin no ensaio "O autor como produtor"), esses artistas não estariam (re)criando espaços-tempo da ordem da hospitalidade, da acolhida?

Para ousar dar as boas-vindas... vamos fazer de conta que a gente está aqui na sua casa, que a gente sabe o que isso quer dizer, estar na sua casa, e que na sua casa se recebe, se convida e se oferece hospitalidade, apropriando-se assim do lugar para acolher o outro ou, pior, *acolhendo* o outro para se apropriar de um lugar e falar então a língua da hospitalidade – é óbvio que eu não pretendo me apropriar mais do que qualquer outra pessoa, mas uma apreensão com tal usurpação já me preocupa (DERRIDA, J. *Adieu à Emmanuel Lévinas*. Paris: Galilée, 1997, p. 40).

Nas intervenções realizadas a partir dos Laboratórios de Aubervilliers, a *hospitalidade* se articula com uma postura etnográfica dos artistas envolvidos diante da presença de um "público" caracterizado por sua diversidade cultural. De certa forma, eles fazem um *site-specific* cujo dado específico é esse componente de diversidade cultural; ela é, portanto, da ordem do social. Em última análise, o dado específico são os moradores. Existe aqui uma interface entre o ético e o estético.

Na hipótese de olhar a hospitalidade em seu caráter de acontecimento, de acordo com as observações de Lévinas e Jean-Luc Nancy, que a ligam indissoluvelmente a um desejo declarado, aqui ela seria acontecimento somente para o "público"[206], pois resulta de uma intenção. Aliás, é ainda na contribuição à filosofia que Derrida localiza essa questão:

Reciprocamente, não se entendia nada sobre hospitalidade sem que ela fosse esclarecida por uma fenomenologia da intencionalidade, uma fenomenologia que renuncia, no entanto, lá onde é preciso, à tematização. Eis uma mutação, um salto, uma heterogeneidade na fenomenologia (Derrida, Jacques. *Adieu à Emmanuel Lévinas*, op. cit., p. 95)

Ligo essa atitude e seu caráter de coisa declaradamente desejada às escolhas feitas pelos três artistas e, em especial, às palavras do manifesto de Thomas Hirschhorn, que reiterou, por sua

---

206 Nessa mesma medida, em abordagens como a minha, aqui, a única possibilidade é a de uma teorização posterior, ou seja, não se trataria, conforme Anne Cauquelin, de teorias da arte "fundadoras", mas de teorias de acompanhamento. Cauquelin, Anne. *Les théories de l'art*. Paris: Puf, 1998.

vez, seu desejo de fazer um museu precário *para* os moradores, realizando os procedimentos necessários, previamente, a essa acolhida. Derrida assinala que "A acolhida orienta, ela *muda* o *topos* de uma abertura da porta e de uma soleira, uma em direção a outra, ela oferece uma à outra *como* outra, lá onde o *como tal* do outro escapa à fenomenologia, mais ainda à tematização"[207].

À aurora dos acontecimentos posteriores de violência urbana ocorridos em 2005 em várias periferias francesas com altas taxas de imigrantes, inclusive Aubervilliers, o expediente de Hirschhorn ganha uma nova significação, deixando entrever todas as hipocrisias existentes nos modos institucionais que enquadram a acolhida dos estrangeiros, que – em sua maioria, pobres – continuam a ser chamados de "imigrantes" nas periferias. Nesse sentido, o expediente reivindicado, proposto e instaurado durante todo o período de andamento do *Museu Precário Albinet* faz prova da hospitalidade evocada por Lévinas, a mesma que falta de forma flagrante na Política da Cidade e em todos os outros dispositivos que supostamente acolhem o estrangeiro na pátria da liberdade, fraternidade e igualdade. Schérer observa isso também em seu elogio à hospitalidade:

Pois é efetivamente a hospitalidade que está em questão quando se trata de definir os beneficiários do direito ao asilo, a acolhida dos refugiados e dos expatriados. É ela que, à maneira de um fermento crítico, permite fazer explodir as contradições do discurso político enquanto este forja expressões, como aquela de "inquilinos indesejados", ou coloca a hospitalidade sob a linha da limitação do asilo e da expulsão (SCHÉRER, René. *Zeus hospitalier: éloge de l'hospitalité*. Paris: La Table Ronde, 2005, p. 22).

---

207 Idem, grifado no original, p. 100.

Devo, sobretudo, repetir que, ao conferir o adjetivo *hospitaleiro* ao *Museu Precário Albinet*, não quero indicar uma "chave" de compreensão, caso esta fosse aqui necessária, menos ainda sugerir que se possa encerrar nela mesma o espírito de seu autor. Como lembra também René Schérer (idem), ela é quase utópica.

CONCLUSÃO DO CAPÍTULO

Pigmaleão, o escultor que se inflama para sua própria criação até desejar que ela não pertença mais à arte, mas à vida, é o símbolo dessa rotação da ideia de beleza desinteressada, como denominador da arte; aquela de felicidade, ou seja, a ideia de um crescimento e de um desenvolvimento ilimitados dos valores vitais, enquanto o ponto focal da reflexão sobre a arte se desloca do espectador desinteressado para o artista interessado (AGAMBEN, Georgio. *La communauté qui vient: théorie de la singularité quelconque*. Paris: Seuil. 1996, p. 8).

Nós vimos neste capítulo que o artista, ao agir enquanto etnógrafo em diferentes graus, ao colocar novos expedientes cotidianos, não cessa de fazer eco em um contexto maior, em que se articulam outros agentes sociais, instituições culturais e ainda outros "meios" artísticos. Essas articulações podem se desenrolar em uma relação de segundo plano e primeiro plano ou em planos conjugados; de todo modo, o que é determinante é que os agentes agem sempre, mais conscientemente ou mais ideologicamente, recorrendo a visões de mundo em que a arte e a cultura são elementos políticos.

Na delicada adequação entre métodos etnográficos e investigações artísticas, um bom meio para evitar os perigos citados é aquele oferecido pela adoção de uma distância crítica, por mais complexo que seja atingi-la. Foster reconhece que ela se tornou mítica e pergunta-se por fim se ainda pode existir. Emergem daí conclusões que ligam de forma mais nítida as grandes cadeias que atravessam este livro:

Hoje as políticas culturais, tanto de esquerda quanto de direita, parecem bloqueadas nesse impasse. A esquerda geralmente se identifica sobremaneira com o *outro* enquanto vítima, o que o encerra numa hierarquia de sofrimento na qual aquele que é infeliz não pode realmente fazer o mal. Quanto à direita, ela geralmente se desidentifica ainda mais com o *outro* que ela rejeita enquanto vítima e explora essa desidentificação a fim de construir uma solidariedade política baseada no medo e no ódio fantasmagóricos. Diante de tal impasse, depois de tudo, a distância crítica talvez não seja uma ideia tão má assim (FOSTER, Hal. *Le retour du réel: situation actuelle de l'avant-garde*. Bruxelles: La Lettre Vollée, 2005, p. 247).

Thomas Hirschhorn parece-me ilustrar bem, com o projeto *Museu Precário Albinet*, um caso em que o artista está muito consciente desse perigo percebido por Hal Foster. Assim, para terminar o *Museu Precário*, Hirschhorn, que conta desde o começo com um título de projeto que por si só já é crítico, teve que fazer face às instâncias públicas envolvidas, perante as quais teve de proteger e reivindicar a integralidade de sua ideia, que não fazia concessão precisamente a uma apelativa ênfase na "carência" ou a um possível resgate do projeto a partir de uma política de identidade simplesmente, para retornar aos termos empregados no "artista como etnógrafo".

Hirschhorn assume um risco, que não é outra coisa senão o próprio risco do face a face aludido por Lévinas. À distância crítica, ele prefere a "confrontação" direta, o compromisso direto, a hospitalidade! E Hirschhorn não se enquadra nem na política de direita nem na política de esquerda, sua *démarche* escapa a isto, resiste sem deixar de inverter os apriorismos de políticas culturais e urbanas.

O que ele afirma o tempo todo não é um "exotismo" qualquer do bairro no qual se inseriria o trabalho, mas a força primária, a força da obra de arte. A partir de então, sai-se do domínio desse *site-specific* tão maleável, tão instrumentalizável, ao mesmo tempo em que se salta para um outro terreno em que a arte quase etnográfica, tal como descrita por Hal Foster, é mais reconhecível nos projetos de Majida Khattari e Esther Shalev Gerz.

No nosso caso, a hospitalidade é um registro que atravessa criticamente a dimensão urbana, tanto quanto a dimensão cultural. Ela alcança a escala da cidade, do ponto de vista político, já que as intervenções desses artistas conseguiram instaurar um registro de hospitalidade que vem abalar as lógicas da gestão provinda da reflexividade e inerentes à cidade-espetáculo. A cidade que emerge durante a permanência desses trabalhos artísticos é generosa, convida o morador a participar, mais do que lhe fixa como espectador.

Esse registro que quero defender como autêntico, construtivo, permanecerá, entretanto, jamais exteriorizado, já que na história os potenciais individuais para acolher o outro – e, principalmente, o estrangeiro – sofreram a escalada do medo por parte dos administradores políticos, tendo passado de um direito individual a uma questão de controle para os governantes de Estados, de tal maneira que os agentes hospitaleiros se confinaram na esfera do privado. De hospitais passa-se a hotéis, a uma hospitalidade institucionalizada, o que lhe tira sua essência não previsível, não programável, e que não a deixa perdurar senão em forma de traço, na analogia feita por Schérer[208]. A verdadeira

---

208 SCHÉRER, René. *Zeus hospitalier: éloge de l'hospitalité.* Paris: La Table Ronde, 2005.

hospitalidade seria, portanto, inalcançável e, sobretudo, não programável! É sob a condição de querê-la enquanto traço que poderei, de minha parte, afirmar o mérito de algumas iniciativas artísticas que, sem nada ceder às suas preocupações autônomas, provam que, paralelamente à hospitalidade "de fachada" de nossas instituições contemporâneas a serviço das cidades espetáculo, criam espaços-tempo de hospitalidade.

Friche Villa Mais d'Ici - vista do pátio central coberto

Friche Villa Mais d'Ici - entrada

Friche Villa Mais d'Ici - pátio de entrada

Friche Les Laboratoires d'Aubervilliers - interior

Friche Les Laboratoires d'Aubervilliers - interior

Vista aérea do entorno da friche Les Laboratoires d'Aubervilliers

Prospecto informativo de divulgação do Musée Précaire distribuído pelo
Laboratoires D'Aubervilliers

Musée Précaire Albinet: vista do bar com conjunto habitacional ao fundo

Detalhe do painel "caderno de bordo" na entrada do Musée Précaire

Musée Précaire Albinet: entrada

Musée Précaire Albinet: sala de leitura e TV

Musée Précaire Albinet: sala de leitura e TV e ao fundo entrada do conjunto habitacional Albinet

Musée Précaire Albinet: painel sobre o bairro

Musée Précaire Albinet: sala de leitura e TV em dia de jogo de futebol

O desafio da hospitalidade 311

Musée Précaire Albinet: foto da equipe de construção do museu no painel da sala de leitura e TV

Musée Précaire Albinet: sala de exposição-container

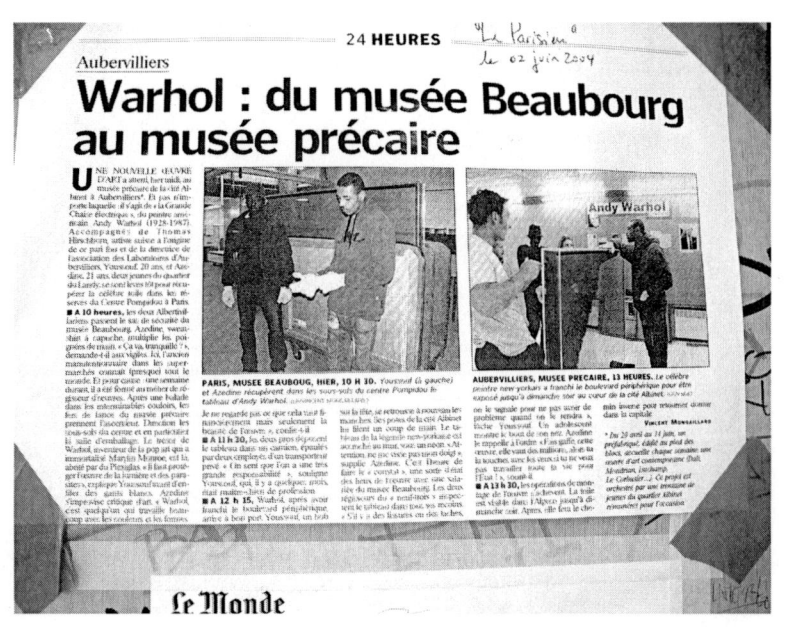

Musée Précaire Albinet: material de imprensa (Le Parisien, 2 de junho de 2004)

Musée Précaire Albinet: entrada

A autora como visitante do Musée Précaire

Conclusão

Kant, ao endereçar seu projeto de paz perpétua aos novos Estados nacionais, se iludia. Se os indivíduos e os povos são geralmente hospitaleiros, raramente o são os Estados e as nações (Schérer, René. *Zeus hospitalier: éloge de l'hospitalité*, Paris: La Table Ronde, 2005. p. 82).

Como havia anunciado na introdução, eu almejava saber quais linhas de força podem ser postas em perspectiva entre os procedimentos que se desdobram contemporaneamente nas periferias do Rio de Janeiro e de Paris.

Este capítulo é dedicado a uma reflexão mais global, mais teórica, a partir de certos conceitos. O que me move aqui não é tão somente tecer correspondências e defasagens entre a política cultural francesa e a brasileira – e suas posturas próprias em face do "periférico" –, mas muito mais tentar flagrar que, apesar de todas as componentes históricas diferenciadoras, há muito mais coincidências no momento contemporâneo do que se pode imaginar. E mais: estas coincidências talvez só sejam mesmo apreensíveis na escala do local e na abordagem do micropolítico, para retomar uma expressão de Foucault.

O fito é fazer aparecer os elementos de reflexão que permearam o conjunto dos capítulos. Vejamos então sob a luz de quatro "plataformas": 1) formação e evolução institucional das políticas culturais; 2) tensões entre institucionalização e autonomia; 3) arquitetura, subúrbios e participação; 4) cidades-exílio e cidades-refúgio.

Por fim retomarei a "defesa da subjetividade" colocada por Lévinas, como vimos no capítulo teórico, entrelaçando-a à sua condição crítica de emergência.

FORMAÇÃO E EVOLUÇÃO INSTITUCIONAL DAS POLÍTICAS CULTURAIS

Devemos observar duas evoluções que, se podem ser apreendidas inicialmente como diametralmente opostas, conduziram entretanto a impasses semelhantes na atualidade. Efetivamente, a linha principal na França, que mostra uma "irradiação" a partir de um ministério central desde 1959, acompanhada de uma permanente desconfiança em relação às políticas culturais locais, foi quase o contrário no Brasil, onde a criação do Ministério da Cultura, somente em 1985, se desmembrando do Ministério da Educação e Cultura, foi resultado de pressões políticas dos órgãos regionais de cultura. Talvez por isto, a dificuldade de legitimação das políticas culturais municipais na França seja maior do que no Brasil. Uma exceção na França anterior a 1959 são as cidades com prefeituras comunistas que já executavam programas culturais mais constantes, pautados pelo Partido Comunista Francês. A existência destas prefeituras dotadas de estruturas embrionárias (do que viriam a ser secretarias de cultura, ligadas também ao processo de educação popular) impede que se possa dizer que, na relação entre políticas locais e política nacional no panorama francês, a criação do Ministério dos Assuntos Culturais também não tenha sido precedida por ações institucionais culturais e artísticas em várias cidades. O que ocorre é que ali elas não serviram como alavancas tão decisivas para a criação do órgão nacional, como foi o caso do Brasil.

Deste ângulo, por sua vez, um contraste revelador das singularidades de cada país é delineado se pensarmos que, na década de 1960, enquanto na França as cidades comunistas lideravam uma frente de políticas culturais em subúrbios, contrapondo um modelo próprio de democratização cultural àquele preconizado por André Malraux no Ministério dos Assuntos Culturais, no Brasil o principal documento produzido abrangendo a área cultural se dá na esfera da segurança nacional e tem como norte justamente o combate às ideias comunistas!

Dos processos de "gênese" das políticas nacionais dos dois países, o traço mais diferenciador repousa no valor atribuído às artes e aos intelectuais: na França, eles são considerados e legitimados como fazendo parte inalienável da construção da república francesa, dos ideais de igualdade, liberdade e fraternidade, os fomentos à arte tendo constituído inclusive um capítulo diplomático à parte. Em contraste, no Brasil, a arte só pôde se constituir como objeto de programas e fomentos enquanto instrumento educativo e como indutora de desenvolvimento.

Após uma década de ações que tinham como ideário o desenvolvimento social e coletivo através da multiplicação de equipamentos no território francês, o período que vai de 1981 a 1993 introduz uma reviravolta total nos cânones seculares da ação do Estado em matéria de cultura. Esta reviravolta é trazida pela chegada ao Ministério de Jack Lang, que insuflará um viés pragmático, como nunca visto até então.

Período polêmico, associado ora a um "vitalismo cultural"[209], ora a um "imperativo cultural"[210] o grande salto que o possibilitou e instaurou foi a visão transmitida da política cultural considerada ela própria como um conjunto de políticas sociais, em essência afetando os grupos sociais. Esta associação, cabe sublinhar, se dá como construção programática do partido socia-

---

209 URFALINO, P., op. cit.
210 POIRRIER, P., 2002, op. cit.

lista, do qual Jack Lang é porta-voz. Segundo Urfalino, "durante alguns meses a 'cultura' tornou-se este 'significante flutuante', do qual falava Lévi-Strauss, desprovida de um significado preciso mas conferindo a tudo que toca uma parte de sua aura"[211].

Em termos de ações e direcionamentos, estes anos são marcados pela entrada em cena das municipalidades como parceiras do Estado. Um novo modo de gestão dos negócios culturais, assim como de relação entre Estado e coletividades locais, ganha espaço sob *duas frentes importantes*[212], o primado dos objetivos sobre as prescrições e a passagem da tutela à cooperação.

Este período também exemplifica especialmente a área de confluência entre medidas de política urbana e medidas de política cultural. Além dos *Grands Travaux*, lançados e comandados pessoalmente por François Mitterrand, duas outras frentes contribuem para a articulação entre cultura e espaço: as encomendas públicas para intervenção de artistas no espaço público e a ocupação de grandes complexos industriais obsoletos por artistas. A primeira, desde o princípio atrelada à instituição, gerou um "mercado" novo para artistas, assim como promoveu eventos de ressignificação poética de espaços públicos; a segunda, com características de movimento espontâneo, iria despontar como um forte instrumento deflagrador de transformações na escala de bairros inteiros, ganhando a atenção institucional apenas no ano 2000.

Após alguns séculos tendo como único meio de intervenção na cidade estátuas e monumentos cívicos, os artistas ganham uma interlocução privilegiada que será não apenas desejada, mas proposta oficialmente por medidas e projetos. Dentro de uma

---

211 URFALINO, P., 1996, op. cit., p. 303.
212 MOULINIER, P. *L'État et les équipements culturels (1959-1995)*. In: Annales de Recherche Urbanne - n.70: Les Lieux Culturels. Março 1996.

tradição herdada do Renascimento, de encomendas nacionais aos artistas, o Ministério da Cultura lança em 1983 um procedimento de encomenda pública aos artistas, principalmente efetivada no domínio das artes visuais. Visando contribuir ao enriquecimento da qualidade de vida e ao desenvolvimento do patrimônio nacional, o Ministério da Cultura contará especialmente com a ação das DRACs para encorajar a multiplicação de projetos, contando com financiamentos mistos. Intervenções em praças públicas, monumentos públicos serão privilegiados, numa associação que visa o prestígio e a visibilidade para as localidades.

No Brasil, a Constituição de 1988 marca a ênfase na Federação Trina ao conferir mais autonomia aos estados e às cidades, desencadeando um processo semelhante àquele acarretado na França pelas Leis de Descentralização de 1982.

De modo geral, a década de 1980, cuja marca simbólico-política talvez seja mesmo esta Constituição, assinala uma expansão dos critérios de patrimônio cultural. Há a introdução de setores específicos dentro do Ministério da Cultura destinados à cultura afro-brasileira. Esta introdução pode ser vista em alguns casos paradigmáticos, como o da Bahia, como encontro de dois movimentos: de um lado, articulações de grupos da sociedade civil ligados à questão da negritude, que já tinham logrado a implantação de Conselhos; de outro, a exploração da "herança negra" como atributo-fetiche para o alavancamento de uma nova tática de turismo. Este processo, também tornado um cabo de guerra dos presidentes brasileiros, criou um debate que julgo ser o que mais se aproxima, com vários limites, ao tema da "discriminação positiva" francesa, como foi o caso, no governo Sarney, da proposta de criação de um Conselho Negro de Ação Compensatória. Igualmente posso interpretar este processo como instaurando um momento em que interesses de política cultural incidem na valorização de espaços periféricos, aqui espaços entendidos como imaterial e material, já que além da própria ressemantização da cultura negra, também foram criados mecanismos de proteção patrimonial aos locais símbolos desta cultura, como explicam Márcia Santana[213] e Jocélio Santos[214], a respeito dos terreiros de umbanda. Poderia incluir esta "onda" na grande periodização aludida por Berenstein[215], na fase de valorização mundial do "patrimônio étnico", que tem em locais como Brasil e África um desdobramento específico, já que, como lembra esta autora citando Pereira, a cultura brasileira seria bem menos material do que a europeia[216].

Os respectivos quadros nacionais revelam elementos distintos de formação histórica que determinaram as ideias e surgimento de políticas públicas de cultura. Efetivamente, tornou-se tanto ou mais complexo colocar em perspectiva duas manifestações emanando de visões, senão diametralmente opostas, ao menos muito diversas – no Brasil, a suspeita contra a intervenção pública na cultura, análise sustentada por teóricos de uma suposta dificuldade inerente a todos os países da América Latina, em contraste com a França, com um campo mais consensual sobre o suporte que o Estado deve fornecer às artes e aos artistas em geral.

Nós testemunhamos no Brasil, principalmente a partir da década de 1990, uma fase de valorização da diversidade cultural do país, alçada ao paradoxal papel de bastião tanto da resistência

---

213 SANT'ANNA, Márcia. "A recuperação do Centro Histórico de Salvador: origens, sentidos e resultados." In: RUA –*Revista de Urbanismo e Arquitetura*. Salvador. V.1 n. 8, julho/dezembro de 2003, pp. 44-49. Ver também a este respeito a seção "Documentos" no mesmo número deste periódico.
214 SANTOS, Jocélio Teles dos. *O poder da cultura e a cultura no poder: a disputa simbólica da herança negra no Brasil*. Salvador: EDUFBA, 2005.
215 JACQUES, Paola Berenstein. "Patrimônio cultural urbano: espetáculo contemporâneo?" In: RUA – *Revista de Urbanismo e Arquitetura*. Salvador. V. 1, n. 8, julho/dezembro de 2003, pp. 32-39.
216 PEREIRA, M. S. "*Corpos escritos*", In: Arte & Ensaios, EBA/UFRJ, n. 7, 2000.

à globalização, quanto de atributo "fetiche" para que o país firme sua posição na nova rede mundial. Diferentes níveis de governo, sociedade civil e organizações não governamentais vêm desenvolvendo ações e programas que assumem como premissa o valor intrínseco de uma "miraculosa" e ampla noção de cultura, estabelecendo alianças e acionamentos simbólicos de novos tipos. A Secretaria da Identidade e da Diversidade Cultural, nos quadros do Ministério da Cultura, composta no primeiro mandato do governo do presidente Luiz Inácio Lula da Silva, veio consolidar esta acentuação no seio do poder público nacional. Já no nível municipal, é significativa a revalorização de heranças e de elos ibero-americanos pela prefeitura do Rio de Janeiro, que no ano 2000 promoveu uma série de eventos, imprimindo à cidade o título de "Capital Ibero-Americana da Cultura"; ano em que, na escala nacional, se produziu também o megaevento "Brasil 500 anos".

Se o elo entre Estado e capital privado no setor das políticas culturais predomina ainda, uma frente original de organizações sociais vem aparecer a partir da década de 1990 visando colocar na ordem do dia uma noção mais antropológica de cultura e a incluir exigências de setores populares da sociedade. Esta frente, apesar de não organizada, revela iniciativas de agentes culturais isolados (por exemplo: artistas plásticos que criam circuitos e galerias móveis) ou coletivos de agentes sociais e produtores culturais no contexto de "aposta no cultural" da parte do poder público que, por sua vez, oscila entre discurso democratizante e modalidades não participativas de gestão.

Se no momento em que comecei a minha investigação na França não havia no Brasil, para além do projeto Lonas Culturais, processo similar àqueles das *friches*, no ano de 2004 foi iniciado pelo Ministério da Cultura brasileiro um programa intitulado Cultura Viva, cujos preceitos posso pôr em paralelo com a tentativa de criação do programa Novos Territórios da Arte. Este projeto concedia apoio financeiro à continuação de projetos que provêm de iniciativas civis espontâneas, com a particularidade de contemplar diferentes componentes culturais brasileiras e são conhecidos como Pontos de Cultura.

Desde 2006 há iniciativas estaduais e municipais de lançamento de editais diretamente inspirados no programa federal Cultura Viva para criação de Pontos de Cultura.

TENSÕES ENTRE INSTITUCIONALIZAÇÃO E AUTONOMIA, ENTRE REFLEXIVIDADE E HOSPITALIDADE

Nesta "plataforma", parece-me pertinente fazer um resumo da evolução das Lonas Culturais e das *friches* aqui expostas, iluminando nossos conceitos guias – espetáculo, participação, reflexividade e hospitalidade.

A *friche* cultural de proximidade *Villa Mais d'Ici* explicita, no seu próprio edifício, no seu espaço-sede, no seu nome, mas sobretudo na linha de projetos que ela visa a suscitar e promover, os processos participativos e os "desejos etnográficos", desejos estes também objetivados no nome de algumas associações parceiras. Sua premissa de atuação aponta nitidamente posturas hospitaleiras. Pode-se indagar se, com o tempo, a *friche* se renderá às exigências de uma gestão reflexiva.

Os Laboratórios de Aubervilliers viram uma inflexão do sentido de hospitalidade: na primeira fase o desejo de hospitalidade estava literalmente exposto nos objetivos assumidos, nesta época era mais nítida a influência do *tournant* etnográfico na arte descrita por Hal Foster[217]. Na segunda fase, a ênfase na excelência artística, ainda que não explicitamente, denota que um grupo mais conectado à arte contemporânea era doravante o "público-alvo". O que, forçosamente, não pode rimar com um acolhimento incondicional do outro, como pregado por Lévinas. Em consequência, nesta segunda fase, é sobre o artista individualmente que vão incidir as margens de possibilidades de irrupção de hospitalidade, da mesma maneira que toda tomada em consideração da realidade cultural do bairro.

---

217 FOSTER, Hal, op. cit.

As lonas culturais nasceram de um procedimento perpassado tanto por elementos de hospitalidade quanto por um desejo etnográfico. No entanto, posteriormente, na evolução do sucesso do projeto – que assumiu, no seu título, a partir de sua institucionalização na Secretaria Municipal de Cultura, o papel de "instrumento de transformação social" –, testemunhou um esvaziamento da participação local assim como um arrefecimento do acolhimento direto no face a face entre artistas e habitantes locais.

Os dois contextos testemunham articulações de agentes sociais mobilizados por uma inadequação ou falta de equipamentos culturais institucionais, e se revelam terrenos propícios à abordagem da diversidade cultural. Eles são perpassados então por uma adversidade urbana e uma diversidade cultural. Eles apresentam condições de emergência (necessidades e finalidades) e atividades em rede (colaboração e compartilhamento de saberes) semelhantes.

Nos dois contextos, os projetos lograram dar visibilidade aos espaços periféricos, mais precisamente uma visibilidade cultural aos "bairros-problemas" no Brasil e aos "bairros-sensíveis" na França. No universo brasileiro, é a produção popular que é valorizada, ao passo que na França é a arte contemporânea que ganha o primeiro plano.

No Brasil, a experiência das Lonas Culturais sofreu com sua própria visibilidade, enquanto na França as *friches* cessaram de ser contempladas com atenção especial do poder público e voltam a ser (se efetivamente considerarmos o período dos políticos Duffour-Lextrait como um momento de conquistas positivas para a maioria dos espaços intermediários) questões desafiadoras na pauta da política local.

Vimos no terceiro capítulo o jogo de tensão que se estabelece entre a reflexividade reinante nos dispositivos institucionais da gestão "contratual" dos subúrbios da França nos anos 1970 e, de outro lado, um registro em latência da hospitalidade ligada às iniciativas artísticas desde os anos 1990 no universo das *friches* culturais. Este jogo de tensão foi realçado nos últimos anos e posto à prova nos acontecimentos violentos dos subúrbios em 2005.

Quando Claude Renard fala a propósito de fazer entrar no "direito comum" da política cultural os pedidos e necessidades compartilhadas pelos atores das *friches* culturais, isto não é precisamente o que os atores sociais das Lonas Culturais no Rio de Janeiro tiveram êxito em conquistar? Esta conquista é intrinsecamente política, porque quando falamos de "perenizar" ou de fazer entrar no direito comum, é de um movimento político que se trata. Movimento ainda mais político quando se apropria, mesmo de maneira efêmera, do espaço público, como foi o caso da experiência do *Museu Precário*. Diante disto, vemos que ocorreu no subúrbio do Rio de Janeiro, apesar de tudo, uma hospitalidade vinda dos habitantes perante estas Lonas Culturais, primeiro tornados espaços de projetos e, finalmente, absorvidos no "direito comum" da política cultural local.

Poderíamos interrogar-nos, por conseguinte, o que se passaria se os habitantes, após a desmontagem do *Museu Precário*, reivindicassem a construção de outros museus efêmeros ou mesmo de um museu "real".

No Rio de Janeiro, grupos da sociedade civil da Ilha do Governador, bairro de subúrbio da Zona Norte, se organizaram para reivindicar a formação de um comitê misto de coordenação com participação da sociedade para as lonas culturais, que desde sua incorporação formal pela Secretaria de Cultura Municipal, em 1994, tem a decisão de criação de novas lonas culturais submetidas a decisões exclusivas do âmbito institucional, sem critérios nítidos nem declarados.

ARQUITETURA, SUBÚRBIOS E PARTICIPAÇÃO

Com dispositivos arquitetônicos singulares, as *friches* e as Lonas Culturais afirmam questionamentos de base em comum, quais sejam, defesa de uma alteridade em relação ao sistema existente moldado pela lógica comercial; a visão deste dispositivo arquitetônico como sendo não somente uma "resposta possível" face a uma carência absoluta de espaços, mas uma escolha mais ou menos deliberada que leva em conta também o desejo de sensibilizar grupos sociais que, não correspondendo ao perfil de "público-consumidor", ou até sendo designados como um "não público" (na expressão francesa), ficam mais à vontade numa atitude de hospitalidade facilitada nestes espaços, em contraste com as "políticas de difusão" dos equipamentos culturais tradicionais com concepções arquitetônicas no mais das vezes monumentais.

Com efeito, a arquitetura da qual se trata aqui apela a características raramente tidas como qualidades: seja na solução das lonas, seja nas *friches* culturais e sobretudo no *Museu Precário*, é o aspecto de fugacidade o traço mais surpreendente. Ora, o paradoxo que julgo ali se revelar é que, apesar desta impressão de fugacidade, estes espaços contribuem a uma sensação de hospitalidade. O abrigo para a arte, o abrigo para o circo, sua fugacidade aparente, ainda que parcial, é contrastante com a "raiz" evocada por Lévinas a propósito da morada, esta devendo ser o símbolo de hospitalidade.

No Rio, a palavra *lona* sem dúvida ganhou uma outra dimensão após o sucesso do projeto; na França a palavra *friche* necessita, desde 2002, de um complemento nominal: em ambos os casos é questão de precisar-se o adjetivo "cultural".

Todos os dois casos, por mais diferentes que sejam os contextos nacionais que os informam, apresentam a particularidade da qual Philippe Urfalino sublinhou a respeito das Casas de Cultura de André Malraux: "os dois pilares do funcionamento das casas de cultura: sua arquitetura e os homens de teatro que foram postos à sua frente". Diria que, no caso que me preocupa, se a arquitetura é um dos pilares do funcionamento tanto para as Lonas Culturais como para as *friches* culturais, o outro pilar não são os homens de teatro, mas sim os agentes e produtores culturais imbuídos de uma utopia do mesmo gênero daquela partilhada pelos homens de teatro nos anos 1960.

O fato de não contar com o tipo de patrimônio correntemente valorizado nas políticas culturais constitui a primeira diferenciação que os subúrbios pobres provocam na relação entre os atores sociais do mundo artístico-cultural e a esfera institucional da cultura. É então a hegemonia reflexiva que é abalada. Neste sentido, as *friches* culturais e as intervenções artísticas que são incentivadas lá, tanto quanto as Lonas Culturais são duas manifestações vivas ligadas ao "abalo" acima citado protagonizado nos subúrbios, tanto por meio da participação social quanto pela valorização de uma arquitetura, seja circense, seja industrial, que escapa ao patrimônio espetacular.

CIDADES-EXÍLIO E CIDADES-REFÚGIOS

Quando comecei a pesquisa na França, tinha uma pré-noção de que encontraria um contraste muito evidente em relação às experiências das Lonas Culturais do Rio de Janeiro. Esta pré-noção estava calcada no conhecido peso do governo central na herança das políticas culturais locais e pela panóplia de instrumentos jurídicos incidindo sobre os subúrbios palcos da "crise urbana".
No entanto, após alguns anos vivenciando Aubervilliers e lendo livros sobre este e outros subúrbios franceses, minha percepção se modificou e devo nuançar os apriorismos que opõem os contextos gerais, mas não captam as interfaces dinâmicas que se dão em microescala. No cotejamento entre mecanismos nacionais e variantes locais, o que pude perceber foi que as *friches* culturais na França e as Lonas Culturais no Rio de Janeiro desempenham papéis semelhantes nos seus contextos.
Julgo que uma temática essencialmente ética e política seja precisamente o cerne problemático em comum ao qual fazem face as experiências culturais que se desenrolam atualmente tanto no subúrbio brasileiro quanto no subúrbio francês.
Quis fazer surgir um traço singular que pode emergir das ações em subúrbio, o da hospitalidade. Vimos como, nos dois contextos, as propostas estéticas e socioculturais ativam uma ou outra das noções de Lévinas, e suscitamos um questionamento sobre um registro de hospitalidade subjetivo, apesar da sua recusa no seio mesmo dos quadros das políticas culturais e urbanas que são governadas, por seu turno, pela lógica da reflexividade.

Posso agora dizer que esta hospitalidade está associada à ideia de humanidade sem ser necessariamente humanista, ela é contra o Direito, trabalha independente do campo jurídico, do direito do outro. Sobretudo, esta hospitalidade é não objetivável, é equivocado pensar-se numa sociologia da hospitalidade. Ela é da ordem do implícito, ao contrário do mediador que trabalha na explicitação[218].

Trata-se de uma hospitalidade ligada a uma diversidade total, radical, o que é diferente de uma hospitalidade mundial, na moda e ao mesmo tempo vazio de potência transformadora, onde se trata apenas de uma alteridade mediana[219], da indústria do turismo. Esta alteridade mediana se beneficiaria de uma benevolência bastante condescendente sob o selo de uma cultura universal.

O patético do liberalismo ao qual por um lado nós nos unimos, consiste em promover uma pessoa enquanto ela não representa nada de outro, ou seja, enquanto ela é precisamente o *um*. Desde então, a multiplicidade só pode se produzir se os indivíduos conservam o seu segredo, se a relação que os reúne em multiplicidade não é visível de fora, mas vai de um ao outro (Lévinas, E. *Totalité et infini*, op. cit, p.125).

Se Lévinas elege o feminino[220] como o acolhimento mais radical ao outro, tentei ao longo deste livro examinar o espaço do subúrbio como assumindo um papel semelhante ao do feminino para o autor judaico. Em outras palavras, o subúrbio expõe de maneira mais radical (ligada ao sentido de raiz) as alternâncias entre reflexividade e hospitalidade.

---

218 Assim, algumas intervenções artísticas ficam bloqueadas entre pressões de mediação e desejos de escapar disto, ao contrário da escolha radical de Thomas Hirschhorn, que sustenta, como vimos, o contato direto entre obra e moradores, sem a solução intermediadora muito recorrida feita por reproduções gráficas, como era proposto por Mário de Andrade na acepção de um "Museu popular", conforme vimos.
219 Aqui, ao contrário, existiria uma intenção fundamental, conforme a ideia de distinção persistente do outro colocada por Husserl, onde o outro torna-se modificação de si-mesmo, retomada por: Klossowsky, P. *Les lois de l'hospitalité*. Paris: Gallimard, 1965.
220 LÉVINAS, E. *Totalité et Infini*, op. cit, p. 166.

A minha intenção é avançar esta noção de hospitalidade como para além da generosidade ou da mera tolerância, indicar o procedimento participativo (seja na arte contemporânea, seja com os produtores ou em outras interações culturais) como espaço-tempo potencial desta hospitalidade, por mais fugaz que seja. Potencial tornado cada vez mais raro na medida da intensificação da reflexividade global. Enfocando a expressão espaço-tempo, a arte contemporânea seria o tempo (fugaz), e o subúrbio o espaço (radical).

Não se trata de fazê-la assumir um valor paradigmático no sentido de servir de base para outras relações semelhantes, o seu valor é precisamente o de operar em total imprevisibilidade no seio da reflexividade mesma.

Esta hospitalidade, como ato individual, não imposto e, além disso, de acordo com Lévinas, não passível de ser imposto, mostra-se como um traço de resistência em si próprio, contrariando o argumento de instrumentalização, que se reforça em algumas análises sociológicas e de crítica de arte que insistem num consenso que reduz qualquer ação artística ou projeto cultural em territórios empobrecidos a uma instrumentalização. É como se, numa realidade de urgências sociais, o artista forçosamente sucumbisse e se moldasse por "fôrmas" impostas, perdendo, ao mesmo tempo, os seus atributos intrínsecos[221] para responder tão somente aos desejos objetivados por outras instâncias.

Neste sentido, os procedimentos da arte contemporânea observados nos subúrbios franceses serviram como observatórios por excelência desta resistência.

O espaço é a matéria-prima com a qual lidam as propostas dos artistas escolhidos em Aubervilliers. A acolhida do "público" é per-

---

221 Em relação aos ditos "atributos intrínsecos", é interessante, nesta via, recordar rapidamente os caminhos históricos que conduziram à aceitação da ideia da autonomia da arte como oposta à esfera do mercado e à esfera da política, conduzindo por último à valorização do culto da "arte pela arte". Assim, o artista "puro" deveria guardar-se separado, para além dos assuntos mundanos da vida real e social, é o motivo para a dissociação entre arte e vida, e entre vida e cultura. Como consequência, o artista não se misturaria às injunções de programas políticos, no máximo de Política no sentido filosófico e imaterial, mas nunca da política imediata, da qual se trata no cotidiano, na cidade, no bairro, no subúrbio. Ora, é também uma manobra política fazer pensar

meada por percepções do subúrbio como espaço diário, praticado. É nesta medida que podemos perceber a influência do urbanismo.

Mas na verdade são espaços, não somente alvos de preconceitos, mas territórios de operações políticas e disputas simbólicas, testemunhos da maneira pela qual questões locais (uso de véu ou a presença da língua árabe na França, por exemplo, extermínio de crianças de rua no Brasil) podem ganhar visibilidade internacional, forçando tomadas de decisão. Devido às novas dimensões que se rebatem na questão do antigo ideal da cidadania, são bairros ou cidades mais próximas à Babilônia, na análise de Featherstone[222] do que do ideal da polis.

Mas é no livro "Além do versículo – leituras e discursos talmúdicos" que Lévinas elabora uma análise sobre as "cidades-refúgios" que me inspirou para a conclusão[223].

As cidades-refúgio, instituição bíblica, seriam cidades que acolhem todos aqueles que teriam cometido homicídio involuntário, e que, apesar da ausência de intenção criminosa de seus atos, seriam perseguidos pelos conhecidos das vítimas, os chamados "vingadores do sangue", a quem, por outro lado, seria acordado um direito parcial. Este direito parcial se origina, por seu turno, do entendimento que vê no homicídio involuntário, igualmente uma falta de atenção, de prudência, em suma: um erro. É devido à

---

que esta política local seja independente da Política essencial, assim como seria irreal imaginar uma linha política nacional sem as suas representações locais executivas. Assim, é num objetivo político de manutenção do *status quo* que ganha força a injunção do artista autônomo como artista descolado dos assuntos políticos, desvalorizados como assuntos "mundanos", que no expediente artístico contemporâneo se encontram, entre outros, através das interações sociais! Caberia indagar qual se tornou o papel do arquiteto especificamente, cujas atribuições se fixam num estatuto muito mais ambíguo.

222 MEATHERSTONE, Mike. "O flâneur, a cidade e a vida pública virtual". In: Antonio ARANTES, (org). *O espaço da diferença*. Campinas, SP: Papirus, 2000. p.190. Neste artigo, o autor retoma o papel que a cidade exerce como dispositivo metafórico que marcou o desenvolvimento conceitual do ocidente, o que fica evidente também no modo como a cidade foi usada para imagens da "vida boa" da metrópole, da polis como lar da cidadania e da participação democrática. Neste sentido duas grandes versões vêm à tona: a polis como lar da cidadania enfatizada por Hannah Arendt, e a imagem da Babilônia, como cidade mundial, de alcance ampliado, na qual a heterogeneidade dos habitantes faz cair em desuso a noção estrita de comunidade, além de desestabilizar a dimensão de "cidadão". Esta babilônia contemporânea teria mais tolerância para a

prevalência do direito pleno sobre este direito parcial que uma Lei designa as cidades-refúgios onde o matador e onde o "vingador do sangue" terá mais dificuldade de o encontrar. Uma vez que este direito parcial acordado ao "vingador de sangue" permanece até o fim do pontificado do avô contemporâneo ao matador, o lugar de refúgio se torna também um exílio, no sentido de uma sanção. Lévinas destaca o duplo efeito da cidade-refúgio:

> Há então, na cidade-refúgio, proteção da inocência que é também punição do objetivamente culpado. Os dois ao mesmo tempo [...] A imprudência, a falta de atenção, limitam a nossa responsabilidade? (Lévinas, E. *L'au-delà du verset. Lectures et discours Talmudiques*. Les Éditions de Minuit, 1982. p. 56).

Na verdade, se esta imagem da "cidade-refúgio", oriunda do Talmude[224], resta um caso-limite e hipotético, em que justamente uma certa homogeneidade religiosa reinaria, o próprio Lévinas lança sua correlação aos dias atuais numa multiplicação de diásporas:

> Estas mortes, cometidas sem que os matadores as tenham querido, não se produzem por outro meio que não a lâmina que se solta do machado e vem derrubar o passante?

diversidade, para grupos que, sem poderem ser considerados cidadãos, compartilham da vida no espaço público.
223 Cabe também lembrar Derrida que retoma a ideia em *Cosmopolites de tous les pays, encore un effort*. Paris : Galilée, 1997.
224 O Talmude é a versão escrita das lições e das discussões dos doutores rabinos que ensinavam na Palestina e na Babilônia nos séculos que precederam e seguiram o início da nossa era, doutores que continuavam provavelmente antigas tradições. Lá encontramos os problemas da moral, do direito e da lei cerimonial do judaísmo tratados com uma atenção muito viva emprestada às situações específicas da ação, embora a preocupação dos princípios não esteja nunca ausente desta aparência casuística e que os apólogos e parábolas engendrem também implicações filosóficas da visão judaica da Escrita." LÉVINAS, E., *L'au delà du Verset*, p. 21, note 1.
A Torá, uma parte do Talmude onde se insere a passagem sobre as cidade-refúgio, é considerada como exprimindo o cerne mesmo da vontade de Deus à qual devem obedecer os judeus ditos ortodoxos. "O Talmude (...) consignado por escrito entre o séc. II e o fim de século V da nossa era - é nos seus sessenta e oito tratados, um texto imenso, de mais de três mil páginas *in-folio* coberto de comentários e comentários dos comentários". Idem, p. 143.

Na nossa sociedade ocidental, livre e civilizada, mas sem igualdade social, sem justiça social rigorosa, será absurdo se perguntar se as vantagens das quais dispõem os ricos frente aos pobres – e todo o mundo é rico frente a alguém no Ocidente –, se estas vantagens, paulatinamente, não são elas próprias a causa de alguma agonia, de certa parte?

Não existem, em alguma parte do mundo, guerras e matanças que são a consequência disto? Sem que nós daqui, habitantes de nossas cidades - capitais sem igualdade, é certo, mas protegidas e abundantes - , sem que nós daqui, tenhamos querido mal à quem quer que seja?

O vingador ou o redentor de sangue "de coração aquecido" não ronda ao nosso redor, sob forma de cólera popular, de espírito de revolta ou mesmo de delinquência em nossos subúrbios, resultado do desequilíbrio social no qual nós estamos instalados?

As cidades onde nós moramos e a proteção que, legitimamente, em razão de nossa inocência subjetiva, nós encontramos na nossa sociedade liberal (mesmo se nos a encontramos um pouco menos do que outrora) contra tantas ameaças de vinganças sem fé nem lei, contra tantos corações inflamados, não serão elas, de fato, a proteção de uma semi-inocência ou de uma semi-culpabilidade, - tudo isto não faz das nossas cidades, cidades-refúgio ou cidades de exilados? (Lévinas, E. *L'au-delà du verset. Lectures et discours Talmudiques*. Paris: Les Éditions de Minuit, 1982, p. 57).

Ao deixar esta pergunta aos nossos ouvidos, Lévinas estabelece equivalência em um só ato, inequívoca entre as cidades-capitais "abastadas" de todo o mundo e, por conseguinte, entre subúrbios pobres de todo o mundo. Ele caracteriza uma relação de forças em que a "inocência subjetiva" não pode mais se eximir dos danos objetivos que, numa engrenagem já previsível, fazem das cidades contemporâneas apenas um outro cenário de sangrentos confrontos. Cidades que mal escamoteiam a versão urbana de campos de refugiados, exilados que tampouco se lembram qual foi a ideia inicial de hospitalidade que os moveu, o que vieram tentar recuperar, ou quais pessoas vieram vingar.

Ora, ao longo de todo o período que me interessou mais de perto neste trabalho, de 1980 até 2005, acentuaram-se as beligerâncias e os conflitos causados por razões religiosas misturadas a razões econômicas. As Leis de imigração endureceram-se e não é anódino que os anos de 2001 e 2005, duas datas que balizam a minha estada de investigação na França, também tenham ficado registradas respectivamente pelo ataque terrorista em Nova Iorque e pela reaparição de revoltas[225] nos subúrbios franceses, neste caso desencadeadas não muito distante de Aubervilliers, o subúrbio que trato neste trabalho.

O intervalo entre 1980 e 2005 marca, com efeito, a perversa multiplicação do fenômeno de campos de refugiados (cuja invasão do Iraque é apenas a face mais midiatizada), perpetuando um estado de exceção do direito, como analisado por Giorgio Agamben[226] nas antípodas de qualquer hospitalidade. Mesmo excedendo o olhar ingênuo do primeiro contato com o meu terreno de estudo, é a presença do imigrante que me parece constituir o "núcleo" do desafio ao mesmo tempo político[227] e o mais intrinsecamente cultural: o que confere a especificidade e a originalidade (ainda que utópica) de uma política cultural verdadeira para este subúrbio.

Apesar das conformações históricas e movimentos sociais diferentes, Brasil e França lidam com questões de subúrbios

---

225 A este título é impressionante lembrar que o gênero de conflito sobrevindo em 2005 na região onde se localiza Aubervilliers não é de ordem diferente daquela que conduziu a Unesco a lançar o documento "Nossa diversidade criativa", lançando luz sobre a convicção de que o papel das políticas culturais no mundo atual ultrapassa quase sempre o papel das políticas de desenvolvimento estrito senso.
226 AGAMBEN, Giorgio. *Homo Sacer. Le pouvoir souverain et la vie nue*. Paris: Seuil, 1997.
227 Os amálgamas operados entre imigrantes e delinquência não cessam de repaginar-se ao fio das décadas. Já em 1981 todos os que quisessem podiam surpreender-se ao saber que "o relatório do Sr. Mangin precisava que se encontrava 7,4% de estrangeiros entre

muito semelhantes no século XXI. A questão da alteridade e da aceitação do outro é a que almejo destacar aqui.

A alteridade cultural é mais evidente na França, onde há várias línguas sendo praticadas no espaço privado e algumas vezes no espaço público, por isto o desafio da hospitalidade é tão ou mais gritante. Ao passo que, no Brasil, o mito da igualdade racial camufla consideravelmente as questões de intolerância e por isto mesmo causa, via de regra, posições contrárias àquilo que é institucionalmente assumido na França como "política de discriminação positiva". A intolerância, a falta de aceitação ao outro, passa assim a ficar compreendida sociologicamente e nos discursos políticos como uma intolerância de classe e não de raça. De qualquer forma, é o desafio da hospitalidade, aqui entre conterrâneos que se perfila.

O subúrbio no Brasil, diferentemente da França, apesar de seus índices de pobreza e de atentados contra direitos humanos, não se tornou gerador de instrumentos institucionais, mistos que explicitam uma interface entre política urbana e política cultural. Ao contrário, esta interface só é formalmente assimilada no que tange às áreas centrais e históricas[228]; por outro lado, a associação corriqueira se dá entre política de segurança e política habitacional.

Este fato é bastante paradoxal se pensarmos que as periferias brasileiras são tão ou mais produtoras de cenários de violência do que a França. O que se passa aqui é que não há um acompanhamento de políticas sociais nem culturais, nem mesmo ao reboque de políticas de segurança pública. Faltando assim um "voluntarismo" que pudesse agir como mediador entre Ministé-

---

condenados às bases (para crimes), enquanto que representam 8% da população e mais especificamente 12,3% da população ativa masculina, entre a qual encontra-se a quase totalidade dos delinquentes": a grande delinquência saberia ser atribuída à imigração... Porém, revela-se que à idade e condição social equivalente, a pequena delinquência não é mais forte nos imigrantes que nos franceses.» Conforme Françoise GASPARD, *L'information et l'expression culturelle des communautés immigrés en France*, 1981. Citado por: ESTÈBE, P.; REMOND, E. *Les communes au rendez-vous de la culture – pour des politiques culturelles municipales*. Paris: Syros, 1983. p. 49.

[228] Naquela interface contemplando áreas centrais que dão lugar aos chamados processos

rio da Cultura e outros ministérios, os subúrbios permanecem problemas exclusivamente geridos pelas prefeituras, em contraste com a França, onde os subúrbios são um "problema" do governo central.

Caberia deixar uma provocação de saber se o fato de estarem mais submetidos à ação governamental local acarreta maiores chances de hospitalidade nos subúrbios brasileiros.

Para finalizar, gostaria de propor a correspondência com a imagem de cidade-refúgio e cidade-exílio de Lévinas: julgo poder considerar que os subúrbios observados neste livro se assemelham a bairros-refúgios no Brasil e a cidades-exílios na França.

E somente a modificação das relações na cidade reflexiva, apogeu da cidade-espetáculo (para Lévinas, equivalendo ao Ocidente como um todo), poderá causar modificações neste estado de coisas. Neste encadeamento de ideias, poderia dizer que a hospitalidade escapa a esta ordem hierárquica, pois ela parece infiltrar-se mais naquelas situações que tendem antes à Babilônia do que à polis. Nesta imagem, a primeira oferece chances de participação espontânea, ao contrário da polis, onde ela é regrada.

Na França atual, as tentativas de culpabilização das migrações pelas instâncias de policiamento do Estado permitem flagrar os grandes equívocos da Política da Cidade que, institucionalmente criada para remediar os problemas de subúrbios já nos anos 1980, não soube conferir o que Lévinas descreve como sendo da ordem do acolhimento, muito menos soube conferir aquilo que seria da ordem da hospitalidade. Esta, por sua vez, só surge na sua forma mais pura quando se trata de acolher o estrangeiro.

de enobrecimento sociocultural, já em 1973 implantava-se no nível federal o Programa das Cidades Históricas –PCH – da SEPLAN como programa interministerial. Na década de 1990, os projetos contemplados pelo programa Monumenta, que abrangem Praça dos Tiradentes no centro do Rio, direcionam recursos extraordinários à "revitalização" de centros, baseados na aparente retomada de uma memória empregada na verdade num conceito socialmente e culturalmente excludente, como foi discutido por Carmen Silveira em "O entrelaçamento urbano-cultural: centralidade e memória na cidade do Rio de Janeiro". Tese de Doutorado. IPPUR/ UFRJ, 2004.

É na escala do "local", da cidade, que os encontros, os conflitos e as disputas se passam. É lá, por conseguinte, que as transformações mais importantes também têm lugar em termos políticos e culturais. A dimensão da hospitalidade concerne, como desafio, a quase todas as cidades contemporâneas.

Num primeiro caso, elas são suficientemente grandes e atraem a presença de habitantes estrangeiros ricos o bastante para não serem chamados "imigrantes": são aqueles aos quais a globalização e a deslocalização reservam bons lugares. Ao lado destes ricos indivíduos, que lá habitam por períodos mais curtos ou mais longos, as grandes cidades atraem certamente turistas, aos quais as autoridades dão também as boas-vindas. Trata-se de uma gestão hoteleira, da ordem do turismo na cidade-espetáculo, mais do que de uma hospitalidade no sentido de Lévinas. Mas a grande metrópole atrai igualmente os imigrantes pobres, que sonham em encontrar novas oportunidades e melhor acesso aos serviços médicos e à educação.

Num outro extremo estão as cidades periféricas sem valor patrimonial, muito menos turístico, precisamente onde se concentram os estrangeiros de outra categoria social: são os subúrbios, que devem resolver o impasse da moradia destas pessoas.

Assim, no que se refere à arte no espaço público, a hospitalidade emerge desviando, escapando da reflexividade, posto que nesta última a participação é feita normalmente pela mediação.

Os governantes podem se interessar pela hospitalidade como um segundo sopro para melhor sensibilizar a arte contemporânea, enquanto a posição típica da fase da arte moderna era multiplicar os dispositivos de mediação.

Encontramos duas razões para utilizar a noção de hospitalidade na cultura: dentro da cena dos artistas, como uma provocação coletiva (de que maneira se reage à subjetividade criadora do outro nos projetos cooperativos?); nas instâncias curatorais, como uma maneira de sensibilizar a arte contemporânea, evitando a armadilha do enclausuramento/enrijecimento didático de algumas mediações.

A conjugação das duas razões substitui, talvez, a noção de participação, já gasta e demasiado atrelada à arte dita pós-moderna.

A primeira razão provoca em certa medida a segunda; a hospitalidade ganha sentido tanto do lado da prática artística, como um ato de hospitalidade, quanto do lado do modo de relação do artista com o público. A mediação cultural leva em conta apenas a relação com o público, enquanto a hospitalidade leva em conta o potencial de ativação da própria obra, ainda durante a realização da mesma.

De acordo com este raciocínio, podemos retomar Hal Foster, sugerindo que "a autoridade artística" conseguiria tanto ou mais proteger-se das instrumentalizações operadas nos programas políticos, e aqui mais particularmente na política cultural, à medida que se inclina mais à hospitalidade do que à mediação. Podemos também retomar a ponderação que Derrida faz à dificuldade inerente da aceitação do outro em Lévinas.

A mediação é entendida como um "terceiro" que impede o encontro ou o confronto direto. Utilizo esta oposição compreendendo a mediação como recurso que tende mais à função de assistente social, ou à função por demais pedagógica perante trabalhos de arte com um público que, por ser pobre e "estrangeiro" ao mundo da arte, necessitaria forçosamente de mediadores. Esta mediação se oporia ao que estou chamando do "face a face" radical a partir de Lévinas, e, via de regra, é o que as instituições delegam aos mediadores profissionais, juridicamente "obrigatórios" na recepção aos estrangeiros pobres. E isso é justamente aquilo que os artistas, agindo como etnógrafos, evitam! Enfim, a mediação aqui enfocada acaba por inibir a participação e, na medida em que é "protocolar", não pode ser da ordem da hospitalidade.

Ora, não poderia encerrar este livro sem retomar a questão da subjetividade que perpassou nosso tema. Lévinas fazia a "defesa da subjetividade fundada na ideia de infinito", e por isto sua filosofia tangenciava sempre o ético e o moral. Por outro lado, temos uma análise mais cética da parte de Jeudy[229], que indica que cada vez mais os tentáculos institucionais tiram sua força da própria ideia de singularidade, em forma de resquício último, circulando virtualmente no meio artístico-cultural. Seria um tipo de perverso de sinergia acontecendo entre instituição e criação artística. Assim, é patente o grande desafio pairando no papel que poderia exercer a política cultural na gestão urbana do subúrbio, já que esta política lida com subjetividades e a gestão urbana urge de um mínimo de transcendência para não sufocar totalmente as alteridades.

Creio que os exemplos aqui tratados podem contribuir para visões outras dos espaços periféricos, no momento em que as principais discussões sobre política internacional estão reavaliando os critérios de acolhimento ao estrangeiro, as regras para

---

[229] Para esta reflexão me apoiei nas aulas e seminários de Henri-Pierre Jeudy na Escola de Arquitetura de la Villette.

o direito de asilo; e no momento em que as guerras, ao mesmo tempo econômicas e religiosas, mostram-nos que o sentido de hospitalidade corre o risco de tornar-se uma atitude de bravura ou de coragem pessoal dentro de uma reflexividade mundialmente institucionalizada. Ao desenvolver estas questões logo após o impacto de duas grandes guerras mundiais, Lévinas legaria uma ferramenta teórica que se atualiza na época contemporânea marcada pela sensação de uma paz instável.

Para me decidir a fazer circular um trabalho de pesquisa terminado mais de dez anos atrás, levei em conta a crescente e perversa tentativa de dissolução de iniciativas culturais pelos governantes nos recentes anos, e simultaneamente a insistência e validade dos desafios de hospitalidade na arte e na cidade. Em 2020, fui surpreendida por novas obras analisando hospitalidade, e assim, apesar de dados empíricos terem mudado, creio que essa publicação possa ainda instigar pesquisas e decisões pós-pandêmicas.

BIBLIOGRAFIA

ABIRACHED, Robert. "Politique du Théâtre". In: WARESQUIEL, Emmanuel de. (Dir) *Dictionnaire de Politiques Culturelles de la France depuis 1959*. Paris: Larousse/CNRS Editions, 2001. p, 580-585.

AGAMBEN, Georgio. *Homo Sacer: le pouvoir souverain et la vie nue*. Paris: Seuil, 1997.

_____ *La communauté qui vient*. Théorie de la singularité quelconque. Paris: Seuil. 1996.

AMARAL, Aracy: *Arte para quê ? A preocupação social na arte brasileira 1930-1970: subsídios para uma história social da arte no Brasil*. São Paulo: Nobel, 1987.

AMSELLE, Jean-Loup. *L'art de la friche*: Essai sur l'art africain contemporain. Paris: Flammarion, 2005.

ANDRADE, Mário de. *O movimento modernista*. Rio de Janeiro, CEB, 1942. A partir de conferência pronunciada no Rio de janeiro na Biblioteca do Ministério das Relações Exteriores. Apud. Amaral, op. cit., p. 107

ARANTES, Antonio (Org). *O espaço da diferença*. Campinas: Papirus, 2000.

ARANTES, Otília. *O lugar da arquitetura depois dos modernos*, São Paulo: EDUSP,1995.

ARENDT, Hannah. *La crise de la culture*. Paris: Gallimard, 1972.

ARGAN, Giulio Carlo. *História da arte como história da cidade*. São Paulo: Ed. Martins Fontes, 1989.

AUGOYARD, J.F. "L'action artistique dans l'espace urbain" In: METRAL, Jean (coord). *Cultures en ville ou de l'art et du citadin*. Paris: Editions de l'aube, 2000. pp. 51 – 68.

BAUDRILLARD, Jean. *La societé de consommation*. Paris: Ed. Denoël, 1997.

_____ *Simulações e simulacros*. Lisboa: Relógio d'Agua, 1991.

BECKER, Howard. "Mundos artísticos e tipos sociais." In: VELHO, Gilberto (Org.). *Arte e sociedade - ensaios* de sociologia da arte. Rio de Janeiro: Zahar, 1977.

_____ *Art worlds*. California: University of California Press, 1982.

BENHAMOU, Françoise. "Exploration d'une impasse." In: *Revue Esprit*, mai 2004.

BENJAMIN, Walter. «L'auteur comme producteur.» In: *Essais sur Brecht*. Paris: La Fabrique, 2003.

BERNARDES, Lysia. "A faixa suburbana". In: BERNARDES, Lysia; SOARES, Maria Therezinha S. *Rio de Janeiro:* cidade e região. Rio de Janeiro: Secretaria Municipal de Cultura, 1995.

BOISSEAU, Rosita; FRETARD, Dominique. "L'adresse des chorégraphes au nouveau ministre de la Culture", *Le Monde*, 28 juin 2002, *apud* AMSELLE, Jean-Loup. *L'art de la friche*: Essai sur l'art africain contemporain. Paris: Flammarion, 2005.

BONNEFF, Léon. *Aubervilliers*. Paris: L'esprit des Péninsules, 2000.

BOTELHO, Isaura. *Romance de formação*: FUNARTE e Política cultural, 1976-1990. Rio de Janeiro: Edições Casa de Rui Barbosa, 2000.

BOURDIEU, Pierre. *O poder simbólico*. Rio de Janeiro: Bertrand Brasil, 2000.

_____ *La distinction – critique sociale du jugement*. Paris: Les Éditions de Minuit, 1979.

CASTORIADIS, Cornelius. *La montée de l'insignifiance: les carrefours du labyrinthe*. Paris: Seuil, 1996.

CAUQUELIN, Anne. *Essai de philosophie urbaine*. Paris: PUF, 1982 .

_____ "A cidade e a arte contemporânea." In: *Arte & Ensaios*, Rio de Janeiro, v. 3, n. 3, 1996.

_____ *Petit traité d'art contemporain*. Paris: Seuil, 1996.

_____ *Les théories de l'art*. Paris: Puf, 1998.

CERTEAU, Michel de. *La culture au pluriel*. Paris: Seuil, 1993.

_____ *Artes de fazer*: a invenção do cotidiano. Petrópolis: Vozes, 1994.

CHAPUIS, Ivane. In: KHATTARI, Majida. *En famille*. Catalogue d'exposition. Ecole Nationale Supérieure des Beaux Arts; Les Laboratoires d'Aubervilliers/ Ville d'Aubervilliers, 2001.

CHAUÍ, Marilena. *O que é ideologia*. São Paulo: Ed. Brasiliense, 1988.

_____ *Uma opção radical e moderna: Democracia Cultural*. Revista Pólis, São Paulo, n. 12, 1993.

CHOAY, Françoise.; MERLIN, Pierre. *Dictionnaire de L'Urbanisme et de L'Amenagement*. Paris: Press Universitaire de France, 1988.

CRIMP, Douglas. *Sobre as ruínas do museu*. São Paulo: Martins Fontes, 2005.

DATAR (Délégation du territoire et à l'action régionale). *La Politique Culturelle des agglomérations*. Paris: La Documentation Française, 2001.

_____ *Les grandes friches industrielles*. Paris: La Documentation Française, 1986.

DEBORD, Guy. *La societé du spectacle*, Paris: Gallimard,1992.

_____ *A sociedade do espetáculo*. Rio de Janeiro: Contraponto, 1997.

DELEUZE, Gilles et GUATTARI, Felix. *Qu'est-ce que la philosophie?* Paris: Les Éditions de Minuit, 1991, p.147.

DERRIDA, Jacques. *Adieu à Emmanuel Lévinas*. Paris: Galilée, 1997.

_____ *De l'hospitalité*. Anne Dufourmantelle invite Jacques Derrida à répondre. Paris: Calmann Levy, 1997.

_____ *Cosmopolites de tous les pays, encore un effort!* Paris: Galilée, 2007.

DERRIDA, Jacques; SOUSSANA, Gad; NOUSS, Alexis. *Dire l'événement, est-ce possible?* Séminaire de Montréal pour Jacques Derrida. Paris: L'Harmattan, 2001.

DESSAIN, Jacques. "Un siècle de bouleversements (1715-1815): 2e partie – Le pouvoir des propriétaires". In: *Aubervilliers à travers les siècles*. Aubervilliers: ed. par Louisette et Jacques Dessain, 2002.

DOIMO, Ana Maria. *A vez e a voz do popular: movimentos sociais e a participação política pós-70*. Rio de Janeiro: Relume-Dumará; ANPOCS, 1995.

DOMINGUES, Álvaro. (Sub)úrbios e (sub)urbanos - o mal estar da periferia ou a mistificação dos conceitos? In: III CONGRESSO PORTUGUÊS DE SOCIOLOGIA, 1996, Lisboa: 1996.

DONZELOT, Jacques; MÉVEL, Catherine; WYVEKENS, Anne. *Faire Société*: La Politique de la Ville aux Etats-Unis et en France. Paris: Seuil, 2003.

DUBOIS, Vincent. *La politique culturelle: genèse d'une catégorie d'intervention publique*. Paris: Belin, 1999.

DUBOIS, Vincent; URFALINO, Philippe. "*L*'Epopée culturelle en sédiments". In: *Culture publique opus 1*. Paris: SKIT/Sens & Tonka, 2004.

DUPRAT, Marie. "*Gabriel Garran et le Théâtre de la Commune d'Aubervilliers: 1965-1985*". Université Paris 1 - Sorbonne, Mémoire de maîtrise d'Etudes Théâtrales, 1998.

DURAND, José Carlos. *Política e gestão cultural:* Brasil, USA e Europa. São Paulo: EAESP-FGV, 2000. Relatório de pesquisa n. 13/2000.

ESTÈBE, Pierre.; REMOND, E. Les communes au rendez-vous de la culture – pour des politiques culturelles municipales. Paris: Syros, 1983.

FEATHERSTONE, Mike. *Cultura de consumo e pós-modernismo*. São Paulo: Studio Nobel, 1995.

_____ "O flâneur, a cidade e a vida pública virtual." In: ARANTES, Antonio (Org). *O espaço da diferença*. Campinas: Papirus, 2000.

FERNANDES, Nelson da Nóbrega. *O rapto ideológico da categoria subúrbio:* Rio de Janeiro (1958-1945). Dissertação de Mestrado em Geografia - Programa de Pós-Graduação em Geografia, Universidade Federal do Rio de Janeiro, Rio de Janeiro, 1996.

FERRAN, Márcia de Noronha Santos. *Interfaces entre Política Cultural e Política Urbana:* a experiência francesa e o novo perfil do profissional do urbano. Anais do X ENCONTRO NACIONAL DA ANPUR – 2003. Em formato cd-rom, 2003.

FERRAN, M.; SILVEIRA, Carmen B. *Política Cultural e Valorização Simbólica do Espaço:* Rio Capital Cultural. Anais do IX Encontro da ANPUR, Rio de Janeiro, Brasil, 2001.

FOSTER, Hal. "Contra o pluralismo." In: *Recodificação, arte, espetáculo, política cultural*. São Paulo: Casa Editorial Paulista, 1996.

_____ *The return of the real*: L'avant-garde à la fin du siècle. Cambridge, Massachusetts: MIT Press, 1999.

_____ *Le retour du réel*. Situation actuelle de l'avant-garde. Bruxelles: La Lettre Vollée, 2005.

FRIEDBERG E.; URFALINO P. *Le jeu du catalogue*: les contraintes de l'action culturelle dans les villes. Paris: La Documentation Française, 1984.

GILSONN, Bernard. «La Politique culturelle des villes moyennes.» In: *Revue Territoires - correspondance municipale*, avril 1989.

GUATTARI, Felix. *Caosmose – um novo paradigma estético*. Rio de Janeiro: Editora 34, 1992.

HABERMAS, J. *L'espace public.* Paris: Payot, 1978.

_____ *A Mudança estrutural da esfera pública.* Rio de Janeiro: Tempo Brasileiro, 1984.

HAIDU, Rachel. "Les utopies précaires de Thomas Hirschhorn". In: *Le Journal des Laboratoires no. 3*. Aubervilliers: Les Laboratoires d'Aubervilliers. pp. 10-17.

HAUT CONSEIL À L'INTÉGRATION. *Rapport au Premier ministre. Liens culturels et intégration.* Juin 1995. Paris: La Documentation Française, 1995.

HARVEY, David. *Condição pós-moderna.* São Paulo: Edições Loyola, 1992.

HATZFELD, Marc. *Petit traité de la banlieue.* Paris: Dunod, 2004.

HEIDEGGER, M. *Qu'appelle-t-on penser?* Paris: PUF, 1959.

HEINICH, Nathalie. *Le triple jeu de l'art contemporain.* Paris: Les Éditions de Minuit, 1998.

HENRY, Pierre. "Les espaces-projets artistiques. Une utopie concrète?». Script de l'exposé pour la journée professionnelle du 2 juin 2003. Disponible en: <http://www.institut-des-villes.org/upload/nta_pHENRY.pdf>. Acesso em: 13/12/2003.

_____ *Les espaces-projets artistiques. Une utopie concrète pour un avenir encore en friche.* In: Theâtre / Public n. 163, janvier- février 2002, pp. 60-71.

HIRSCHHORN, Thomas; LES LABORATOIRES D'AUBERVILLIERS. *Thomas Hirschhorn, Musée Précaire Albinet – Quartier du Landy, Aubervilliers, 2004.* Paris: Editions Xavier Barral / Les Laboratoires d'Aubervilliers, 2005.

JACOBS, Jane. *Muerte y vida de las grandes ciudades americanas.* Barcelona: Edicions 62, 1973.

JACQUES, Paola Berenstein. "Patrimônio cultural urbano: espetáculo contemporâneo?" In: *RUA – Revista de Urbanismo e Arquitetura*, Salvador, v. 1, n. 8, p. 32-39, jul/dez. 2003.

_____ *Un dispositif architectural vernaculaire: les favelas à Rio de Janeiro.* 1998. 2v. Thèse de Doctorad en Histoire de l'art. Université de la Sorbonne, Paris.

JAMESON, Fredric. *Espaço e imagem:* teoria do pós moderno e outros ensaios. Rio de Janeiro: Ed. UFRJ, 1995.

_____ "Periodizando os anos 60". In: HOLLANDA, H. B. (Org.). *Pós-Modernismo e Política.* Rio de Janeiro: Rocco, 1991.

JAPPE, Anselm. *Guy Debord.* Petrópolis: Ed Vozes, 1999.

JEUDY, Henri- Pierre. *Memórias do Social,* Rio de Janeiro, Forense Universitária, 1990.

_____ *Sciences Sociales et démocratie.* Paris: Circé, 1997.

_____ *Les usages sociaux de l'art.* Paris: Circé, 1999.

_____ *Le Corps et ses Stéréotypes.* Paris, Circé, 2001.

_____ *Critique de l'esthétique urbaine.* Paris: Sens&Tonka, 2003.

JORN, Asger. "Uma Arquitetura da vida". Paris: *Potlach,* n. 15, dec. 1954.

KANT, Emmanuel. *Vers la paix perpétuelle.* Paris: Flammarion, 1991.

KHATTARI, Majida. *En famille,* catalogue de l'exposition. Ecole Nationale Supérieure des Beaux Arts: Les Laboratoires d'Aubervilliers/Ville d'Aubervilliers, 2001.

KLOSSOWSKY, P. *Les lois de l'hospitalité.* Paris: Gallimard, 1965.

KRAUSS, Rosalind. "A *escultura no campo ampliado".* Trad. Elizabeth Carlione Baez. In: *Revista Gávea.* Rio de Janeiro, 1985. pp. 87-93. Tradução de "Sculpture in expanded field".

KUSCHNIR, Karina. *O cotidiano da política.* Rio de Janeiro: Jorge Zahar Ed., 2000,

LATARJET, Bernard. *L'aménagement culturel du territoire.* Paris: La Documentation Française, 1992.

LEFEBVRE, H. *O direito à cidade*. São Paulo: Ed. Documentos, 1969.

_____ *Critique de la vie quotidienne*. Paris: L'Arche Éditeur, 1961.

LÉVINAS, Emmanuel. *Totalité et Infini* - essai sur l'extériorité. Paris: Le Livre de Poche, 2003.

_____ *L'au-delà du verset*. Lectures et discours Talmudiques. Paris: Les Éditions de Minuit, 1982.

_____ *Humanisme de l'autre homme*. Paris: Ed. Fata Morgana, 1972.

_____ *Ethique et infini*. Paris: Le Livre de Poche, 1982.

_____ *Entre nous: essais sur le penser-à-l'autre*. Paris: Le Livre de Poche, 1991.

LÉVINAS, Michaël. "Mon père pensait une esthétique de l'extraordianaire". In: *Revue Magazine Littéraire*, numéro 419, avril 2003, pp. 48-50.

LEXTRAIT, Fabrice *et al*. *Une nouvelle époque d'action culturelle*, mai 2001. Rapport officiel.

LEXTRAIT, Fabrice; KAHN, F. *Nouveaux territoires de l'art*. Edition Sujet/Objet, 2005.

LOMBARD, Alain. *Politique Culturelle Internationale. Le modèle français face à la mondialisation*. Paris: Maison des cultures du monde, 2003.

MARICATO, Erminia. *Metrópole na periferia do capitalismo*: ilegalidade, desigualdade e violência. São Paulo: Hucitec, 1996.

MASSIAH, Gustave. "Le débat international sur la ville et le logement après Habitat 2". In: Thierry PAQUOT, Michel LUBAT et Sophie BODY-GENDROT (Dir). *La ville et l'urbain, l'état des savoirs*. Paris: La Découverte, 2000. pp. 349-358.

MERLIN, Pierre. *Les banlieues des villes françaises*. Paris: La Documentation Française, 1998.

METRAL, Jean (Coord). *Cultures en ville ou de l'art et du citadin*. Paris: Editions de l'aube, 2000.

MICELI, Sérgio. "O processo de construção institucional na área cultural federal (anos 70) ". In: MICELI, Sérgio (Org). *Estado e cultura no Brasil*. São Paulo: Difel, 1984.

MICHAUD, Yves. *L'art à l'état gazeux*. Essai sur le triomphe de l'esthétique. Paris: Ed. Hachette Littératures, 2004.

MILLIOT, Virginie. "Culture, cultures e redéfinition de l'espace commun: approche anthropologique des déclinaisons contemporaines de l'action culturelle» In: METRAL, Jean. (Coord). *Cultures en ville*. Paris: Editions de l'aube, 2000.

MINISTÈRE DE LA CULTURE ET DE LA COMMUNICATION. *L'art et la ville – art dans la vie*. Paris: La Documentation Française, 1978.

MOLLARD, C. "Le centre et la périphérie. " In: Révue *Autrement*. Paris, n.18, abr. 1979.

MOULINIER, P. "L´Etat et les équipements culturels (1959-1995)". In: *Annales de la Recherche Urbaine*- n.70, Mars 1996.

NANCY, Jean-Luc. Être singulier pluriel. Paris: Galilée, 1996.

PAQUOT, Thierry. "Cultures urbaines et impératif comparatiste" In: Thierry PAQUOT, Michel LUBAT et Sophie BODY-GENDROT (Dir). *La ville et l'urbain, l'état des savoirs*. – Paris: La Découverte, 2000. – (textes à l'appui. L'état de savoirs); pp. 378 – 391.

PEREIRA, M. S. "Corpos escritos." In: *Arte & Ensaios*, Rio de Janeiro: EBA/UFRJ, n.7, 2000.

POIRRIER, Philippe. "Politique culturelle" et municipalité: un discours explicite? L'exemple de Dijon (1919-1989)» In:POIRRIER, P; RAB, S; RENEAU;VADELORGE. *Jalons pour l'histoire des politiques culturelles locales*. Comité d'histoire du Ministère de la Culture. Paris: La Documentation Française, 1995. pp. 11-40.

POLANYI, Karl. *A Grande Transformação – as origens de nossa época*. Rio de Janeiro: Editora Campus, 1980.

PINSON, Daniel. *Des banlieues et des villes, dérive et eurocompétition*. Paris: Les Editions ouvrières, 1992.

RAFFIN, Fabrice. "Du nomadisme urbain aux territoires culturels: la mise en culture des friches industrielles à Poitiers, Genève et Berlin". In : METRAL, Jean (coord). *Cultures en ville ou de l'art et du citadin*. Paris: Editions de l'aube, 2000. pp. 51-68.

RALITE, Jacques. In: *Rencontres d'Avignon* 29 juillet – 3 août 1967.

_____ *Complicités avec Jean Vilar et Antoine Vitez*. Paris: Tirésias, 1996.

RIBEIRO, Ana Clara Torres. "*Rio-metrópole:* a produção social da imagem urbana". Tese de Doutorado em Sociologia – Faculdade de Filosofia, Letras e Ciências Humanas, Universidade de São Paulo, São Paulo, 1988.

_____ "Comunicação e Metrópole: a questão da participação social." In: *Cadernos IPPUR / UFRJ*, v.4, n. 1, 1990.

RODRIGUEZ, J.; PRYEN, S. Quand la culture se mêle du social. De la politique culturelle roubaisienne aux actions culturelles à visée social. Programme interministériel de recherches. Cultures, Villes et dynamiques sociales. Lille: IFRESI/USTL/CNRS, 2002.

SAEZ, Guy. «Villes et culture: un gouvernement par la coopération». In.: Pouvoirs, n. 73, 1995.

_____ "Démocratisation" In: WARESQUIEL, Emmanuel de. (Dir) *Dictionnaire de Politiques Culturelles de la France depuis 1959*. Paris: Larousse/CNRS Editions, 2001. pp. 201-205.

SANT'ANNA, Marcia. "A recuperação do centro histórico de Salvador: origens, sentidos e resultados". In: *RUA – Revista de Urbanismo e Arquitetura Salvador*, Salvador, v. 1, n. 8, pp. 44-49, jul/dez. 2003.

SANTOS, Carlos Nelson F. *Quando a rua vira casa*. São Paulo: Projeto, 1985.

_____ "Como e quando pode um arquiteto virar antropólogo?" In: VELHO, Gilberto (Org.). *O desafio da cidade: novas perspectivas da antropologia brasileira*. Rio de Janeiro: Ed. Campus, 1980.

_____ *Movimentos urbanos no Rio de Janeiro*. Rio de Janeiro: Ed. Zahar, 1981.

SANTOS, Jocélio Teles dos. *O poder da cultura e a cultura no poder: a disputa simbólica da herança negra no Brasil*. Salvador: EdUFBA, 2005.

SANTOS, Marcia de Noronha. *"O papel dos equipamentos culturais nas transformações recentes da área central do Rio de Janeiro"*. Monografia de Especialização em Urbanismo – Faculdade de Arquitetura e Urbanismo, Universidade Federal do Rio de Janeiro, Rio de Janeiro, 1994.

SANTOS, Milton. *Espaço do cidadão*. São Paulo: Nobel, 1987.

_____ *A natureza do espaço: técnica e tempo, razão e emoção*. São Paulo: HUCITEC, 1999.

SCHÉRER, René. *Zeus hospitalier: éloge de l'hospitalité*. Paris: La Table Ronde, 2005.

SCHWARTZ, Bertrand. *L'insertion professionelle et sociale des jeunes*. Rapport au Premier ministre. Paris: La Documentation Française, 1981.

SEAUX, Frédéric. *La politique théâtrale de la municipalité communiste d'Aubervilliers 1945-1985*. Mémoire de Maîtrise, UNIVERSITÉ DE ROUEN, Faculté des lettres et sciences humaines, Département d'histoire, 1998.

SEITZ, Frédéric. "La Politique de la Ville.» In: WARESQUIEL, Emmanuel de. (Dir) *Dictionnaire de Politiques Culturelles de la France depuis 1959*. Paris: Larousse/CNRS Editions, 2001.

SENNETT, Richard. *O declínio do homem público, as tiranias da intimidade*. São Paulo: Companhia das Letras, 1988.

SHALEV-GERZ. *Les Portraits des histoires*. Paris: ENSBA/Les Laboratoires d'Aubervilliers, La Ville d'Aubervilliers, 2000.

SILVEIRA, Carmen. *"O entrelaçamento urbano-cultural:* centralidade e memória na cidade do Rio de Janeiro". Tese de doutorado, IPPUR, 2005.

SIMMEL, Georg. "A metrópole e a vida mental". In: VELHO, Otávio Guilherme (org.). *O fenômeno urbano*. Rio de Janeiro: Zahar, 1979.

SOARES, Maria Therezinha Segadas. "Bairros, bairros suburbanos e subcentros." In: BERNARDES, Lysia; SOARES, Maria Therezinha (orgs.). *Rio de Janeiro:* cidade e região. Rio de Janeiro: Secretaria Municipal de Cultura, 1995 [1968].

_____ "Divisões principais e limites externos do grande Rio de Janeiro". In: BERNARDES, Lysia; SOARES, Maria Therezinha (orgs.). *Rio de Janeiro: cidade e região.* Rio de Janeiro: Secretaria Municipal de Cultura, 1995 [1960].

SOLÀ-MORALES, Ignasi de. *Present and Future. Architectures in Cities* – Anais da UIA, Barcelona, 1994.

SOLÀ-MORALES, Manuel. "Espacios públicos y espacios colectivos". *Jornal La Vanguardia*, caderno Cultura y Arte, Barcelona, 12 de maio de 1992.

TOUBON, Jacques. Archives de la Documentation française, sans numération. 27 septembre 1994, mimeo.

TRAVASSOS, Elizabeth. *Os mandarins milagrosos: arte e etnografia em Mário de Andrade e Bela Bártok.* Rio de Janeiro: Funarte/Jorge Zahar, 1997.

URFALINO, P. *L'invention de la politique culturelle.* Paris: La Documentation Française, 1996.

VELHO, Gilberto. *Individualismo e cultura: notas para uma antropologia da sociedade contemporânea.* Rio de Janeiro: Jorge Zahar, 1987.

_____ "Trajetória individual e campo de possibilidades". In: *Projeto e metamorfose: antropologia das sociedades complexas.* Rio de Janeiro: Jorge Zahar, 1994.

_____ "O antropólogo pesquisando em sua cidade". In: VELHO (org.). *O desafio da cidade: novas perspectivas da antropologia brasileira.* Rio de Janeiro: Campus, 1980.

_____ *A utopia urbana: um estudo de antropologia social.* Rio de Janeiro: Zahar, 1978.

VIANNA, Hermano. *O mundo funk carioca.* Rio de Janeiro: Zahar, 1988.

_____ "Música no plural". In: VELHO, G. (Org.). *Revista de Cultura Brasileira,* n. 1., mar. 1998.

VILHENA, Luís Rodolfo. *Projeto e missão: o movimento folclórico brasileiro (1947-1964)*. Rio de Janeiro: Funarte; Fundação Getúlio Vargas, 1997.

WODICZKO, Krzysztof. *Art public, art critique: textes, propos et documents*. Paris: École nationale supérieure de Beaux-Arts, 1995.

PERIÓDICOS E DOCUMENTOS CONSULTADOS SOBRE AUBERVILLIERS

AUBERVILLIERS À LA PAGE. N° 7. Thèmes: Les cultures et les égalités. Observatoire de la Société Locale. déc/2000.

AUBERVILLIERS À LA PAGE. N° 8. Thèmes: L'évolution du contexte local: Recensement, fiscalité et emploi. Observatoire de la Société Locale. mai/2001.

AUBERVILLIERS À LA PAGE. N° 9. Thèmes: Logement, habitat et stabilité, mobilité résidentielles à Aubervilliers. Observatoire de la Société Locale. fev/2002.

CONTRAT DE VILLE PLAINE COMMUNE – STAINS – LA COURNEUVE. In: Convention Territoriale de la Ville d'Aubervilliers, 2000.

JOURNAL DU SERVICE CULTUREL DE LA MAIRIE. Hiver, 1993.

RECENSEMENT DE LA POPULATION - 1999. 1eres. grandes tendances. Aubervilliers, Epinay-sur-Seine, Pierrefitte-sur-Seine, Saint-Denis et Villetaneuse dans leur environnement. tome1: Démographie. Observatoire de la Société locale, 1999.

RECENSEMENT DE LA POPULATION - 1999. 1eres. grandes tendances. Aubervilliers, Epinay-sur-Seine, Pierrefitte-sur-Seine, Saint-Denis et Villetaneuse dans leur environnement. Tome 2: logement-habitat. Observatoire de la Société locale, 1999.

RECENSEMENT DE LA POPULATION- 1999. 1eres. grandes tendances. Aubervilliers, Epinay-sur-Seine, Pierrefitte-sur-Seine, Saint-Denis et Villetaneuse dans leur environnement. Tome 3: Activité, Emploi, Formation. Observatoire de la Société locale, 1999.

BIBLIOGRAFIA COMPLEMENTAR

ARANTES, Otília. *Urbanismo em fim de linha*. São Paulo: EDUSP, 1998.

_____ *Uma estratégia fatal: a cultura nas novas gestões urbanas*. In: SIMPÓSIO ESPAÇOS PÚBLICOS E EXCLUSÃO SÓCIO-ESPACIAL – PRÁTICAS URBANAS E INCLUSÃO. São Paulo: USP/FAU, 1998.

AUGÉ, Marc. *Não lugares: introdução a uma antropologia da super modernidade*. Campinas: Papirus, 1994.

AUGUSTIN, J.P.; LEFEBVRE, Alain (Coord). *Perspectives territoriales pour la culture*. Pessac: Maison des Sciences de l'Homme d'Aquitaine, 2004.

BAKHTIN, Mikhail. *A cultura popular na Idade Média e no Renascimento: o contexto de François Rabelais*. São Paulo: Hucitec,1987.

BERMAN, Marshall. *Tudo que é sólido desmancha no ar – a aventura da modernidade*. São Paulo: Companhia das Letras, 1987.

BIANCHINI, Franco. "Remaking European cities: the role of cultural policies". In: BIANCHINI, Franco; PARKINSON, M. *Cultural Policy and Urban Regeneration – The West European Experience*. Manchester: Manchester University Press, 1993.

BOYER, Christine. "Cities for Sale: Merchandising History at South Seaport." In: SORKIN, M. (Ed.). *Variations on a Theme Park*. New York: Hill and Wang, 1992.

BURKE, Peter. *Cultura popular na idade moderna*. São Paulo: Companhia das Letras, 1998.

CANCLINI, Nestor. G. *Políticas culturais na América Latina*. São Paulo: Novos Estudos CEBRAP, v. 2, jul. 1983.

CHOAY, Françoise. *O urbanismo*. São Paulo: Perspectiva, 1965.

_____ *L'allégorie du patrimoine*. Paris: Seuil, 1999.

CLAVAL, P. *Les fonctions culturelles des capitales*. In: COLLOQUE: MILIEUX SOCIAUX ET INNOVATION. Paris, 1987.

COELHO, José Teixeira. *Dicionário crítico de política cultural*. São Paulo: EDUSP, 1999.

DEUTSCHE, R. *Evictions: Art and Spatial Politics*. England: MIT Press, 1996.

FEIJÓ, M.C. *O que é política cultural*. São Paulo: Ed. Brasiliense, 1989.

FUMAROLI, Marc. *L'État culturel: essai sur une religion moderne*. Editions de Fallois, 1992.

GANS, Herbert. *Popular Culture & High Culture: An Analysis and Evaluation of Taste*. New York: Basic Books, 1975.

GEERTZ, Clifford. *A interpretação das culturas*. Rio de Janeiro, Ed. Zahar, 1978.

KEARNS, Gerry; PHILO, Chris. *Selling Places: the City as Cultural Capital*. Policy, Planning and Critical Theory. London: Pergamon Press, 1993.

LYNCH, Kevin. *A imagem da cidade*. São Paulo: Ed. Martins Fontes, 1982.

MAGNANI, José Guilherme Cantor. *Festa no pedaço: cultura popular e lazer na cidade*. São Paulo: Brasiliense, 1984.

MASBOUNGI, Ariella. (Dir.) *Penser la ville par l'art contemporain*. Paris: Éditions de la Villette, 2004.

MUMFORD, Lewis. *A cidade na história*. Belo Horizonte: Ed. Itatiaia, 1965.

SHORSKE, Carl E. *Viena fin de siècle: política e cultura*. São Paulo: Companhia das Letras,1990.

VIRILIO, P. *O espaço crítico*. Rio de Janeiro: Ed. 34, 1993.

ZALUAR, Alba. *A máquina e a revolta*. São Paulo: Ed. Brasiliense, 1985.

Editor
Renato Rezende

Editores coleção Transversões
Renato Rezende & Charles Feitosa

Projeto gráfico
Augusto Erthal

Revisão
Ingrid Vieira

Dados Internacionais de Catalogação na Publicação – CIP

F372   Ferran, Marcia de Noronha Santos
              O desafio da hospitalidade: arte e resistência em subúrbios de Paris e do Rio de Janeiro / Marcia de Noronha Santos Ferran. Prefácio de Jorge Vasconcellos.
                  Rio de Janeiro: POP LAB; Circuito, 2019. (Coleção Transversões). 360 p.; Il.

             Coleção Transversões organizada por Renato Rezende e Charles Feitosa.

             ISBN: 978-65-86974-06-5

1. Arte. 2. Política Cultural. 3. Arte Política. 4. Arte no Espaço Público. 5. Equipamentos Culturais. 6. França. 7. Brasil. 8. Paris. 9. Cidade do Rio de Janeiro. 10. Lonas Culturais. 11. Friches. 12. Participação Social. 13. Resistência. 14. Hospitalidade. I. Título. II. Arte e resistência em subúrbios de Paris e do Rio de Janeiro. III. Série. IV. O caminho da hospitalidade: uma grande teórica. V. Lonas culturais: subúrbio, participação e hospitalidade. VI. Friches culturais em face dos tentáculos institucionais. VII. Estudo de caso: Aubervilliers. VIII. O espaço da hospitalidade: duas friches em Aubervilliers. IX. Vasconcellos, Jorge. X. Rezende, Renato. XI. Feitosa, Charles.

CDU 78.01   CDD 700

Catalogação elaborada por Regina Simão Paulino – CRB 6/1154

Todos os direitos reservados por
Editora Circuito Ltda.
Largo do Arouche 252 apto. 901
São Paulo SP 01219-010
www.editoracircuito.com.br
renato@editoracircuito.com.br